LAW SCHOOL

ロースクール修了生
20人の物語

大島眞一 編
Oshima Shinichi

発行 ㊥ 民事法研究会

推薦の辞──法曹をめざす人へ

京都大学名誉教授
元最高裁判所判事
奥 田 昌 道

　本書出版の趣旨と内容の概要は、大島判事より「はしがき」と〔本書の構成〕において的確に述べられているのでそれに譲り、以下には、本書の中心である「修了生の物語」を読んで印象深かった事柄（字数の関係からごく簡潔に、しかも論点を絞って）につき感想を述べるとともに、現在法科大学院に在学中の方やこれから法曹をめざして法科大学院への進学を考えている方々へのメッセージ的なものを記してみたい。

　まず、全体を通じて、報告者の１人ひとりが、それぞれ真剣に情熱を傾注して法科大学院での学習に取り組んできた姿に感銘を受けた。私自身が法科大学院の発足時から４年間フルタイムの教員として教育に携わり、その後も２年間は非常勤教員として週１回１コマの授業を担当して学生と苦楽を共にした経験に照らしても、発足時の１期生、翌年の２期生あたりは、教員も学生も法科大学院創設の理想の実現に燃えていた。本書各報告に登場する方々は１期生、２期生が多く、３期生の方も同様であって、法科大学院教育の良い面が語られており、懐かしい思いがする。その中にあって、身につまされる思いがするのは「純粋未修者」の学習のご苦労である。これは制度自体の欠陥に由来するものといわざるを得ないのだが、入学までおよそ法律学に縁のなかった人たちが、わずか１年間の学習によって２年次からは既修者と同内容の授業を受けなければならないこと、加えて、短答式試験という「知識の詰め込みではなく、じっくりと法的思考力を養う」という制度理念にはそぐわない試験をも克服しなければならない苦労が率直に語られている。

　法科大学院での学習という面からいえば、既修者コースは真に基礎知識を修得している者が入学すべきコースであり、それが備わっていない者があや

ふやな知識の上に積み上げても結局は本当の学力は身に付かないように思われる。報告者の何名かは、法学部の卒業者であるにもかかわらず、未修者として入学し、堅実に段階を踏んで目標に到達している。これは、これから法科大学院に進もうとする人たちにとって参考になることではないかと思う。

次に、法曹の仕事内容とはどのようなものかは、テレビのドラマなどを通して知るのが一般で、それ以上のことは部外者にはわからないのが普通である。本書各報告の中には、新任判事補や新任検事によって、その職務や生活の一端が紹介されており、後に続く者にとっての良き道標となるであろう。弁護士という職業については、私自身、本書報告によって大手法律事務所での勤務や企業内弁護士の業務内容、地方での弁護士実務の状況、「即独」弁護士の活躍ぶりなどにつき教えられるところが多かった。感銘を受けたのは「法テラス佐渡法律事務所」の報告であった（本書216頁以下）。「いつでも、どこでも、誰でも」弁護士等に気軽に相談できる社会の実現をめざして奮闘する姿がすがすがしい。また、これを支え発展させようとしている関係者の努力にも敬意を表したい。

法科大学院は今、試練に直面している。年々、新司法試験の合格率が低下し競争が激しくなってきていることから、制度創設の理念から離れ合格を至上命題として、教育と学習が歪みつつある法科大学院が増えてきていると聞く。また、法曹の資格を取得しても弁護士事務所への就職が年々難しくなっていることもあって、法科大学院への入学志願者が激減しつつある。こうした状況の中で現在在学中の法科大学院の学生やこれから法曹をめざして入学を希望する人たちはどのように対処すればよいのだろうか。

私は、まず各自がなぜ法曹をめざすのか、どのような法曹でありたいのか、その原点をはっきりと自覚することが大切だと思う。高い志と強固な意志があれば、さまざまな困難にもひるむことなく地道に努力を積み重ねることによって志を遂げることができるはずである。私は、法科大学院の創設の理念とそれを実現するためのカリキュラムは素晴らしいものだと考えている。本書の修了者たちの各報告もそれを裏付けている。大切なことは、将来法曹として活躍するうえで真に必要な幅広い知識と思考力・判断力を培うことであ

る。もちろん目の前の司法試験を無視することはできない。それに対してどのように準備すればよいのか、どのように立ち向かえばよいのかについては、本書の中のさまざまな対処法を参考にされるとよいと思う。共通していることは、基本が大事だということ、授業を受けるにあたっては予習が絶対に大切だということ、良き勉強仲間をもつこと、人と人との絆の大切さなどである。法曹は人間を相手にする職業である。かかわりをもつ人の心を大切にし、人間に対する深い洞察力が備わることが望まれる。これは、法科大学院での日々の営みの中で、そして司法修習でのさまざまな体験を通して、さらには実務家としての生涯を通して磨きあげていくものだと思う。

　最後に、司法試験の合格率が年々低下する中で、法曹になれない法科大学院修了者が多数生ずることも事実である。そのような状況の中で現在法科大学院に在籍する学生およびこれから法科大学院への入学を考えている方々に、アドバイスを贈りたい。先に私は、原点に帰り、原点をみつめようと述べた。そして、オーソドックスな学習を貫き法律家としてのふさわしい実力を養おうとよびかけた。これは、別の面からみれば、将来必ずしも狭義の法曹になれなくても、社会のさまざまな分野で法律家としての知識と技能、思考力・判断力を備えた人間として活躍し得る人材であってほしいということでもある。本書においても、狭義の法曹以外の分野で活躍している方々が登場している。将来、わが国の社会が有能な法科大学院修了者を受け入れ、その人たちの能力を活かすような方向をめざしてほしいと願っている。それには、何よりも、法科大学院修了者自身がそれにふさわしい実力を具備していることが必要である。その点からみても、法科大学院も学生も目先の問題のみに目を奪われることなく、どこまでも法科大学院の本来の姿を保持し続けていただきたいと願うものである。

　平成23年4月吉日

は し が き

　弁護士の数は、平成22年12月に3万人を超えた。このうち法科大学院を修了した者（新60期～新63期）は約6000人であり、全弁護士の20％近くを占める。今後もこのままのペースで増えていくと、10年以内には法科大学院修了者が全弁護士の過半数を占める。

　「司法試験という『点』のみによる選抜ではなく、法学教育、司法試験、司法修習を有機的に連携させた『プロセス』としての法曹養成制度を新たに整備すべきである。その中核を成すものとして、法曹養成に特化した教育を行うプロフェッショナル・スクールである法科大学院を設けるべきである」（司法制度改革審議会意見書［平成13年］）と提言され設置された法科大学院は、全国で74に上り、社会人を含め、多くの者が入学を志願した。

　しかし、法科大学院志願者は年々減り続け、早くも学生募集を停止する法科大学院も現れた。司法制度改革審議会意見書では年間3000人をめざすとした新司法試験の合格者数は2000人を超えたところで足踏みしている。現在、予備試験の実施や法科大学院のあり方、合格者数などをめぐって、大きく揺れ動いている。また、近年、弁護士事務所への就職先が決まらない司法修習生も多く、法曹の将来像が混沌としている現状にあるように見受けられる。

　こうした中、現実に法科大学院を修了した者は、法科大学院教育をどうとらえ、司法修習生となって何を学び、就職問題等にどう対処し、法曹として現実にどのような道を歩んでいるのか。一方、法科大学院を修了したけれども、司法試験に合格せず、法曹とは別の道を歩んでいる者も少なくないが、彼らはどうしているのか。

　本書は、法科大学院を修了した者20人の報告集である。報告者は、裁判官、検察官、弁護士（大手法律事務所、個人法律事務所、既存の法律事務所に就職せず司法修習修了後そのまま独立した弁護士（以下、「即独弁護士」という）、企業内弁護士、法テラスのスタッフ弁護士等）となった者、司法修習中の者のほか、新司法試験に合格せずに別の道を歩んだ者も含まれている。

　本書出版の趣旨としては、①法科大学院志望者、法科大学院生、法科大学

院修了生、司法修習生に進路や日々の悩みに参考になるものとするとともに、②法曹関係者や広くそれ以外の方にも、法科大学院修了者の現状を知ってもらいたいという願いを込めている。

　本書はよくみかける合格体験記とは異なる。苦労したが最後に合格してハッピーエンドで終了、という内容ではない。法科大学院を修了した者による、喜びと苦しみの過程をそのままに伝えるものである。

　法科大学院志望者、法科大学院生、司法修習生等にいくらかでも参考になることがあれば幸いであり、広く法科大学院修了者の状況を理解していただければ、望外の喜びである。

　本書の刊行にあたり奥田昌道先生（元最高裁判事・京都大学名誉教授）に「推薦の辞——法曹をめざす人へ」を執筆していただいた。また、本書の企画から出版に至るまで民事法研究会の安倍雄一さんには大変お世話になった。本書の構成等について下田香織さん（新64期司法修習生）から参考になるご意見をいただいた。イラストは秋吉忍さん（新61期、弁護士）と南和行くん（新62期、弁護士）にお願いした。これらの方々に感謝の意を表したい。

　平成23年4月

大　島　眞　一

〔本書の構成〕

　本書は、第1部〜第3部の3部構成である。

　第1部では、大島が、法曹養成プロセスに従って、法科大学院の入学前から法曹になるまで、あるいは法曹とは別の道を歩むまでの過程を、第2部の各報告を踏まえて、簡単に説明した。第2部は各報告者別になっているので、たとえば、「未修者の勉強方法」、「弁護士への就職活動」といった内容を知りたいという場合に、第1部で、どの報告がいかなる内容についてふれているかについて、簡略に記載している。また、各報告を踏まえ、制度の問題点等についてもふれている。

　第2部は、本書の中心であり、法科大学院を修了した20人の報告である。報告者は、大島が直接面識のある人に依頼したものが約半数、残りは紹介等によってお願いしたものである。報告者はできるだけ多方面にわたることを心がけ、法科大学院を修了して裁判官（2人）、検察官（1人）、弁護士（13人）、司法修習生（1人）となった人にお願いした。このうち、弁護士については、大手法律事務所勤務、個人法律事務所勤務、即独弁護士、企業内弁護士、法テラスのスタッフ弁護士等の各分野にわたるようにした。勤務地も、大都市が多いが、地方で弁護士をする者も含まれている。また、新司法試験に1回で合格した人だけではなく、2回目、3回目で合格した人にもお願いしている。

　本書の大きな特徴としては、司法試験を諦めて法科大学院とは別の道を歩んでいる人も執筆に参加していることである。執筆を断られることが多く難航したが、3人に報告してもらっている。新司法試験の合格率はかなり低く、法科大学院修了後5年以内に3回という受験制限もあって、現実には、法科大学院を修了しても法曹にはなれなかった人が多数いるわけで、こうした者を無視して法科大学院修了者を語ることはできないであろう。

　報告者の男女の割合はほぼ半々になるようにした。約半数は大島が直接面識のある人にお願いした関係で、関西圏の人が多いが、おおむね全国的な傾向と変わりはないものと思う。

第2部は、以上のような内容であり、各報告の冒頭にプロフィールを載せているので、関心のある報告者について読んでいただければと思う。報告者には、中心となるテーマ（新司法試験3回目合格、即独弁護士、大手事務所勤務などその人に特徴のある事項）については必ずふれてもらい、それ以外は自由に書いてもらうということで依頼した。

　なお、報告は顕名としているが、2名については本人の希望により匿名としている（Ｋさん［女性］とＲくん［男性］と表記している）。

　第3部は、法科大学院入学や新司法試験等に関する基本的な統計を若干掲載した。

目次

第1部　法曹養成プロセスの概観

I　法曹をめざすことになった動機、きっかけ……………………2
〔図1〕　法曹養成プロセス……………………………………………3
II　法科大学院入学まで…………………………………………………4
III　法科大学院での過ごし方…………………………………………6
IV　未修者・社会人………………………………………………………7
〔図2〕　合格率推移（対受験者）……………………………………7
V　新司法試験……………………………………………………………9
〔図3〕　合格・不合格内訳（平成22年）……………………………10
VI　司法修習期間の過ごし方…………………………………………12
VII　弁護士への就職問題………………………………………………14
VIII　法曹になって………………………………………………………17
＜表＞　企業内弁護士の推移…………………………………………19
IX　別の道を歩んで……………………………………………………19

第2部　修了生の物語

vol 1　社会人女子学生はみた！
　　　──自治体職員経験から法科大学院を振り返る
　　　………………………………………………………中村衣里・24
I　はじめに………………………………………………………………24
II　法科大学院入学まで………………………………………………25
　1　法科大学院入学を決意した動機・25／2　法科大学院入学に向けて・26
III　社会人女子からみた、法科大学院および司法試験…………30
　1　社会人学生ならではの喜び・30／

2　社会人女子学生はみた！――その1――・30／
　　3　社会人女子学生はみた！――その2――・32
Ⅳ　復職、受験、そして退職 ……………………………………………33
　　1　復職と1度目の受験・33／2　退職・35
Ⅴ　再受験 ………………………………………………………………35
　　1　平成21年5月まで・35／2　平成22年5月まで・36
Ⅵ　まとめに代えて ……………………………………………………36
　　1　ゼミでの勉強・37／2　「法律文書」を書く・37

vol 2　宇宙研究者の卵、弁護士になる ……………松宮　慎・39

Ⅰ　法科大学院入学までの経歴等 ……………………………………39
　　1　経歴・39／2　法科大学院をめざした動機・40／
　　3　法科大学院入学までにやるべきこと・41
Ⅱ　法科大学院での生活 ………………………………………………41
Ⅲ　1年目の勉強方法 …………………………………………………42
　　1　入学当初の勉強方法・42／2　講義・42／
　　3　予習・復習の方法・43／4　反省点・44
Ⅳ　2年目の勉強方法 …………………………………………………44
　　1　講義・44／2　ノートのとり方・45／3　予習・復習の方法・45／
　　4　選択科目・46
Ⅴ　3年目の勉強方法 …………………………………………………46
　　1　講義・46／2　自主ゼミ・47／3　エクスターンシップ・47
Ⅵ　新司法試験対策 ……………………………………………………47
　　1　短答式試験・47／2　論文式試験・48
Ⅶ　司法試験の受験から司法修習まで ………………………………49
　　1　合格発表までの過ごし方・49／
　　2　合格発表から司法修習までの期間・49／3　就職活動・50
Ⅷ　弁護士になって思うこと …………………………………………50
　　1　法科大学院での勉強・50／2　理系出身者として感じること・51

vol 3　先の見えない不安の中で
　　　　──純粋未修者・社会人経験者の歩み………K（匿名）・52
- Ⅰ　はじめに…………………………………………………………………52
- Ⅱ　法科大学院（未修者コース）への入学……………………………52
  - 1　入学をめざしたきっかけ・52／2　入学試験対策・53／3　入学・53
- Ⅲ　法科大学院での過ごし方……………………………………………54
  - 1　未修者として・54／2　法科大学院での勉強生活・54／
  - 3　未修者の2年目・56／4　法科大学院の転校・58／
  - 5　既修者コースへの再入学・58
- Ⅳ　新司法試験に向けて…………………………………………………60
  - 1　勉強会・60／2　新司法試験・61／3　合格発表までの間・62／
  - 4　合格発表・62
- Ⅴ　司法修習期間の過ごし方……………………………………………63
  - 1　就職活動・63／2　二回試験・64
- Ⅵ　弁護士となって………………………………………………………65
  - 1　現在の仕事・65／2　就職活動をする人へ・65
- Ⅶ　最後に…………………………………………………………………66

vol 4　基礎から学ぶ法科大学院
　　　　──法学部卒未修者の視点から……………長谷川千鶴・67
- Ⅰ　はじめに…………………………………………………………………67
- Ⅱ　なぜ未修者コースを選択したのか…………………………………68
- Ⅲ　法科大学院受験………………………………………………………68
  - 1　法科大学院入試対策・68／2　小論文の勉強が活きる場面・69
- Ⅳ　法科大学院に入学してから（未修者としての1年目）…………70
  - 1　授業、予習・復習・70／2　双方向授業で得たもの・71
- Ⅴ　2年目以降の法科大学院生活…………………………………………71
  - 1　授業の受け方等・71／2　テスト・72／3　履修・72
- Ⅵ　新司法試験に向けた勉強……………………………………………73
  - 1　短答式試験・73／2　論文式試験・74／3　生活面・74

Ⅶ	新司法試験本番の心がけ	75
Ⅷ	未修者として過ごした法科大学院生活を振り返って	75
Ⅸ	就職活動	76

  1 私が行った就職活動・76／2 就職に至った経緯・76

Ⅹ	最後に	77

vol 5　何とかなるはず
──3回目の司法試験で合格 ………………………森田雅美・78

Ⅰ	法科大学院での過ごし方	78

  1 入学から2年目まで・78／2 3年目・79

Ⅱ	新司法試験に向けて	79

  1 勉強方法・79／2 模試・81／3 新司法試験受験・82

Ⅲ	司法修習期間の過ごし方	84

  1 就職活動・84／2 二回試験・85

vol 6　マスコミ志望から裁判官へ
──裁判官の生活 ………………………………………髙嶋　諒・86

Ⅰ	法科大学院進学に向けて	86

  1 法曹を志した理由・86／2 法科大学院の受験勉強・87

Ⅱ	法科大学院教育	88

  1 法科大学院教育の良さ・88／2 法科大学院教育の問題点・90

Ⅲ	世事を顧みていた受験生活	92
Ⅳ	司法修習	93

  1 当事者の立場への理解──裁判修習以外の分野別修習・93／
  2 進路決定・95

Ⅴ	法曹となって	96

  1 判事補のある1日・96／2 振り返って・99

vol 7　検察官になって
──法科大学院を振り返る ……………………八十島絵理・101

Ⅰ	検察官になって	101

  1 公判部・101／2 捜査部・102／3 振り返って・102

II 法科大学院での過ごし方 … 103
1 目標設定・103／2 日々のスケジュール・103／
3 1年次と3年次の過ごし方・104

III 法科大学院での具体的勉強方法 … 105
1 基本は条文・105／2 授業の予習・105／3 授業の復習・106／
4 勉強会・106／5 試験対策・107／6 科目の履修・107／
7 事実認定・108／8 教科書・109

IV 司法修習の過ごし方 … 109
1 「何でもみてやろう」の姿勢で・109／2 検察官志望・109／
3 選択型実務修習・110

V おわりに … 110

vol 8 言葉で伝えられない感情を大切に
―― 弁護士と僧侶の両立 … 三澤信吾・112

I 弁護士をめざした動機 … 112
1 僧侶でありながら弁護士をめざした動機・112／
2 司法試験への挑戦・114／3 法科大学院へ・114

II 法科大学院生時代 … 115
1 経済的負担・115／2 授業・116／3 実務家教員の授業・117

III 司法修習生時代 … 121
1 司法修習生として・121／2 就職活動・121

IV 弁護士となって … 123
1 弁護士となって・123／2 住職と弁護士の兼業・124／
3 修行体験と弁護士業務・124／4 最後に・125

vol 9 裁判官に魅せられた司法修習生 … 杉山文洋・127

I はじめに … 127

II 司法修習の過ごし方 … 127
1 受験生から司法修習生へ・127／2 司法修習への取組み・129／
3 その他実務修習・133

III 法曹としての進路選択 … 134

1　司法修習開始当時の志望・134／2　弁護士か、裁判官か・135
Ⅳ　最後に……………………………………………………………………137

vol 10　奮闘した就職活動
　　　　──厳しさ増す就職戦線を報告…………徳田聖也・139
Ⅰ　はじめに…………………………………………………………………139
Ⅱ　司法試験終了後から司法修習開始まで………………………………140
Ⅲ　実務修習…………………………………………………………………141
　　　1　開始直後・141／2　実務修習中盤・142／3　実務修習終盤・143
Ⅳ　集合修習…………………………………………………………………144
Ⅴ　選択型修習中の就職活動………………………………………………145
Ⅵ　就職内定…………………………………………………………………145
Ⅶ　就職活動についての総括………………………………………………146
　　　1　就職活動とは・146／2　就職活動の反省点・146
Ⅷ　最後に……………………………………………………………………147

vol 11　山形修習から東京の法律事務所へ…………水野　祐・149
Ⅰ　はじめに…………………………………………………………………149
Ⅱ　法科大学院での過ごし方………………………………………………150
　　　1　神戸大学法科大学院への入学・150／
　　　2　法科大学院を卒業し、新司法試験を受験することの意味・150
Ⅲ　新司法試験………………………………………………………………151
　　　1　1回目の新司法試験は不合格・151／
　　　2　2回目の新司法試験までのつらい1年間・151／
　　　3　自分の弱点に向き合う・152
Ⅳ　山形での司法修習………………………………………………………153
　　　1　小規模庁での司法修習のメリット・153／
　　　2　小規模庁での司法修習のデメリット・154／
　　　3　弁護修習での衝撃・156／4　山形での課外活動・156
Ⅴ　就　職…………………………………………………………………157
　　　1　専門性の高い法律事務所へ・157／

2　スペシャリストかジェネラリストか・157／
　　　3　検察官任官の誘い・158／　4　内　定・158
　Ⅵ　弁護士1年目を終えて……………………………………………159
　　　1　事務所の特徴・159／　2　弁護士1年目の仕事内容・159／
　　　3　NPO活動・160／　4　実務について思うこと・161
　Ⅶ　法科大学院教育について今思うこと…………………………162

 vol 12 　転校生、生まれ故郷長崎で弁護士になる
　　　　　　　　　………………………………………今井一成・164
　Ⅰ　地方就職を決めた理由……………………………………………164
　　　1　はじめに・164／
　　　2　理由①──東京就職のイメージと現実とのギャップ・165／
　　　3　理由②──医療事件への強い興味・167
　Ⅱ　地方就職のための活動……………………………………………167
　　　1　長崎での就職を考えた理由・167／　2　就職説明会・168／
　　　3　就職説明会後の就職活動・169／　4　就職が決まるまでの経緯・169／
　　　5　地方就職のメリット・デメリット・170
　Ⅲ　地方就職を選んで…………………………………………………171
　　　1　勤務形態・171／　2　取扱業務・172／　3　委員会活動・174／
　　　4　同期との関係・175

 vol 13 　海と子午線の街明石で即独弁護士………戎　卓一・176
　Ⅰ　法科大学院での過ごし方…………………………………………176
　　　1　時間は有限・176／　2　学習計画・177／　3　答案作成・178／
　　　4　第三者のチェック・179／　5　その他・179
　Ⅱ　司法試験に向けて…………………………………………………180
　　　1　試験対策開始時期・180／　2　12月まで・180／　3　1月以降・181／
　　　4　司法試験直前期・181
　Ⅲ　法曹となって………………………………………………………182
　　　1　即独・182／　2　即独を選んだ理由・182／　3　即独の決意・184／
　　　4　即独へ・185／　5　即独を始めて・185／　6　3カ月目から黒字・186／
　　　7　1年を振り返って・187／　8　これから・188

vol 14　課長補佐は、弁護士2年生
――大手法律事務所から経済産業省へ出向
田端公美・189

- I　はじめに……189
- II　進路の決定に至るまで……190
  - 1　法科大学院在学中・190／2　法科大学院修了後・191
- III　大手法律事務所に勤務して……193
  - 1　1年生弁護士の生活・193／2　2年生へ・195
- IV　経済産業省に出向して……197
  - 1　いきなり課長補佐・197／2　仕事内容・198／3　感想・199
- V　おわりに……200

vol 15　議員秘書からオバマ（小浜）の弁護士へ
――ひまわり基金法律事務所
上原千可子・201

- I　はじめに……201
- II　法科大学院進学で意義のあったこと……202
  - 1　人との出会い・202／2　身に付いた「我慢強さ」と「集中力」・203／
  - 3　法科大学院卒業までに・203
- III　精神的に強くなった司法浪人時代……204
  - 1　議員秘書時代・204／2　弁護士の道へ・205／
  - 3　ひまわり基金法律事務所との出会い・206／
  - 4　5カ月間の受験勉強・207／5　司法試験合格・209／
  - 6　地方で活躍する弁護士になりたい・209
- IV　司法修習生からみた法曹養成制度……211
- V　「小浜ひまわり基金法律事務所」所長への道のり……212
  - 1　就職先の絞り込み・212／
  - 2　「どうしてもここで働きたい」と粘った就職活動・213／
  - 3　縁を感じた小浜ひまわりの後任募集・215
- VI　むすびに代えて……215

vol 16　佐渡へ佐渡へと草木もなびく
── 法テラス佐渡法律事務所……………水島俊彦・216

- I　はじめに……………………………………………………216
- II　法曹をめざすことにした動機………………………………217
  - 1　母親の借金問題・217／2　弁護士との出会い・217
- III　法科大学院………………………………………………218
  - 1　京都産業大学法科大学院への進学・218／2　講義の内容・218／
  - 3　実務家養成のためのカリキュラム・219／4　その他の生活・219／
  - 5　新司法試験の合格・220
- IV　司法修習──スタッフ弁護士になることを決めた理由………220
  - 1　司法修習の日々・220／2　進路の決定・221
- V　スタッフ弁護士1年目──養成時代……………………222
  - 1　養成事務所での1年・222／2　佐渡島への赴任が決定・223
- VI　法テラス佐渡法律事務所への赴任………………………223
  - 1　佐渡島の様子・223／2　法テラス佐渡法律事務所の現状・224／
  - 3　諸機関との連携・228／4　佐渡での生活・230／
  - 5　1年間を振り返って・231
- VII　将来の展望……………………………………………231

vol 17　なぜ企業弁護士になったのですか？……野道裕絵・233

- I　法曹をめざすことになった動機、きっかけ………………233
- II　法科大学院教育……………………………………………234
- III　法曹となってからの職務、現状……………………………236
  - 1　企業内弁護士という選択肢・236／2　企業内弁護士の業務・237／
  - 3　日本の企業内弁護士に対するイメージ・238／
  - 4　法律事務所での勤務・239

vol 18　小さなきっかけが将来を変える
── 家庭裁判所調査官の道へ……………樫本晴香・241

- I　司法試験受験……………………………………………241
- II　家庭裁判所調査官に進路変更をした理由…………………242

Ⅲ　家庭裁判所調査官になるには……………………………243
　　　1　採用試験・243／2　採用から任官まで・244
　Ⅳ　家庭裁判所調査官の仕事……………………………………244
　　　1　家事係調査官の職務権限・245／
　　　2　少年事件係調査官の職務権限・245／
　　　3　高等裁判所における職務権限・246
　Ⅴ　試験勉強の方法………………………………………………246
　　　1　一次試験・247／2　二次試験・247／3　面接試験・247
　Ⅵ　最後に…………………………………………………………248

vol 19　失敗の連続から大きな成長へ
　　　　──民間企業就職の道へ……………………斎藤裕之・250
　Ⅰ　はじめに………………………………………………………250
　Ⅱ　就職活動開始の決意…………………………………………251
　　　1　新たな道へ・251／2　受験回数の自己設定・251／
　　　3　自分なりの達成感・251／4　広い視点から・252
　Ⅲ　就職活動………………………………………………………252
　　　1　就職活動の開始・252／2　民間企業への就職活動・253／
　　　3　ゼネコン志望・256／4　踊る好奇心と就職先の決定・257
　Ⅳ　結　び…………………………………………………………259

vol 20　法曹の夢叶わず──いわゆる三振者の思い
　　　　……………………………………………………R（匿名）・261
　Ⅰ　はじめに………………………………………………………261
　Ⅱ　弁護士を志した理由…………………………………………261
　Ⅲ　法科大学院入学前……………………………………………262
　Ⅳ　法科大学院入学試験後………………………………………263
　Ⅴ　法科大学院入学後……………………………………………264
　　　1　既修者1回生・264／2　既修者2回生・265
　Ⅵ　法科大学院修了後、司法試験まで…………………………266
　　　1　1回目の試験まで・266／2　2回目の試験まで・267／

3　3回目の試験まで・268
Ⅶ　進　路 …………………………………………………………268
Ⅷ　勉強方法 ………………………………………………………270
Ⅸ　その他 …………………………………………………………270
Ⅹ　おわりに ………………………………………………………271

第3部　統計資料

〔資料1〕　法曹人口の推移 …………………………………………274
〔資料2〕　法科大学院適性試験志願者数の推移 ……………………275
〔資料3〕　法科大学院の定員および入学者数等の推移 ……………276
〔資料4〕　新司法試験の合格状況（平成18年〜22年）……………277
〔資料5〕　法科大学院別新司法試験合格率および入学者選抜実
　　　　　　施状況 ……………………………………………………278
〔資料6〕　法科大学院修了者の新司法試験受験者・合格者数・
　　　　　　資格喪失者数の推移 ……………………………………280

・編者略歴 …………………………………………………………………281

第1部
法曹養成プロセスの概観

「いやあ、法律家はいいですねえ。六法全書があればいいんでしょ。われわれは設備が大変で。このPET装置（Positron Emission Tomography。陽電子放射線断層撮影装置）も10億円するんですよ。すぐれた医者はもちろん必要ですけど、最新の設備がないと医者の能力も発揮できませんから」。

裁判所から病院見学に行った時の病院担当者の説明である。確かに、最先端の医療を提供するためには、最新の設備を整える必要がある。これに対し、法律家は、紙と鉛筆（今日ではパソコン）があれば、あとは図書館で調べれば足りる。ということは、すべては法律家の力量にかかっているということである。──百年の計は人を樹うるに如くはなし。

I
法曹をめざすことになった動機、きっかけ

「理学部を出て、博士課程も修了したんやったな。何してたん？」
「ビッグバン理論に基づいた宇宙の構造形成論というもので、わかりやすくいえば……（全然わかりやすくない説明が続く）……」
私が神戸大学法科大学院で裁判官派遣教員をしていた時の、私と法科大学院1期生の松宮くんとのバスの中での会話である。

法曹をめざすことになった動機は、人さまざまである。あるきっかけで強く法曹をめざすことになった人もいれば、何となく法科大学院に入った人もいる。

松宮くんは、宇宙理論の研究者をめざしていたが、いわゆるポスドク問題（博士課程修了後の就職問題）を抱え、全く法律を知らない者にも広く門戸を開放するという法科大学院制度の理念に惹かれて法科大学院に入学した（40頁）。水島くんは、大学1年の時に亡くなった母親の相続放棄の関係で弁護士に依頼したことがきっかけで法曹をめざし（217頁）、樫本さんは、中学生の頃、阪神・淡路大震災で叔父が生死不明となり、特別失踪の手続を弁護士に依頼したのが法曹への興味の始まりであった（241頁）。中村さんは、地方

〔図1〕 法曹養成プロセス

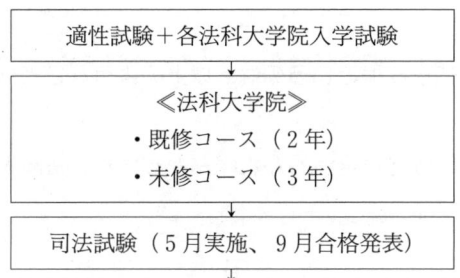

注) 司法修習の実務修習は、全国の各修習地で実施される。分野別修習は、民事裁判、刑事裁判、検察、弁護が各2カ月であるが、その順番はさまざまであり、上記は、一例である。また、選択型修習と集合修習の順番は、修習地によって逆になることがある。

　自治体の公務員として訴訟担当や相談業務に携わったことから自ら法曹になりたいという思いを抱いて転進した（25頁）。Kさんは、公務員をしており30歳を過ぎた頃、現在の仕事に疑問を感じ、新しいことを始めるなら最後のチャンスかもしれないと思って、法科大学院の門を叩いた（52頁）。
　法曹は、専門的な知識と論理的な思考力を前提として、幅広い人間性をもって、社会に存在する法的な紛争を解決し、人を助け、人を裁くのであり、魅力に富んだ職業であることは間違いない。ぜひ、社会人を含め、すぐれた人材が法曹への道を志ざすことを期待したい。そして、法曹の立場からいえば、多様な人材が法曹をめざそうと思うような制度になるように絶えず努め

なければならない。

「……宇宙の構造形成論というのは、以上のようなことなんですよ、大島先生」。
「あっそう。悪いけど、全然わかれへんかったわ。法科大学院生にはいろんな人がいるんやなあ」。

II 法科大学院入学まで

「法科大学院、落ちたから悩まんでよかったわ。受かってたら、裁判所書記官辞めて入学するか、ほんと悩まなアカンかったわ」。

　平成16年4月に法科大学院が発足し、その前年度に各法科大学院での最初の入学試験が行われた。法科大学院志願者数は延べ7万2800人、競争倍率（各法科大学院の合格者数と受験者数の比較）は4.45倍であり、社会人の受験も多かった。私の友人の裁判所書記官も受けていた。法科大学院発足の活気があった。

　現在、法科大学院入学志願者が減少し、平成22年の志願者数は延べ2万4014人（66％減）、競争倍率は2.75倍と大幅に下がった（276頁参照）。法科大学院入学という点ではかなり入学しやすくなっているといえる（これは法曹の魅力や価値が低下していることを意味していると考えられ、深刻に受け止めるべき状況のように思える）。

　各法科大学院によって司法試験の合格率にかなりの差があり、合格率の高い法科大学院の入試競争率は依然として高い。他方、成績優秀者等には授業料免除や奨学金の付与などの経済的援助を行っている法科大学院が特に私学には相当数ある。各法科大学院には、それぞれ特徴もあるので、十分に調べたうえで受験することが大切である。

◆ *Comment* ── 法科大学院の入学試験 ◆
　法科大学院には未修者（3年）コースと既修者（2年）コースがある。入学

> 試験については、適性試験（これまで2つの主催団体により実施されてきたが、平成23年度から「法科大学院全国統一適性試験」に統一される）が全員に課されており、それ以外は、各法科大学院によって異なる。未修者コースについては、法律試験を課してはならず、適性試験のほか、志望理由書や小論文等によって判定するところが多い。既修者コースについては、法律試験の成績を重視するところが多い。

適性試験については、中村報告は、社会人を約10年経験した後に法科大学院を志望したが、適性試験の点数が低かったものの、志望理由書と小論文で法科大学院に合格したことを述べる（28頁）。現在の適性試験を前提とすると、若い学生は受験勉強の経験が豊富で適性試験に強い者が多いが、社会人は適性試験の成績がふるわない者が多いように見受けられ、入学判定にあたって配慮されるべき事項と思われる。適性試験対策としては、過去の問題集や対策本が出版されているので、それを勉強することになる（R報告263頁等）。

未修者コースには、純粋未修者とよばれる非法学部出身者で全く法律の勉強をしていなかった者のほかに、法学部で法律を学んだが未修者コースを希望して入学する者もいる。長谷川報告は、法学部の出身であったが、基礎からじっくりと勉強したいという理由で、未修者コースを選択したことを述べる（68頁）。純粋未修者と法律をある程度学んだ者が混在していると授業がやりにくいという話も聞くが、法科大学院発足の経緯は、未修者（3年）コースを原則とするものであり、法律をある程度知っていても基礎からもう一度学ぶことは悪いことではない。

また、長谷川報告は、未修者コースの入学試験対策として、**小論文**の書き方の勉強をしたことが、法科大学院での勉強や新司法試験に役立ったことを報告する（69頁）。

既修者コースの入学試験の場合には、一般に法律試験の配点が大きいので、法学部で法律の勉強をしっかりすることが入学試験対策になる（髙嶋報告87頁等）。

法科大学院受験後、**法科大学院入学前の過ごし方**については、松宮報告は、

未修者コースの場合、法科大学院入学までにわかりやすい文章が書けるように練習することが大事であると述べる（41頁）。Rくんは、既修者コースの場合、法科大学院入学試験を受けた後も、六法の基本書を読み返すなどの勉強をしておくべきだったと反省を込めて述べる（263頁）。

III 法科大学院での過ごし方

「やはり、司法試験の合格者が増えてレベルが落ちたねえ。簡単な事案で、訴状を書かせても、時間がかかるし、要件事実を書いてあるだけの使いものにならないものしか出てこないし」。

法科大学院ができ、新制度となって合格者が大幅に増えた。レベルが落ちたという実務家は少なからずいる。しかし、「レベルが落ちた」というのは、起案が書けていないということを意味していることが多いように思われる。訴状が書けないのは当たり前である。法科大学院は、技術的な実務を教えるところではない。法科大学院教育の中心は、法理論教育であり、理論を基礎から深く理解することこそが重要である。法科大学院教育における実務への架橋は、その理論が具体的な事例でどのように適用されるのかを理解するところまでである。あくまで法科大学院で学ばなければならないことは、基礎的な理論を具体的な事例を念頭におきながら理解することであるといえる。

法科大学院での勉強方法については、多くの報告者がふれている。松宮報告（42頁）、長谷川報告（70頁）、三澤報告（116頁）等。計画的な勉強の必要性は八十島報告（103頁）、戎報告（177頁）が述べる。髙嶋報告は、条文が基本であり制度趣旨から考えることの重要性を述べる（89頁）。

法科大学院においては、司法試験の対象となる憲法、民法等の法律基本科目だけではなく、税法、国際取引法等の**展開・先端科目**、外国法等の**基礎法学科目**や、実際に法律事務所等で研修を行う**エクスターンシップ**等も実施されており、有益であることは長谷川報告（72頁）、八十島報告（107頁）、水島報告（219頁）等で指摘されている。もっとも、これらの科目を積極的に勉

強したいと思いながらも、司法試験のことを考えると、そのような余裕がない現状にあることも否定できない。

　また、高嶋報告は、法科大学院教育の問題点として、**法律文章作成**の訓練が少なかったことや実務科目が十分に受講できなかったことを指摘している（90頁）。ほかにも法律文書を書く練習の重要性は、中村報告（37頁）、三澤報告（118頁）等が指摘している。実務においては、訴状、起訴状、判決書など最も重要な行為はすべて書面によることが義務づけられており、法律文書作成は法曹の基本である。慶応義塾大学でのいわゆる答案練習会問題があったために各法科大学院では自粛しているのかもしれないが、法科大学院在学中から、もっと論理的でわかりやすい法律文書の作成練習をすべきである。

IV 未修者・社会人

　「法律というのは、よくわからないですね。A説、B説、C説があって、いずれもなり立ち得るとか。自然科学だと、真理は1つでそれにいかに到達できるかが問題なんですけどね」。

〔図2〕　合格率推移（対受験者）

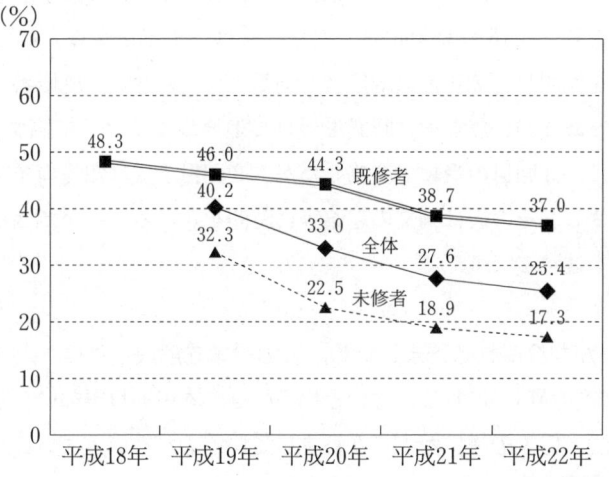

（備考）　法務省公表資料より作成

未修者の司法試験合格率はかなり低く、〔図2〕のグラフのとおりである。この合格率では、法曹に魅力があっても、大学で法律を学ばなかった有能な人材が法曹の世界に入っていこうという気にならないことを危惧する。

社会人志望者も減少の一途である。平成16年は2792人の社会人入学者がいたのに、平成22年は993人である（276頁参照）。法科大学院創設当初は、法科大学院誕生を待っていた者が志望するので社会人が多いのは当然であるが、制度が定着すると一定数で落ち着くはずであるのに、減少傾向が止まらない。優秀な人材が法曹界への転進を敬遠し始めている。「社会人等としての経験を積んだ者を含め、多様なバックグラウンドを有する者を多数法曹として受け入れる」（司法制度改革審議会意見書）という理念は、絵に描いた餅に終わりつつあるのか——。

本書の**純粋未修者**は、野道さん、Kさん、松宮くん、森田さん、水島くん、徳田くんである。**社会人**は、中村さん、Kさんである。

野道さんは、最初、「善意の第三者」って「いい人」っていう意味じゃないのというところから始まり、周囲に助けられて司法試験に合格したことを述べる（234頁）。Kさんは、純粋未修者かつ社会人であり、未修者2年目で既修者と同じクラスになった時に、既修者との歴然とした差を認識し、孤独と不安の中で、別の法科大学院に転校し、合計4年間法科大学院で勉強することにしたことを述べる（56頁）。松宮くんは、1年目から3年目までの各勉強方法を説明し、2年目に既修者と同じクラスになると既修者とは知識の差が歴然とあるが、焦らずに時間をかけて追いつくことを指摘する（42頁）。森田さんは、3回目の受験で合格したが、2回目までは知識のインプットに時間を費やし、その後は論文の起案等に時間をかけることができるようになったことを述べる（80頁）。

「最近、かなり慣れてきましたね。人の紛争を解決したり、人を裁いたりするわけですから、これしかないというのは、本来あり得ないんでしょうね。A説、B説、C説の違いがどこから生じているのかという根っこから考えるということがわかってきた気がします」。

V 新司法試験

「深いところまで考えてるな。ようできるなあ」。
「わたし、旧司（旧司法試験）3回落ちたんですよ」。

　法科大学院の教員をしていた時のことである。非常に優秀な学生（Aさん）がいた。旧司法試験に3回失敗し、諦めて法科大学院に進学したとのこと。ほかの教員に聞くと、Aさんは入学時からすぐれていたとのことであった。では、なぜに旧司法試験に3回も落ちたのか。
　旧司法試験は、問題文や時間が短く、合格線上に多数の受験者がうごめき、出題された問題によって合格者が大きく変わってくるといわれていた。実力がまだ足りない者でも狙っていた問題が出ると詰め込んだ知識で高得点をたたき出し、合格することもあった。旧司法試験では、予備校で教える「論証パターン」を丸暗記し、そのまま答案に吐き出すため、どの答案も同じようないわゆる「金太郎あめ答案」が多かったとされている。このため、十分な能力をもっていながらも、それを答案に反映できずに、合格できなかった者が多数いたことは想像に難くない。法科大学院が誕生しなければ、Aさんは法曹の道を諦めていたかもしれない。Aさんは、法科大学院をトップの成績で卒業し、新司法試験も優秀な成績で合格している。──千里の馬も伯楽に逢わず。

◆ *Comment* ── 新司法試験 ◆

　新司法試験は毎年5月に4日間実施される。3日間は、論文式試験で、公法系科目（憲法、行政法）、民事系科目（民法、商法、民事訴訟法）、刑事系科目（刑法、刑事訴訟法）のほか、選択科目（倒産法、労働法、租税法等から1科目を選択）がある。1日は短答式試験で、公法系科目、民事系科目、刑事系科目がある。合否は、短答式試験と論文式試験の総合で決まるが、短答式試験について一定の点数をとらないと直ちに不合格となり、論文は採点されない。合格発表は、例年9月中旬である。

私が教員をしていた神戸大学法科大学院では、修了時に成績順に上位20％に入ると、成績優秀者として表彰される。法科大学院での２年間（未修者の１年目は考慮外）での全科目の総合成績であり、偶然で上位者に入ることはあり得ないので、その者の能力を表していると考えられる。平成21年新司法試験では同年３月修了者の上位21人中19人が合格し（神戸大学法科大学院修了者の合格率は49.0％）、平成22年新司法試験では同様に上位19人中18人が合格している（同34.0％）。他の法科大学院においても法科大学院での成績と新司法試験の合格との間には強い相関関係があることが報告されている（法科大学院協会ほか「法科大学院の成績と新司法試験の成績との関連性に関する調査」２回目の調査の概要につき〈http://www.moj.go.jp/content/000036348.pdf〉）。

新司法試験は、長文問題を時間をかけて解く形式なので、偶然に左右される要素が少なく、実力に応じておおむね順調に合格している。司法試験が有能な者を合格させることを目的としている以上、新旧の司法試験を比較した場合、新司法試験のほうがすぐれていることは、疑う余地がないように思える。そして、法科大学院での成績と新司法試験の成績が相関していることは、新司法試験が法科大学院での教育の成果を図る試験となっていることを意味する。

もっとも、以上のことは論文式試験についていえることであって、**短答式試験**については、なお改善の余地があるように思える。未修者は短答式試験の合格率が低く（〔図３〕参照）、これが最終の合否に大きな影響を与えてい

〔図３〕　合格・不合格内訳（平成22年）

（備考）１．対受験者ベース
２．法務省公表資料から作成

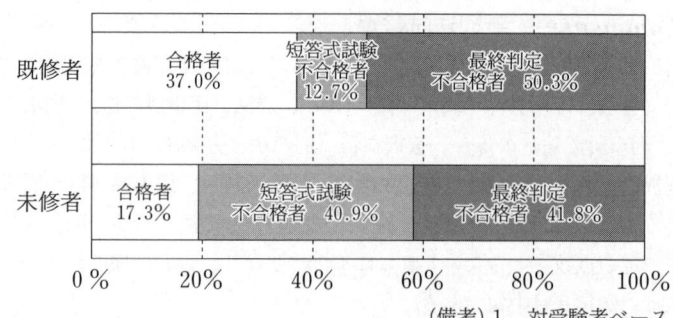

る。「法律の知識は全くいりません」とうたって入学させながら、3年後には細かな法律知識を求めるのはいかがなものかという気がする。専門的に研究している教員からすると基礎的な問題であっても、7科目をこなしている学生の立場に立って考えることが必要である。

中村報告は、社会人を経て未修クラスに入学したが、法科大学院での3年間はひたすら授業の予習・復習で費やし、受験対策（短答式試験対策等）ができておらず、修了直後の司法試験に不合格となったことを述べる（33頁）。松宮報告は、未修者として短答式試験の準備ができておらず、司法試験の直前はひたすら短答式試験対策をしており、膨大な量の暗記を強いられたことがつらかったと述べる（48頁）。

短答式試験を対象とした授業は法科大学院では基本的に行わないので、授業時間外に取り組まなければならず、7科目もあるのでかなりの負担であり、場合によっては法科大学院での教育に集中できないという弊害を生む。短答式試験の科目数を削減するなど改善の余地はかなりあるように思う。

司法試験対策については、多くの報告者がふれている。

上原報告は、集中的な勉強方法と試験当日に向けての秘策を述べる（207頁）。中村報告は、答案作成について、ゼミの活用や三段論法を理解することの重要性を述べる（36頁）。ゼミの活用については森田報告（80頁）やK報告もふれている（60頁）。戎報告は計画的で答案作成を意識した勉強方法を述べる（180頁）。

論文式試験における**答案の書き方**については、長谷川報告は、「あてはめ」、特に「事実の評価」の重要性を説く（74頁）。長谷川さんは新司法試験に1桁順位で合格しており、上位合格の秘訣はこのあたりにあるのかもしれない。また、上原報告は、論文答案を書く時のキーワードを紹介している（208頁）。

司法試験に2回目または3回目に合格したのは、森田さん、水野くん、中村さん、上原さんである。

森田さんは、1回目は短答式試験不合格、2回目最終判定不合格、3回目に合格で、この間に受け控えはしていない。森田報告は、不合格となった原

因について、純粋未修者で、知識のインプットに時間を要し、知識が足りていない状態で受験したときには、知らないことを問われているのではないかと思い込み、わかっているはずのことも答案に反映できなかったことを述べる（80頁）。水野報告は、自分の弱点に向き合うことの重要性を述べる（152頁）。

他方、**3回目も不合格で受験資格を失った**のはＲくんである。Ｒくんは、1回目短答式試験不合格、2回目最終判定不合格で、1回受け控えて、3回目の受験で最終判定不合格であった。より合格の可能性を高めようとして、3回目の前に1回受け控えたために、最後の3回目の試験で覚えたことをすべて答案に書きたいという気持ちが邪魔をし、余計なことを書きすぎたことが敗因と分析している（268頁）。設問の結論に影響をしないことを書いても得点にはならず、かえってマイナスである。設問に素直に答えることを忘れてはならない。

なお、Ｒくんは、短答式試験の勉強の重要性を強調している。私は、論文式試験の勉強を中心に据えるべきであると思うが、短答式試験で落ちると必死に書いた論文答案がゴミと化す（Ｒ報告270頁）ことを考えると、Ｒくんの考えも理解できる。論文採点者のキャパシティの問題があるのかもしれないが、本来的には、短答式試験のみで不合格とすることはできるだけ減らすべきであると思う。

法科大学院修了後5年以内に3回という**受験制限**については、森田報告は、3回目の受験を終えた後、これ以上勉強してももう伸びないと感じたことを指摘し、区切りをつける意味で受験制限を肯定的にとらえている（84頁）。

VI 司法修習期間の過ごし方

「医師Ａが患者Ｂを殺そうと思って致死量の青酸カリが入った注射器を看護師Ｃに渡したところ、たまたま、ＣもＢに恨みをもっており、致死量の青酸カリ入りの注射器と知りながらＢに注射し、Ｂが死亡した場合、Ａの罪責は？」というような問題を司法試験を受験していた頃に勉強した記憶がある。

「現実に絶対こんなことは起これへんわ」と思いながら——。

　依頼者からの話を聞いて、この法律が適用される典型的なケースだということは、当事者双方が真剣に争っている事件では現実にはほとんどない。よく「教科書事例」といわれるが、教科書事例は教科書の中にしかない。現実には、一方が契約違反だと主張し、他方が契約違反には当たらないと争っている場合、双方それなりに理由があるのが通常である。事実に法律をあてはめて、はいできあがりという簡単なものではない。事実が何であるのかが霧の中にいるようでよくわからない。霧が晴れても、当該事実にその法律を適用してよいのかがわからない。

　法科大学院で学んだ知識を活用しながら、紛争の実態や背景を理解し（これが重要である）、当該事案にふさわしい解決策を考えて悩むのが司法修習であると思う。時として、法律知識を豊富にもち、理論についてはめっぽう詳しく優秀とされている司法修習生が、事実を無理にねじ曲げて理論にあてはめようとしたり、当該事案ではおよそあり得ないような結論を考えたりすることがないわけではない。法律（民事法）は、人と人との紛争を解決するためのものであり、理論的に考察しながらも、はたしてそれでよいのかも同時に考えることが必要である。

> ◆ *Comment*——司法修習とは◆
> 　司法修習は、毎年11月末から1年間となっている。かつて実施されていた司法研修所での前期修習はなくなり、全国各地に分かれての実務修習から始まる。実務修習は、分野別修習として民事裁判、刑事裁判、検察、弁護を各2カ月間修習し、その後、各修習生が修習内容を選択できる選択型修習が約2カ月ある。集合修習は、司法研修所での仕上げの修習であり、約2カ月ある（選択型修習と集合修習の順は、修習地によって逆になることがある）。最後に考試（いわゆる二回試験）を受けて合格すると、法曹となる資格を取得する。

　裁判官や検察官をめざす場合には、実務修習や集合修習での成績が重要な評価対象になるので、修習自体が就職活動・選考の場となる。

　裁判官となったのは髙嶋くんと杉山くんである。髙嶋報告と杉山報告は、

司法修習の各クールでの出来事を具体的に述べる（93頁、127頁）。検察官となったのは八十島さんである。八十島報告は、東京修習で修習生が多く、積極的にアピールして修習することの重要性を述べる（109頁）。

小規模修習地については、山形で修習した水野くんが、メリットとして、修習同期との深いつながりや充実した濃い内容の修習であったことを述べる（153頁）。

VII 弁護士への就職問題

「はい、わかりました！　明日の午後６時に○△事務所にうかがいます。○△事務所ですね。ありがとうございます。では、失礼します」。

「明日は、○△事務所か。最近は、連日やなあ」。

「はい。手あたり次第履歴書を送ってるんで、どこに送ったかもよくわかんなくなるんですよ。今晩、ネットで○△事務所について調べて面接に臨みます」。

ある日の午後５時過ぎ、修習生が○△事務所からかかってきた携帯電話を切って手帳に予定を書き込みながら、ぼんやりとした表情で話している私との会話である。

司法修習生の就職状況は年々厳しくなっている。各報告でも、就職状況については、よくふれられている。徳田報告は、採用申込みをした法律事務所は約100カ所、面接を受けた法律事務所は約50カ所に上ることを述べる（146頁）。採用までに何回か面接して絞り込んでいく法律事務所が普通なので、面接回数も100回近くになっていると思われる。彼だけが特別多いわけではない。それが現実である――。

就職が決まらないのは、必ずしもその修習生のせいではない。年齢や出身法科大学院、司法試験の成績等で面接する修習生を絞り込んでいる法律事務所が多い。面接までたどりついても、概しておとなしく自己主張がうまくない修習生はなかなか決まらない。実によく考えており能力は高いがそれが伝

わらないのであろう。気の毒に思える。

何も法律事務所に就職することだけが弁護士としての道ではない。とはいえ、新人弁護士が新たな領域を開拓することも容易なことではない。日々修習生と接していると、就職問題は深刻なものに思える。

「私は今まで1,000人だったものが、今度審議会がお出しいただいた数字（3,000人）の方向にいくとしても、十分に日本社会で吸収し得ると思います。……我々が対応しなければいけない弁護士ニーズというのは非常にたくさんある。勿論、それは計画的に進めるということは必要だと思いますけれども、決して審議会がお出しになった数字を無理な数字だとは、私どもとしては思っていないのが実情です」（平成12年8月29日開催の司法制度改革審議会における久保井一匡日本弁護士連合会（以下、「日弁連」という）会長［当時］発言）——年間3000人の合格者を吸収し得る日本社会ははたしてくるのであろうか。

就職難は、大きな問題を3つ抱えている。

第1は、就職が決まらないと、落ち着いて司法修習に打ち込むことができず、修習の実があがらないという問題である。毎日の修習が終わると、すぐに事務所訪問・面接、その前後には履歴書やお礼状の作成・送付など、就活中の修習生はとにかく大変である。第2は、就職難の結果、いわゆる即独が増え、修習修了後のOJTに不安が残ることである。もともと修習期間が1年に短縮され、修習修了後のOJTが重要になってきたが、それを受けられない者が出てくるという問題である。第3は、法科大学院に入学し司法試験を突破しても就職が難しいのであれば、法曹の魅力や価値が低下し、法科大学院進学による経済的・時間的負担を考えると、優秀な層が法科大学院を敬遠するという問題である。

報告者のうち弁護士となった者の多くは、**就職活動**についてふれる。

大手法律事務所への就職については、田端報告が、早期の活動の重要性を述べ、法科大学院在学中から就職活動の前哨戦が始まり、司法試験の合格発

表までにほぼ終わっている現状を紹介する（192頁）。「4大」といわれている東京の大手渉外事務所は採用が早く、司法試験の合格発表時点では、すでに採用を締め切っている現状にある。司法試験合格の切符を手にし、さあこれからどの法律事務所にしようかとふと顔を上げると、すでにレースは終わっている——。4大事務所に限らないが、大手法律事務所の採用内定は早く、修習開始までに決まっているケースが多い（毎年日弁連会長が各弁護士会宛てに出している修習生に対する修習開始後の一定時期までの採用勧誘行為の自粛要請は、いったいどうなっているのであろうかと思ったりする）。現状を前提にする限り、大手法律事務所を希望する場合には、早期の就職活動が欠かせないものとなっている。

個人事務所等への就職については、徳田くん、Kさん、三澤くんが報告している。徳田報告は、就職活動のみに絞った内容であり、二回試験直前に就職先が決まるまでの過程を詳細に述べる（140頁）。Kさんは、各地の弁護士会による合同説明会に出席し、手書きの履歴書などを40〜50枚送付し、出身地の法律事務所に電話をかけ回り、ようやく個人事務所に就職が決まったが、いざ勤務するとその事務所が合わず、別の事務所に移籍したことを紹介している（63頁）。三澤報告は、弁護士と僧侶の兼業をめざして就職活動を続け、人のつながりでようやく二回試験直前に決まったことを述べる（121頁）。

修習地と就職を希望する地が異なる場合には、就職活動はさらに大変である。山形での修習を昼に早退し、新幹線に飛び乗って夜に東京で法律事務所の面接を受け、終わると山形行きの夜行バスに乗って翌早朝に山形に着き、そのまま修習先に直行する——ということを繰り返す。水野報告は、山形で修習し東京で就職活動をすることの大変さを述べる（154頁）。今井報告は、大阪で修習し長崎で就職活動をしたことについて、経済的な負担などの苦労を述べる（170頁）。

法律事務所への就職が決まらないと、**即独**ということも有力な選択肢であり、最近は、就職難を背景として、最初から即独を考えている修習生もいる。現在の状況からすると、今後も即独が増えることは明らかであり、先輩弁護士による援助、相談のしやすい同期の弁護士との協力態勢、さらには弁護士

会の制度的な支援が不可欠である。

本書では、戎くんが即独である。戎報告は、即独にあたり、①資金がない、②収入が確保できない、③事件ができないことを懸念していたが、いろいろと工夫をして乗り切っている状況を報告している（182頁）。開業地も各種統計データを調べるなど、かなり周到に研究している様子がうかがえる。

◆ *Comment* ──「即独」とは◆

「即独」とは、司法修習を修了し、弁護士となる資格を得た者が、既存の法律事務所に入所せずに、直ちに自らが経営主体となる法律事務所を開設し、弁護士業務を開始することである。「修習修了後即時独立」を略して「即独」とよばれている。

VIII 法曹になって

「任官が決まりました。〇〇地裁です」。

「いよいよスタートやなあ。最初は大変やけど、頑張ってな」。

新修習生は、毎年12月の二回試験発表後、任官あるいは弁護士登録により法曹として新たなスタートを切る。

髙嶋報告は、裁判官としてのある１日を具体的に述べる（96頁）。杉山報告は、事件に対する最終決定権が裁判所にあり、その責任ある仕事をしてみたいということで、**裁判官**を決意したことを述べる（137頁）。

八十島報告は、**検察官**としての日常とそれとの関連で法科大学院や司法修習での勉強がいかに役立っているかについて述べる（111頁）。

大手法律事務所に就職したのは、田端さんと長谷川さんである。

田端報告は、弁護士数でわが国最大の法律事務所である西村あさひ法律事務所への入所と任期付職員として経済産業省での立法作業への関与を述べる（190頁）。長谷川報告は、大阪で最大手の法律事務所の１つである御堂筋法律事務所への入所の過程を述べる（76頁）。いわゆる渉外事務所において

M&Aやファイナンスを手がけたり、立法によって社会を動かしたりすることは、法律の最先端の分野であるといえる。田端さん、長谷川さんとも私はよく知っているが、まれにみる秀才であり、最大手の法律事務所や中央省庁で幅広く活躍し、法科大学院修了者の実力を示してもらいたい。

　それとともに、そのようなスポットライトを浴びる場で活躍することだけが法曹の役割ではないことも忘れてはならない。

　大学病院でわが国で初めての難しい手術に成功したということになればスポットライトを浴びる。拍手喝采されるだろう。片田舎で、休日に急患が出たということで、娘の結婚式を途中で抜け出して駆けつけて患者の命を救った医師には誰も注目しない。しかし、その医師は大学病院の医師に負けない立派な仕事をこなしたのである。

　法曹の世界も同じである。知的財産やM&A、敵対的買収案件などの最先端の分野で活躍すると、報酬は高額であり、日経ビジネスの弁護士ランキングで何位になったと報じられる。しかし、弁護士が1人しかいない片田舎で、農業を引き継いだ長男と都会に出た二男、三男との10年を超える相続紛争を円満に解決させた弁護士の存在は誰も知らない。

　地方での弁護士活動は、水島くん、上原さん、今井くんが報告している。

　水島報告は、**法テラスのスタッフ弁護士**として、佐渡に赴任し、多岐にわたる相談業務をこなし、刑事事件を含め幅広く活動している報告である（216頁）。その報告からは、地域に溶け込んで人々とふれ合いながら、法律業務をこなしていることがわかる。

　上原報告は、**都市型公設事務所**に勤務し、過疎地派遣弁護士の養成を受けて、小浜ひまわり基金法律事務所に赴任することが決まった報告であり、志高く将来の目標を語る（201頁）。

　今井報告は、企業オフィス的な法律事務所ではなく、小規模な法律事務所での勤務を希望し、生まれ故郷の長崎で、手がけたいと考えていた医事事件のほか、**小規模弁護士会**での充実した委員会活動等についてふれる（172頁）。

　ほかでは、**理系出身者**である松宮くんが、弁護士としての業務において、理系出身者としてのバックグラウンドを活かせる場面を紹介する（51頁）。

〈表〉 企業内弁護士の推移

	H17	H18	H19	H20	H21	H22
人　数	122	165	187	267	354	435

「弁護士白書2010」より

　また、三澤報告は、**法曹と僧侶**を両立させ、依頼者や相談者の言葉にならない感情を大切にしたいと述べる（124頁）。

　法曹人口の拡大にあたって注目されていたのが**企業内弁護士**である。

　企業内弁護士は大幅に増えており、ここ5年間で約4倍になっている（〈表1〉参照）。もっとも、もともとが少なかったということがいえるし、新61期は55人がなっているが、新62期は45人と減少しており、今後の先行きが気になるところである。

　野道報告は、法科大学院時代に「予防法務」という言葉を知り、「企業」の法律問題を予防すれば、そこで働く人々の生活を守ることができるという動機で、企業内弁護士となっている（236頁）。就職難を背景として、企業へ就職する人が増えているが、「事務所に就職できなかった者が行くところ」というイメージではないことを強調する。

　野道さんは、今は弁護士事務所に勤務している。いったん法律事務所で経験を積んで再び企業に戻る予定で、新人弁護士が企業内弁護士として大成する1つの方策であるように思う。

IX 別の道を歩んで

　「どうしたらいいと思いますか？」

　ある法科大学院生に聞かれたことがある。未修者の2年目の終わり頃だったように思う。法科大学院での成績がふるわず、単位を落としている科目もあり、司法試験は諦めて公務員試験をめざすことにしようかと悩んでいるとのこと。

将来は誰にもわからない。司法試験の合格率がどんどん下がっている現状を考えると、司法試験を諦めて別の道に歩み出すのも有力な選択肢であることは否定できない。他方、能力の向上は千差万別であって、低空飛行であっても、後に大きく能力を伸ばす者もいる。特に、未修者は、ある時点で法的な思考方法を理解すると、急速に伸びることがある。森田さんは、未修者であり、3回目で合格したが、3回目までは能力が向上していることを実感しており（83頁）、大器晩成型といえる。

　司法試験に合格できない場合、人生の再設計を余儀なくされる。現在の司法試験の合格率からすると、不合格者のほうが圧倒的に多い。今後毎年1000人を超すいわゆる三振者（3回司法試験に不合格となり、受験資格を失う者）が出現する見込みである。わが国は敗者復活に冷たい社会のように思われ、別の道をめざすことは容易なことではない。

　しかし、不合格にも負けず、立派に歩んでいる人ももちろんいる。転進する場合、年齢制限に引っかからなければ、裁判所事務官、国家・地方公務員などの**公務員**が多いように見受けられる。樫本さんは、司法試験を2回不合格となった後、**家庭裁判所調査官**となっている。樫本報告は、家庭裁判所調査官の職務、試験対策などについて具体的に述べる（244頁）。

　斎藤くんは、同様に、司法試験に2回不合格となり、**民間企業**に就職した。斎藤報告は、就職先が決まるまでの過程を詳しく報告している（251頁）。17の合同企業説明会に足を運び、大学3年生ばかりの会場内を走り回り、102社の企業ブースを訪問したことなどを述べる。すでに大学卒から数年が経過し、コネもなければ民間企業への就職は厳しいものがあるが、体当たりで頑張っている。「司法試験で不合格を受けてもなんのその、胸を張って正々堂々、頑張っていこう」とよびかける。

　3回司法試験に落ちて受験資格を失ったRくんは、まだ就職が決まっておらず、**司法書士**をめざして勉強している（271頁）。

　司法試験ばかりが人生ではない。人生は長い。多少遠回りをしても、やがては取り戻せるものであるし、遠回りをしたことによって、人生がよくわかることもある。司法試験に落ちたとしても落ち込むことはない。大事なこと

は絶えず前に進む意思をもつことだと思う。

　「自分の現在の能力、状況をできるだけ客観的に分析したうえで、あとは自分の判断やなあ。それしか言われへんわ。どの道に進むにしても、とにかく頑張りや。負けたらアカンで──」

第2部
修了生の物語

社会人女子学生はみた！
──自治体職員経験から法科大学院を振り返る

中村衣里（なかむらえり）（64期）

略歴：平成8年神戸大学法学部卒。同年地方自治体入庁（平成17年4月～平成20年3月休職）。平成16年神戸大学法科大学院（未修）入学（当初1年間休学）。平成20年同修了。同年10月地方自治体退職。平成22年司法修習生。

新司法試験受験：平成20年、22年（合格）

I はじめに

　私の司法試験合格に至るまでの経歴を簡単に述べると、神戸大学法学部を卒業後10年近く自治体職員として勤務。その後3年間休職し、神戸大学法科大学院未修コースを修了。修了後職場復帰をしながら1度目の司法試験を受験するも、不合格。その後退職をして受験に専念し、2度目の受験で合格するに至った。

　周りからみれば、私の合格までの道のりは遠回りであるかもしれない。しかし、私自身は、これまでの社会人としての経験や人との出会い、その1つひとつがかけがえのない宝物のようであり、糧になったと感じている。そしてその時々に、自分自身で生き方を選択し、今日に至ったことは、大きな自信ともなった。

　社会人経験をもちながら法科大学院に入学する人は数多く、その人それぞ

れに人生がある。若い学生の皆さんとはまた違った悩みもさまざまにあるだろう。私が自らの「これまで」を一例としてお話することで、法科大学院をめざしている、または法科大学院生や修了生である、社会人経験者の新たな一歩に少しでも役立つことができれば幸いである。

II 法科大学院入学まで

1 法科大学院入学を決意した動機

　私は、法学部を卒業後、自治体に就職をし、ほぼ2年ごとに異なる行政分野で働いてきた。直接住民と向き合う仕事もあれば、行政という組織内部の調整を行う業務もあり、それぞれに興味深いものであった。その中でも職務内容として特に興味をもったのは、行政事件訴訟の訴訟事務、および消費者や女性等から受ける相談関連業務であった。

(1) 行政事件訴訟業務

　行政事件訴訟業務は、社会人として第一歩を踏み出したばかりの頃に担当した仕事であった。準備書面や証人尋問の準備をし、そのために現場調査や関係者との討議等も重ねた。

　これらの作業を通して、張り詰めた緊張感の中にも、相手を説得するために言葉を理論的に積み重ねていく楽しさを肌で感じた。そして、こうした機会に法曹関係者と初めていっしょに仕事をし、颯爽と無駄なく議論を展開するその姿に憧れにも似た気持ちをもった。法という道具を見事に使いこなし問題を解決する法律家の姿が、新人の行政職員にはまぶしくみえた。おそらく、その後の行政職員時代、私が常に何か「専門性」をもちたいと思い続けることになった出発点が、ここでの法曹関係者との出会いにあったのであろう。

(2) 相談関連業務

　相談関連業務については、内容はさまざまであるが、5年ほどかかわることになった。

　消費者金融で債務が膨らみどうしようもないとの相談で、2時間近く電話

で話し込むこともあった。また、家庭内暴力を受けている高齢者が、何とか話を聞いてもらいたいと家族の目を盗んで足を運んできたこともあった。

　どのような相談事例にも共通していえることは、相談者が自分の抱えている問題を、まずは誰かに、ただ聞いてもらいたい、と願っているということであった。特に苦しみを抱え悩む人たちにとって、自分が今胸に抱えている思いを、否定されることなく聞いてもらえるという場は非常に少ない。行政機関が相談業務を行っていることの意義は、その点において大きいといえ、大変やりがいを感じる現場であった。

　しかし同時に、こうした日常生活に起こる出来ごとの相談に訪れる人に対し、行政職員である自分ができることには限界があることもつくづく感じ、ジレンマを常に抱えていた。ひととおりの相談を聞いた後、われわれにできることといえば、専門機関等（警察、弁護士等）を紹介するといった情報提供にほぼ尽きていた。これは、法令で定められた職務上の権限を超えることができない、という行政職員としては当たり前に直面する限界であり、その意味では適切な対応であった。だが、私個人としては、相談者の実情を知れば知るほど、自分自身がさらに専門性を高め、自己の判断で問題を解決できる立場に身をおけば、この目の前の相談者に対して、さらに具体的で、直接的な支援ができるのではないのか、と思う気持ちが高まっていった。

　　(3)　社会人経験を糧として

　こうして、行政職員としての仕事を通じ、専門性をもって活き活きと仕事をする法曹関係者たちを目にしたこと、そして自分自身が法的な専門性を身に付けることによりこれまでとは異なるアプローチでの社会貢献ができるのではないかと思うようになったことが、私を法科大学院への入学、さらには司法試験受験という目標に向かわせる動機となった。

2　法科大学院入学に向けて

　さて、実際に法科大学院入学を志したものの、越えなければならない問題はいくつかあった。

(1) 家庭生活——家族の理解と協力

　まずは、家族の理解を求めることが必要となるが、この点について私の場合、大きな障害はなかった。私は夫とふたり暮らしであるが、それまでもお互いを個人として尊重し、その生き方・考え方を理解し支え合おうという価値観を共有していた。夫は当初から今回の私の決断に全面的に賛同をし、その後数々の直面することとなった受験期の困難もいっしょに乗り越えてくれた。いわば戦友のような感覚であり、二人三脚でここまでたどりついた、というのが司法試験に合格した現在の心境である。紙面を借りて、これまでの夫の姿勢と支えに対し、感謝と尊敬の念を述べることにつきお許しをいただきたい。

(2) 仕事——退職するか否か

　次に問題となったのは、就業中の仕事をどうするか、ということであった。

　法科大学院入学となれば、2年なり3年なりをフルタイムで通学しなければならない。社会人のため夜間開講する法科大学院もあると聞いたが、近辺にはなく、また両立することは体力面でも厳しいと思った。

　進学にあたり、勤めていた自治体を退職するという道もあった。その一方で、行政の職員であるからこそ取り組むことができる仕事がほかにも数多くあることを感じていた。そのため、私自身、行政職員として仕事を続けることにも未練を抱いていた。そして今後は、法科大学院出身者ならではの活動の場が行政の組織内で広がるのではないか、という漠然とした予感や期待もあった。

　そこで、行政職員としての道を残しながら法科大学院に通学し、法曹資格を得られる方法はないかと模索し始めた。するとその矢先に、今から考えても不思議であるが、本当に何かに導かれたかのように1枚の通知文が、職場で私の目にとまった。勤務年数をある程度超えた職員を対象に、無給にて上限3年間休職が可能になる制度ができたという内容であった。この休職制度は職員の自己啓発を目的とし、大学等の研究機関で職務に関係する能力を高めることが条件であり、まさに法科大学院への通学はこれにあてはまった。この制度を使えば行政職員としての選択肢を残しつつ法科大学院で学ぶこと

ができる！　私の道が少し開いた瞬間であった。

　(3)　受験——社会人の試験対策

　こうして受験に向けた環境面での心配は解消されつつあったが、何より超えなければならない問題は法科大学院受験であった。社会人受験生にとっては、家族（経済面を含め）のこと、仕事のことなど、目下直面する課題が山積しており、本来最も大切なはずの試験対策という問題に注ぐ時間と情熱（？）が減少してしまいがちではないだろうか。

　仕事をしていた私には、勉強のために割くことができる時間はほとんどなく、適性試験の対策は、2度ほど予備校の模擬試験を受け出題の形式を知るという程度にとどまった。そのため適性試験の結果は恥ずかしくてここに書くことはできない。今でもよく最終合格できたものだと思うほどである。ちなみに、私の生き方に「共感」した結果（？）、適性試験を本当の意味で「共に」記念受験をしてみた夫のほうが私よりも高い得点を獲得した、という後日談もある。

　3年コースで受験をする私にとって、適性試験の結果を挽回し、かつ社会人としての強みを発揮できるのは、エントリーシートと法科大学院での小論文試験しかない、と思っていた。エントリーシートは何十回となく書き直し、読み直した。誤字脱字があってはならないことはもちろんのこと、顔のみえない相手に私自身の熱意を伝えることが大切だと思い、一字一句に文字どおり思いを込めて丁寧に仕上げた。受験した法科大学院が少ないということもあり可能であったのかもしれないが、決しておろそかにはできない作業であった。またこの作業を通し、自分が法曹をめざした動機をあらためて自分自身に沁み込ませる機会ともなった。この作業がその後のモチベーション維持にも役立ったように思う。

　小論文試験対策については、今ではさまざまな学習ツールが存在するのかもしれない。しかしどのような出題形式であっても、与えられた資料を読み込む力、そして自分の思考を相手に正確に伝えるための書く力が必須であろう。私自身は日々の仕事の中でこれらの作業（もしくは似たような作業）を毎日毎日、何年となく続けてきたので、自然と身に付いていたのかもしれない

（ただし、当時身に付けていたと思っていた「日常業務で文章を作成する能力」と、法科大学院や司法試験等で求められる「法律文書を書く能力」とが異なることに、その後長く気づくことができなかった。当時の文章作成能力への過信が、その後、自分自身を苦しめることにもなる）。日常的に文章を読み、書く機会が少ない人は、意識的にこの点に取り組む必要があるだろう。たとえば高価な問題集等を買わなくても、新聞の社説を読み、それに対する意見を自分でまとめてみるという作業も有効かもしれない。そしてそれを家族や友人等に読んでもらい、自分の意見が相手に通じる文章となっているのかを確かめてみてはどうであろうか。

　神戸大学法科大学院の場合、当時、3年コースの入試の内容は、前述の適性試験とエントリーシートのほかは、小論文のみであった。当たり前のことではあるが、試験当日の小論文作成は、自分の全神経を与えられた資料に向かわせ、一字一字丁寧に、そして論のぶれることなく文章を書き進めることが大切である。法科大学院入学後もよく指摘されるところであるが、読み手（採点者）の存在を意識して文章を書くことが常に求められているといえよう。

(4) 法科大学院の選択

　自宅から通学が可能であること、事前の説明会でも先生方の法科大学院にかける熱意が強く伝わってきたこと、等を理由に、母校でもあった神戸大学法科大学院を受験することを決意した。実際、神戸大学法科大学院は緑豊かな敷地内にあって学習生活に専念できるうえ、先生方をはじめとする学習環境や、自習室や図書館等の施設面においてもすばらしかった。同期生のみならず、先輩・後輩を含め、良き仲間にも恵まれ、私にとってはベストの選択であった。

　法科大学院は、在学中はもとより、受験期、そしてその後においても、長く深く、関係を結ぶことになる。受験前の法科大学院選択の時点で、この点についてもしっかりと検討をしていただきたいと思う。

III
社会人女子からみた、法科大学院および司法試験

1　社会人学生ならではの喜び

　法科大学院の合格発表が年度末であったことから、業務の都合上直近4月からの休職は適わず、私の休職は1年間先を延ばして許された。つまり、第1期生として法科大学院に入学をしたものの、私が実際に通学を始めたのは1年後の平成17年4月からであった。

　久しぶりの学生生活は何もかもが楽しく、胸躍る毎日であった。太陽の光を浴びながら通学し、講義を受け、図書館等で自習をする、という学生にとっては当たり前の健康的な生活が、長い間朝から晩までデスクワークに励み（？）、心身ともに疲れ果てていた社会人の私にとっては、天から与えられた贈り物のような時間にさえ感じられた。

　もちろん、法科大学院での講義やそのための予習・復習は予想以上にハードだった。しかし、社会人生活を送り続けているうえでは決して考えられないような、勉強だけに専念できる時間を過ごし、研究や実務の第一線で活躍されている先生方と直接お話しができ、さらには年代を超えてさまざまな場所、分野から集まってきた学生とともに学ぶことができた、というのは間違いなく幸運なことであった。

　これから法科大学院をめざす社会人には、苦しみの中にも、それには代えることができない、日々の楽しみや喜びが待っていることも、ぜひともお伝えしておきたい。

2　社会人女子学生はみた！──その1──

　法科大学院生活の中で、社会人女子として特に印象深く感じたことは、若い女子学生たちが本当に活き活きと学生生活を送っていることであった。多くの読者にとっては、「何のことやら」と思われる事柄かもしれない。しかし、私のように5年、10年と社会人として仕事をしてきた女性の方には、少なからずわかっていただける感覚であるように思う。

自分の学部学生の頃を思い返すと、確かに法科大学院で出会った若い女子学生たちと同じであったようにも思う。誰に臆するでもなく、自分の意見を発言する場があり、男子学生とも対等に日々の生活を送っていたといえるだろう。

　しかし、大学を卒業し、一歩実社会に出ればどうか。いくら社会制度としての男女平等が整い、誰もがそれを当たり前と口にし、目に見える差別の多くがなくなっても、働く女性には無言の圧力がのしかかり、ガラスの天井が歴然と存在する。仕事先からかかってきた電話口に出た途端に、「なんや女か……男の担当者に代われや」と言われた経験。個人の能力や希望とは無関係に「女性」だからという理由だけであらかじめ割り当てられている職場や事務分担。新人職員が男性であれば出席できる会議に、先輩女性職員が「お茶出し」でしか参加できないという現実。このように具体的な事例を並べ始めるときりがないが、私自身も、また周りの女性たちも、大なり小なり「女性」であるという理由によって、決して合理的とはいえない取扱いを受けた経験がある。

　もちろん、世間には仕事人としてまさに男性にも劣らず物を言い、輝きを増している女性がいることも否定しない。しかし、そうした女性でさえ、そこに至るには女性であるがゆえの苦労があったことは想像に難くない。まして、その他多くの女性たちは、自分の力ではどうすることもできない社会の困難な現実に直面し続けたとき、いつの間にか、そのような社会と戦う気力も失せ、ただ日々の暮らしが波風立たずにすぎればよいという心境になる。

　法科大学院で学ぶ女性たちは、皆、法科大学院を修了すれば法務博士として専門的な知識をもち、望めば、男性と対等にわたり合うことができる場で社会人としてのスタートを切ることができるであろう。またその多くは、法律実務家として活躍することになる。しかしそのような彼女たちであっても、女性であるがゆえに直面する社会の壁をこれから必ず経験するだろう。だがその経験は、自分もまた、「女性」というカテゴリーにおける社会的弱者の１人だということを、身をもって実感する貴重な機会となる。法律実務家にとって、社会的弱者を含めたさまざまな立場にいる人の気持ちを想像し、思

いやることは不可欠であろう。そう考えると、彼女たちが社会に出て経験する壁もまた、悩み苦しむ相手の立場を理解するうえで有益といえるかもしれない。

　これから法曹の世界に飛び込む女性たちには、自分自身のいわば「負」の経験を、反対に「力」に変えて、社会的弱者といわれる人々の、まさしく代弁者としての活動をしてもらいたい。私自身もまた、自分自身の経験を無駄にすることなく、社会のさまざまなステージで生きる女性の悩みに寄り添うことを中心とした活動をしていきたいと考えている。

3　社会人女子学生はみた！ ―― その2 ――

　社会人女子学生としてもう1つ実感したことは、法科大学院での生活、ひいては司法試験の長い受験生活において、女性、特に家庭責任を担う女性にとり、勉強との両立が大変厳しいということである。

　私自身は、法科大学院通学期間中、夫が単身赴任をしていたこともあり、ほぼ1人暮らしのような気ままな学生生活を送っていた。それでも世帯をもつということは何かにつけ細かな雑務もあり、忙しい学生生活においては負担に感じることもあった。

　私の周りをみるとやはり既婚者も多く、さらにはお子さんがいる方もいた。そして、彼女たちの多くは、法科大学院の学生という勉学に身をおく立場であっても、社会一般と大差なく、家事・育児の役割を主に担っていた。

　仕事と勉強の両立が難しいように、それ以上に、家事・育児と勉強の両立は困難を伴う。なぜなら、家事・育児の仕事は24時間生じるし、かつその対価は発生していないので「やってもらって当然」という意識が家庭内に生じやすくなる。その一方で、勉強はすぐに成果が出ないから、少しでも家事・育児がおろそかになれば、他の家族構成員からの非難を浴びやすくなるためである。

　家庭内の役割分担については、個々の家庭できちんと話し合いができており、双方の納得があれば否定はしない。しかし、家庭内に受験勉強という特殊な事情を抱える家族員がいることへの理解があれば、家事・育児について

協力態勢が整うとか、少々の「手抜き」も大目にみることもできるとか、家事・育児責任を負う受験生への負担は自然に軽減するのではなかろうか。

　実際、家事等に負担を抱える女子学生たちの奮闘ぶりには、本当に頭が下がる思いであった。朝早くに起きて子どものために3食を用意し、PTAの行事等にもかけつける学生。保育園探しに奔走する学生。家事だけでなく夫の仕事のサポートを含め、学生生活との3足のわらじをはく学生。夕食のメモを片手に帰りを急ぐ学生。私が知らないだけであれば申しわけないが、家庭をもつ男子学生でここまでの家事・育児責任を担いつつ学生生活を送る人がどれだけいるだろうか。

　そうした法科大学院生活の実態を含めてみれば、法科大学院の延長にある、司法試験の受験自体についても女子学生には不利な試験だと感じざるを得ない。受験者に占める女性割合（％）（A）と、合格者に占める女性割合（％）（B）を比べると、後者について低くなる傾向にある（参考：平成18年のA＝25.77、B＝22.60、平成19年のA＝29.21、B＝27.93、平成20年のA＝29.77、B＝27.31、平成21年のA＝29.57、B＝26.43、平成22年のA＝28.71、B＝28.54）。これは、単なる学力面での能力差だけではなく、試験当日の体力的な問題とともに、前述のように日々女子受験生たちが直面している生活上の負担が勉強との両立を妨げていることとも関連してはいないだろうか。

　私自身が同じ立場にあるからこそ、どうしてもこうした思いが強くなってしまうのかもしれないが、全国の社会人女子法科大学院生および修了生には、特に、心からの大きなエールを送りたい。

Ⅳ　復職、受験、そして退職

1　復職と1度目の受験

　3年の法科大学院生活を無事終え修了するという段階になり、私は、目前に迫る5月の司法試験対策（短答式試験対策等）が全く進んでいないという事実に愕然とした。当時のカリキュラムでは3年の後期まで必修科目があり、私も毎日多くの講義を受講していた。予習・復習に多くの時間がかかる状況

も3年間変わることはなく、後期の定期試験が終わった2月になり、いわゆる受験対策をしていないことに気づいたのである。

　修了直後の司法試験で合格した多くの仲間の様子を後から聞くと、当然のことながら、在学中もよく司法試験の過去に出題された問題の研究をしており、常に受験を視野に入れた勉強をしていたようだ。現役での合格をめざす在学中の学生の皆さんには、法科大学院の講義と並行して、ぜひとも受験のために必要なプラスαを行っていただきたい。

　そして4月になり、私は休職していた自治体から復職辞令をもらった。新しい職場、新しい仕事内容であったが、私の事情も理解をしたうえで温かく迎えてくださった。5月の司法試験を精神的に安定した状態で臨むことができたのは、この新しい職場の皆さんのおかげであると今でも感謝している。

　しかし、4月からの職場復帰は、予想以上に私を消耗させていた。新しい職場の人間関係に慣れることの大変さは、社会人であれば皆ご存じのことであろう。また、仕事についても、初日から担当者として応対をしなければならない。早く仕事の内容を覚えなければならないというプレッシャーは大きく、3年間勉強だけをしていればよかった私にとっては、仕事の感覚がすぐには戻らないことも手伝って厳しい職場復帰であった。上司からは、受験に向けなるべく残業をしないように、との配慮をもらったが、それでも急な用事が入れば夜まで対応に追われる。そのような状況で1日が終わり家路につくと、それこそ夕食を食べることさえも面倒なほどに疲れ果て、ただ明日に備えて眠るという毎日が続いた。そういうわけであるから、受験にとって最も貴重な期間であるはずの試験直前期の大半を、私は六法を開くこともなく過ごしていたのである。

　5月の連休が過ぎ、初めての新司法試験の受験を迎えた。試験期間中は良い緊張感をもって、当時自分がもっていた力はすべて出し切ることができた！……と思った。しかし、結果は不合格。

　今考えると、当時の私は受験をしても合格できるレベルではなかったのであるから、当然といえば当然の結果であったかもしれない（当時の敗因対策についてはⅥにて後述する）。

2　退職

　法科大学院修了年の9月に不合格の通知を受け、さてどうしたものかと考えた。このまま仕事を継続し、仮に次回以降の司法試験に合格できれば、司法修習のため離職した後に同じ自治体で再任用されるという道もあった。

　しかし、私の身体と心は悲鳴をあげる寸前だった。司法試験受験等のために有給休暇は使い果たし、病気をしても休むことができない状況が続いていた。また、帰宅後に勉強をする気力が起きない状況は、5月の受験後も続き、翌年5月まで同じ状態が続くことは十分に予想された。受験生である私にとって、十分な勉強時間を確保できない当時の状況は何よりつらいことであった。

　そのような事情や思いを悶々と抱え悩んでいたところ、退職という次の一歩に向け後ろから背中を押してくれたのは、夫や両親からの言葉だった。私の状況を察して温かく、退職をしてもよいのではないか、との言葉を切り出してもらえたのが何よりの後押しになった。

　このようにして、修了年である平成20年10月末をもって、私は長年勤めた自治体を退職した。なお、職員時代にお世話になった皆さんには、退職時には温かく送り出していただき、その後も折にふれて応援していただいている。あらためてお礼を申し上げたい。

V　再受験

1　平成21年5月まで

　退職後、法科大学院の講義もなく、仕事をする必要もない、まさに受験勉強に専念できる環境が整った。しかし正直なもので、私の身体はまさに悲鳴をあげ始めた。一気に皮膚炎がひどくなり、かゆみも痛みに変わっていった。そのため日中は集中力がなくなり、夜は睡眠を十分にとることができなくなった。

　皮膚炎については、精神的なストレス等が発症の原因になることが多いようだ。仕事に復帰して以来、仕事と勉強の両立が十分にできていなかったこ

とがストレスとして蓄積していたことはもちろんのこと、退職後も、治療を続けているにもかかわらず皮膚炎が悪化するという事態そのものがさらなるストレスとなり、悪循環を招いていた。退職後のこの時期は、いくつもの皮膚科を受診し治療をしながらその一方で勉強を継続するという、治療が生活の中心となる逆転生活を送ることになってしまった。そのような状態であるから、その頃は自分自身が情けなく、ひどく落ち込んでいたと記憶している。ここでも夫をはじめ、家族には日々助けられた。

　結局、皮膚炎の根本的な原因であるストレスとじっくり向き合う治療が一番であると提案してもらえる病院にやっと出会えたのが、受験直前の4月であった。これをきっかけに少し気持ちも上向きになったが、皮膚炎はまだ続いており、5月の連休が明けた時期に、最終的に、その年の受験を見送ることを決めた。

2　平成22年5月まで

　その後の1年は、皮膚科でカウンセリングのようなものを受けながら治療を続けた。若干症状がひどくなるときもあったが、信頼できる医師に出会えたことにより安心感を得られ、順調に司法試験本番を迎えることができた。患者である私を全面的に肯定して話を聞くというそのカウンセリング方法は、場面は違うが、私が法曹となった際にも応用できるのではないかと思う。その点でもこの治療を受けたことはよい経験になった。私の皮膚炎とそのことによる受験の遅れも無駄ではなかった、と思いたいところである。

VI　まとめに代えて

　Ⅳ、Ⅴは、私の法科大学院修了後の生活、特にその後半は治療記になってしまった感がある。そこでまとめとして、1度目の司法試験不合格を受け、その後受験勉強をどのように行ってきたのかについて簡単に述べたい。

1 ゼミでの勉強

　基本的な事項については、誰もが指摘するように、条文・判例を中心にインプットに努めた。

　また退職後は、再チャレンジの仲間たちとともにいくつかのゼミを組み勉強をした。1つは大学院の定期試験を題材に、週1回集まり、時間を決めて解答を作成したうえ、その答案は交換して添削をし、評価し合うというもの。もう1つは新司法試験の過去問を解き、相互に答案の添削、評価をし合うというものである。

　過去問に勝る問題はない。その意味で後者のゼミは有意義であり、ゼミの場ではすべての問題について法務省発表のヒアリングも活用しながら詳細に検討した。また、事実の摘示・評価について、他の受験生がどのように行っているのかを知るうえでも貴重な機会となった。

　また、大学院の定期試験も良問ばかりであり、前者の形式のゼミも大変役立った。ゼミではお互いの答案の形式面（誤字、段落に至るまで）を厳しく指摘し合った。前者のゼミは週1回で全28回であったが、最後の1年については、私自身、全回出席を目標に掲げ、それが達成できれば自分は合格するのだ、というジンクスまで密かにつくり参加した。そのおかげで全日程出席をし、論文を書き続けたことが、論文力の向上につながったと確信している。

　さらに、何よりゼミのよさは、孤独になりがちな受験勉強期間中、同じ志をもつ仲間に定期的に出会い励まし合えること、そして独りよがりになりがちな答案スタイルを、他人の答案を知ることで修正できることであった。ゼミに参加できたことがまさに私の合格の原動力になったと思う。

2 「法律文書」を書く

　最後に、私がなかなか克服できなかった、「法律文書」を書く、という点に意識をもつことの大切さを指摘しておきたい。

　論文を書くにあたっては、法律家であれば誰もが考え、書くところの、三段論法を用いた文章を書かなければ、いくら基本知識があっても論文試験では点数がつかない。このことは、法科大学院で何年か学んでいる方の多くが

当然に認識し、すでに体得されているかもしれない。しかし、点数が思ったより伸びないと悩んでおられる方には、あらためて三段論法の考え方、書き方を徹底的に復習していただきたい。私自身は不合格後の受験期のある一定期間、このことばかりを真剣に考えていた時期もあったほどだ。その後目にみえて（相対的にではあるが（笑））、論文（答案）の評価が高まっていったように思う。

　これから法科大学院に入学される方には、勉強を始める最初の時点でこの三段論法をマスターできていれば、その後いかなる法律科目を勉強するにあたっても怖いものなし、と断言して、今後の法科大学院での学習にエールを送りたい。

vol 2 宇宙研究者の卵、弁護士になる

松宮　慎（まつみやまこと）（61期）

略歴：平成11年大阪大学理学部卒。平成16年大阪大学理学研究科（博士課程）修了。同年神戸大学法科大学院（未修）入学。平成19年同修了。同年司法修習生。平成20年12月弁護士。

新司法試験受験：平成19年（合格）

I　法科大学院入学までの経歴等

1　経歴

　私は、平成16年4月、法科大学院に未修者の1期生として入学した。それまでは、他大学の理学研究科の大学院に在籍しており、研究者をめざして博士課程まで進学した。大学院では、主にビッグバン理論に基づいた宇宙の構造形成論を専攻しており、博士論文では、宇宙マイクロ波背景放射（通称CMB。アーノ・ペンジアスとロバート・ウィルソンによって1965年に発見された、ビッグバンの際に放たれた137億年前の光が、今日、電波として観測される現象である。CMBの発見およびその揺らぎの観測に対し、2度ノーベル賞が贈られるなど、天文学の分野においては極めて重要な研究対象である）の揺らぎの観測結果から初期宇宙の物質分布の様子を再現するという研究テーマに取り組んだ。また、ブラックホールにも興味があり、ガンマ線バーストとよばれるブラッ

クホール天体の爆発現象について観測される電波の理論的研究も行っていた。

2 法科大学院をめざした動機

　法曹の世界に入って、よく「なぜ、理系から法科大学院をめざしたのか」という質問を受けるが、私が法科大学院に入学した理由は、どちらかというと消極的である。

　理系で研究者をめざす場合は、通常、博士課程修了後、いわゆる「ポスドク（ポストドクターの略）」とよばれる期間を経なければ、大学や研究機関のテニュア（永久職）に就職することはできない。ポスドクとは、一人前の研究者になるための修行期間のようなものであり、永久職への就職をめぐるポスドク間の競争は非常に過酷である。今ではより厳しくなっていると思われるが、当時も、ごくひと握りの優秀な者しか大学等に就職できないというのが現実であった。それでも私の周りの先輩や後輩は、ほとんどがポスドクの道を選んでいったが、私には、そのような熾烈な競争を勝ち抜いていく自信がなかった。そのため、私は、博士課程の3年生に進級する頃から、自分の進路を真剣に考えるようになった。

　ポスドクにならないのであれば、メーカー等に技術者として就職することが一般的であり、私も当初は企業に就職することを考えていた。しかし、どのみち研究者にならないのであれば、理系の人材が少なく、自分のそれまでの知識や経験が活かせる分野に就職するほうが社会のためにもなるし、自分のキャリアアップにもなる。私の中でそういう考えが芽生え始めた頃、たまたま、法科大学院が設置されるというニュースを耳にした。調べてみると、法科大学院は、多様な人材から法曹を育成することを目的とする制度で、社会人や他学部出身者からも広く学生を募集するという。

　私は、それまで理系一辺倒で、法律を全く扱ったことがなかったが、全く法律を知らない者にも広く門戸を開放するという法科大学院制度の理念に惹かれ、また、未修者であれば、適性試験や小論文だけで受験できるということもあり、迷うことなく法科大学院への進学を決意した。

3　法科大学院入学までにやるべきこと

　私のような純粋未修者の場合、法科大学院への入学までに法律の勉強をする必要はないと思う。不安な人は勉強すればよいが、全く知識のない人であれば、入学してから勉強してもあまり変わらないであろう。

　ただ、文章を書くのが苦手な人は、文章を書く練習をしておいたほうがよい。小論文試験を合格して法科大学院に入学した人は、論理的でわかりやすい文章を書くという能力は担保されていると考えてよいと思うが、法科大学院の試験や新司法試験の論文式試験では、相当の分量を書くことが求められるため、文章力に自信がない人は、短時間で、わかりやすい文章を書けるように練習しておくべきであろう。

　答案の書き方については、法科大学院に入ってから訓練されるので、答案の書き方までを訓練しておく必要はないと思う。

II 法科大学院での生活

　法科大学院での3年間は毎日が勉強漬けであった。平日は、講義や翌日の予習のために1日の大半を大学で過ごし、自宅には寝るためだけに帰るような生活を送っていた。1年生の間は、宿題や予習の量もそれほど多くなかったので、週末にアルバイトをすることもできたが、2年目以降は、そのような余裕もなくなり、土日もほぼ毎週、朝から晩まで大学の自習室で勉強していた。朝は、早いときで7時頃から、夜はたいてい11時頃まで自習室で生活する毎日であった。

　また、入学から3年間はテレビを一切見なかった。周りの友人でもテレビをもっていない人が結構いたように思う。

　もっとも、勉強以外のことは一切しなかったということはなく、気分転換のため年に1回は時間をみつけて旅行をし、期末考査が終われば、親しい友人と飲みに行くこともあった。

Ⅲ　1年目の勉強方法

1　入学当初の勉強方法

　前述のとおり、入学するまで法律を勉強したことがなかった私は、六法ですら開いたことがない全くの素人であった。

　そのため、入学当初は、教科書に書かれている法律用語の意味がわからず、予習の際は、法律用語辞典や広辞苑を欠かすことができなかった。読めない漢字や知らない用語を調べながら勉強するのは、地道で根気を要する作業であり、最初の1、2カ月は、勉強を投げ出したくなることが何度もあった。しかし、勉強を進めていくうちに、難解な法律用語にも慣れてきて、教科書を読む時間も次第に短くなっていった。

2　講義

　未修者クラスのクラスメイトは26名おり、すべての講義が徹底した対話形式で行われた。

　具体的には、教授から突然質問を投げかけられても、即答しなければならない。席順に質問する親切な教授もいたが、ほとんどの講義ではランダムにあてられる。即答できる質問もあるが、簡単な質問がなされることは少ない。考えたことのない質問に対して、その場で考えて回答することが要求されるのである。教授が意図した答えが得られないときは、別の学生があてられ、その学生が答えられなければ、また次の学生があてられ……というように、常に緊張した空気の中で講義が行われていた。学生としても、質問に回答できずに授業が滞れば、他の学生に迷惑がかかるため、皆、相当な時間を予習にあてていた。

　1年目の前期は、法律に慣れるのに精いっぱいで、教授からの質問の意味が理解できずに黙ってしまったり、教授と他の学生との間で高度な議論がなされていても何を議論しているのかわからなかったりということもあり、授業についていくのに苦労した。

また、未修者クラスでは、教授から学生に対する質問だけではなく、学生から教授に対して自発的な質問がされることも多かった。未修者には、法学部出身者もいたことから、学生からの質問の意味が難しくてわからないこともあったが、他のクラスメイトの質問を通して理解が深まることも少なくなかった。

3　予習・復習の方法
(1)　予習の方法

　予習については、週末や講義の前日に、指定された教科書やあらかじめ配布された講義レジュメを相当な時間をかけて読み込むということをした。1年目は、法律の勉強自体初めての経験だったので、法学部出身者に勉強のノウハウを教えてもらい、教科書等で条文の趣旨や論点を確認しながら丁寧に予習することを心がけた。また、予習の際に疑問に思った箇所をメモしておき、講義が終わった後に質問する等、できる限り、わからないところを先送りしないように工夫した。

　さらに、この頃は知識が十分でなかったので、予備校の問題集等で問題演習をすることはあまりせず、ひたすら知識のインプットを行った。知識を詰め込んでばかりいて問題を解くことをしなかったので、期末考査の直前は答案が書けないのではないかと不安になったこともあったが、前期の期末考査も何とか落第せずに乗り切ることができた。

　答案練習については、1年目からする必要があるかについては意見が分かれるところであろう。私としては、法律を理解できていなければ、いくら答案の書き方を練習しても中身が伴わないので、1年目は基本的な知識のインプットに重点をおいて勉強すべきではないかと思う。

(2)　復習の方法

　復習については、予習で精いっぱいだったこともあり、ほとんど時間を割くことができなかった。そのため、期末考査や小テストの直前に、教科書やそれまでまとめてきた講義ノートを見返す程度であった。

　しかし、振り返ってみると、1年目に知識が不十分なまま復習をしても理

解が深まることもなく効率的でないと思われるので、予習を中心とした勉強をしたことは正しい選択であったと思う。

4　反省点

　1年目の前期は、憲法、民法、刑法の3科目しかなく、講義の進度もそれほど速くなかったので、勉強についていくことができた。

　しかし、後期は、科目数が5科目になり、詰め込む知識の量が一気に増えたため、ほとんどの科目で消化不良を起こしてしまった。講義についていけない科目は勉強のモチベーションが下がり、予習が不十分なまま講義を受けることもあった。その結果、案の定、前期に比べて成績が全体的に落ち込んだ。1年目は、焦らず、すべての科目にわたって浅く広く知識を身に付けるべきであったと思う。

IV　2年目の勉強方法

1　講　義

　2年目は、新たに入学してきた既修者と同じ講義を受けることになった。既修者といっしょになってまず感じたことは、未修者と既修者とでは知識に圧倒的な差があるということである。1年間懸命に勉強してきたのに、既修者の前では何も知らないに等しかった。知識に差があるのは当然だと思っていたが、予想をはるかに超えていたのである。当時の既修者には旧司法試験の受験経験がある学生が多く、授業中に未修者がわからない質問に難なく答えていく光景をみて、自信をなくすこともしばしばであった。

　とはいえ、講義のレベルが上がっただけで、やることは1年目と同様であり、講義のための予習を十分に行い、講義を聞いてわからなかったところは、質問するなどしてその日中に解決するということを毎日繰り返していった。また、既修者との知識の差については、すぐに追いつくことは不可能であるから、3年生に上がるまで、あと1年かけて追いつけばよい、と気持ちを切り替えるようにした。その後、次第に講義のレベルにも慣れていき、半年く

らい経ったときには、既修者ともそれなりに話ができるようになった。

　未修者の中には、既修者とあまり交流しない人もいたが、私は、積極的に既修者と話をするようにしていた。皆、気さくであり、わからないことを聞いても、親切に教えてくれる人が多かった。そのため、私は、講義が終わった後、よく既修者に混じって話をしていた。自習室の前で立ち話をすることが多かったが、既修者同士の議論はいつもレベルが高く、話を聞いているだけでも有意義であった。

2　ノートのとり方

　私は、法科大学院で勉強するまできちんとノートをとる習慣がなかったので、ノートのとり方についても、1年目から試行錯誤を繰り返していた。対話形式で講義が進められるため、板書が少なく、復習がしやすいノートをつくるのにかなり苦労した。はじめのうちは、手書きでノートをとっていたが、2年目からは、パソコンでノートをとるようになった。

　パソコンでノートをとることの一番の利点は、いつでも思うように編集ができ、新たに得た知識を追加することが容易なことである。また、パソコンでノートをとれば、クラスメイトと協力して、講義のノートを整理し、共有化することもできた。インターネット等からダウンロードしてきた図なども挿入することができ、手書きではできなかったみやすいノートをつくることも可能となった。

　さらに、録音が可能な講義については、録音した講義の内容をノートに起こして、完全な講義ノートをつくるということもしていた。こうしてつくった講義ノートは、その後も何度も繰り返して見直すことになり、新司法試験の受験勉強でも使用していた。

3　予習・復習の方法

　2年目以降も、1年目と同様、予習が中心であったが、法律の勉強にも慣れて復習をする余裕ができた。平日は予習をし、週末に復習をしていた。復習の方法は人それぞれであると思うが、私の場合は、ノートをまとめる過程

で、教科書等をみながら、知識を確認していくというものであった。

　また、2年目にはある程度の知識が付いていたため、復習の際に、判例解説や論文などを読んで、講義で学んだことの理解を深めるようにしていた。私の場合は、興味のある判例や論点等について、「最高裁判所調査官解説」を読んだり、法律雑誌に載っている論文に目を通すようにしていた。

4　選択科目

　2年目からは六法に加えて、労働法、破産法、知的財産法などの選択科目が履修できるようになった。私は、知的財産法に興味があったので、知的財産法は必ず履修することに決めていた。そのため、2年目の前期は、知的財産法と知的財産法と関連のある独占禁止法を選択することにした。これらの法律は、実務に出てからも使うことが多いので、このとき法科大学院で勉強しておいてよかったと感じている。

　ただ、労働法や破産法も仕事で使うことがあり、これらの法律については法科大学院で講義を受けておけばよかったと今になって少し後悔している。

V　3年目の勉強方法

1　講　義

　3年目になると、司法試験科目が減り、先端系の科目と実務科目の割合が多くなった。新司法試験受験を1年後に控え、英米法や国際公法など受験に関係のない科目の勉強ばかりして、司法試験科目の勉強に時間を割けないのは正直不安であった。しかし、これらの科目についても、いつかは役に立つであろうと思い、あまり手を抜くことはしなかった。

　司法試験科目については、すでに2年生まででひととおりの勉強が終わっていたので、予習の負担は少なく、ほとんどを復習の時間に費やすことができた。復習の際は、これまで読んできた教科書や判例を読み返しながら、司法試験受験に向けて、細かな知識をインプットしていくことを心がけた。

2　自主ゼミ

　法科大学院では答案練習について直接指導を受けることはなかったので、受験対策として、答案練習のためのゼミをいくつか掛け持ちしていた。未修者だけで構成されるゼミもあったが、既修者ともゼミをしていた。ゼミ仲間の答案を添削することで、自分の答案の悪い点に気づくことができ、問題に対する理解も深まった。

　また、ゼミ仲間と司法試験に関する情報交換をすることができ、1人で勉強するよりも効率よく受験のための情報収集をすることができた。

3　エクスターンシップ

　私は、3年目の夏休みに、東京の大手法律事務所でのエクスターンシップを経験した。法律事務所を訪れるのも初めての経験であり、緊張することもあったが、担当していただいた先生が気さくな方で、毎日楽しく過ごすことができた。

　知的財産関係の事件をみたいと申し出たところ、他の先生からいくつかの侵害事件を紹介され、その打合せ等に参加することができた。2週間と短い期間であったが、東京の弁護士の最先端の仕事を間近でみることができ、非常に良い経験をさせていただいた。

VI　新司法試験対策

1　短答式試験

　前記のとおり、3年目の前期まで司法試験とは関係がない科目を履修する必要があったことから、司法試験の受験勉強を本格的に開始することができたのは、3年目の後期からである。

　論文式試験については、それまでの法科大学院の勉強で対応できると考えていたが、短答式試験については、未知の試験であり、どのように勉強すればよいか全くわからなかった。

　旧司法試験の経験のある親しい友人に尋ねると、まずは、過去問のある憲

法、民法、刑法の勉強から始めるのがよいとのことだったので、友人の教えを信じて、これらの科目の過去問を解くことから始めた。もっとも、私の法科大学院では憲法の統治については講義で一切扱うことがなかったので、これを一から勉強する必要があった。その勉強を始めたのが9月のことであり、教科書をひととおり読み終わった頃には12月になっていた。

　在学中は、講義やその予習等があり、受験勉強の時間を確保するのにも苦労した。また、1月から2月にかけて法科大学院の最終の期末考査があり、その勉強で司法試験の勉強を中断せざるを得なかった。

　そのため、憲法、民法、刑法以外の科目について短答式試験の勉強を始めることができたのは、最終の期末考査が終わってからであった。

　短答式試験の勉強は本当につらかった。これまで経験したことのない膨大な量の暗記を強いられ、覚えては忘れるということの繰り返しで、何度も投げ出しそうになった。

　短答式試験の勉強で最後まで苦労したのが民法であり、直前1カ月になっても、半分くらいしか正答できない状態であった。他の科目の勉強も十分とはいえない中で、焦りは募るばかりであったが、思い切って残り1カ月のうち半分を民法の短答式試験の勉強にあてることにした。2週間ひたすら民法の問題を解き続けた結果、半分しか解けなかった問題も、8割以上正答することができるようになった。

　短答式試験の勉強では、諦めないで、最後まで繰返し解き続けることが肝要である。

2　論文式試験

　論文式試験については、法科大学院の期末考査とあまり変わらないと考えており、特別な対策は必要ではないと最初から割り切っていた。結局、前述のとおり、短答式試験の勉強に追われていたこともあって、論文式試験については、受験対策をほとんどすることができなかった。

Ⅶ 司法試験の受験から司法修習まで

1 合格発表までの過ごし方

　合格発表までの過ごし方は人それぞれであると思われるが、私の場合、生活費を稼ぐ必要があったので、もっぱらアルバイトをして生活していた。

　法律事務所への就職活動とアルバイトを兼ねるものとして、大手法律事務所が実施しているサマークラークがあり、私もいくつかの事務所のサマークラークに応募した。サマークラークに行けば必ず就職できるわけではないが、サマークラークでの仕事ぶりが評価されて、そのまま就職内定に至るケースはあるようである。ただ、サマークラークの競争は激しく、当時も、書類選考まで行う事務所はそう多くはなかったものの、受験直後に応募しなければ、すぐに枠が埋まってしまうという状態であった。

　また、東京の大手法律事務所の中には、司法試験の合格発表前からリクルートを行う事務所もあり、私の周りにも大手法律事務所の就職説明会に参加する友人がいた。大手事務所の採用活動は年々早まっているようであり、こうした事務所への就職を希望する人は、受験直後から説明会等に積極的に参加する必要があるだろう。

2 合格発表から司法修習までの期間

　合格発表が終わり、司法修習の修習地が決まると、司法研修所から司法修習で使用する白表紙(しらびょうし)とよばれるテキストが送られてくる。司法修習が始まると、いきなり起案をさせられることになるが、新司法試験ルートの司法修習については、前期修習がなく事前の予習なしでは十分に対応することが難しい。最初の起案（導入起案）で失敗しないように、少なくとも、白表紙は読んでおくべきであろう。

　ちなみに、私は、事前に何の情報を入手することなく、導入起案に臨んだため、結果は散々であった。裁判官や検察官への任官をめざす人は、導入起案でも良い成績をとることが求められるので、司法修習が始まるまでの間に、

白表紙に目を通しておくことに加えて、司法研修所の起案の形式についても研究しておくことが望ましいと思う。

3　就職活動

　弁護士の就職難が叫ばれる中、法律事務所への就職は年々困難となってきている。弁護士をめざす人は、活動はできる限り早く開始すべきであろう。
　最近は、法律事務所だけではなく、企業や自治体でも弁護士を募集しているところもあり、組織内弁護士として就職するという選択肢もある。実は、私も組織内弁護士をめざして就職活動をしていた時期があった。ある企業から内定をもらったものの、諸事情により、今の法律事務所に就職することになったが、今でも企業内弁護士に未練がないわけではない。実務経験のない弁護士を採用する企業や自治体はまだまだ少ないようであるが、弁護士としての活躍の場は必ずしも法廷に限られないと思うので、組織内弁護士に興味のある人はぜひチャレンジしてほしい。

VIII　弁護士になって思うこと

1　法科大学院での勉強

　私は、現在、法律事務所に勤務しており、企業法務、行政事件、倒産事件、知的財産事件を中心とする業務を取り扱っているが、仕事をするうえで、法科大学院で学んだ知識が役に立つことが多い。
　たとえば、企業法務では、会社法だけでなく、さまざまな法律を取り扱うが、みたことがない法律を読み解く際、法科大学院の行政法の講義で学んだ知識が役立っている。また、私の事務所では、特許権、著作権等の知的財産権に関する紛争の相談が持ち込まれることが比較的多く、司法試験の選択科目で勉強した知的財産法の知識は、実務でもそのまま活かされている。実務に出てから絶対に使うことがないと考えていた英米法や国際取引法についても、国際取引に関する相談を受ければその知識が必要となることが多い。製品の売買契約書のチェックであれば、インコタームズ (International Com-

mercial Terms）や国際物品売買契約に関する国際連合条約（United Nations Convention on Contracts for the International Sale of Goods（CISG））等の国際ルールを理解していなければ依頼者からの相談に対して適切な助言をすることはできない。紛争解決手段については、契約の相手国にもよるが、訴訟の代わりに仲裁が選択されることもあり、仲裁条項の中身ひとつをとっても神経を使うことがある。私は、仲裁については、実務に出るまで全く知識がなかったが、弁護士の1年目に専門の研修を受けるなどして基礎から勉強した。法科大学院では弁護士の実務家教員から、実務に出てからの勉強のほうが司法試験の勉強よりも何倍も大変だと何度も聞かされていたが、今まさにそのことを日々痛感している。余裕があれば、目先の受験勉強にとらわれることなく、先端的な分野についても、法科大学院で真面目に勉強しておくことを強くおすすめする。

2　理系出身者として感じること

　前述のとおり、私のバックグラウンドは理系である。弁護士になったときは、理系の知識や経験が活かせる場があるのかわからなかったが、幸い、弁護士になってから何度か私のバックグラウンドを活かせる仕事を担当することができた。たとえば、コンピュータプログラムに関する事件では、依頼者の技術的な説明を同僚の弁護士が理解できるように翻訳したり、交通事故の事件では、事故状況を定量的に分析して相手方にとって不利な事実の立証に成功したことがある。もちろん、理系といっても、物理、化学、生物等多様な分野があるうえ、その知識が事件の解決に直接つながることは少ないと思われる。また、自分のバックグラウンドを活かせるかどうかは、その人次第である。しかし、宇宙物理学という実社会には全く接点のない研究をしてきた私であっても、2年間弁護士の仕事をしてきた中で何度か自分の知識を活かすことができたのであるから、たいていの理系出身者であれば、私よりもずっと多くの場面で活躍できるはずだと思う。

　これから法曹をめざす理系出身者の方々にとって、私の経験談が少しでも参考になるのであれば幸いである。

先の見えない不安の中で
——純粋未修者・社会人経験者の歩み

K（匿名）（62期）

略歴：地方自治体勤務。平成16年同退職。同年A法科大学院（未修）入学。平成18年同退学、B法科大学院（既修）入学。平成20年同修了。同年司法修習生。平成21年12月弁護士。

新司法試験受験：平成20年（合格）

I　はじめに

　私は、ごく普通の法科大学院修了生であり、現在もごく普通に弁護士として勤務している。私に特徴があるとするならば、法科大学院を転校していること、また、法律事務所を移籍していることではないか、と思う。
　今、この書籍を手にとっている方で、転校や移籍を具体的に考えている人が多いとは思えないが、迷っている人、就職活動で苦労されている人に参考になるのであれば、幸いに思う。

II　法科大学院（未修者コース）への入学

1　入学をめざしたきっかけ

　私は、大学時代には心理学を専攻し、法律を専門的に学ぶ機会は全くなか

った。大学卒業後は公務員として働いていたが、特定の法律の条文をごくたまに確認する程度で、法律用語も全く知らないまま過ごしていた。

　公務員として役所の中で与えられた仕事をただ一所懸命にこなしてきたが、30歳を過ぎた頃、公務員の仕事と日々の生活にやや疑問を感じるようになった。

　そんな中、法科大学院の設置趣旨が、社会人等経験者を幅広く受け入れ、多様なバックグラウンドを有する法曹を輩出していくことだと聞いて、興味をもった。何か新しいことを始めるならば最後のチャンスかもしれない、ぜひ法科大学院で学んでみたい、と思った。

2　入学試験対策

　当時、私の仕事は残業が多く、平日は最終電車で帰宅することも少なくなかった。平日には全く余裕がなかったことから、土日などの休日にいわゆる司法試験予備校に通い、法科大学院未修者入学試験（適性試験・論文式試験）の対策を始めた。

　法科大学院適性試験は、公務員試験で出題される数的推理・文章理解と類似する問題傾向であったので、むしろ得意であり心配はなかった。他方、論文式試験は特に苦手で、何度も添削を受けたが最後まで得意にはならなかった。

3　入　学

　私が受験した年度は、法科大学院適性試験の平均点がかなり高く、私は、国立大学の法科大学院の一部で足切りにあってしまった。そのため、法科大学院ごとで行われる2次試験（論文・面接試験）は、私立大学を中心に受験した。本番では、やはり論文試験に最も苦労し、答案作成が時間切れとなることもあった。5校ほど受験し、最終的には、論文・面接試験ともに手応えのあった2校に合格した。勤務先には辞表を提出し、3月31日付けで退職した後、翌4月1日、法科大学院に入学した。

　入学式の日は、新生活のスタート場面にふさわしい、よく晴れた桜のきれ

いな日だった。私たちは、クラス担任の教授に誘われて、近くの神社まで花見に出かけた。入学者全員が希望にあふれており、皆、満面の笑顔だった。しかし、その頃の私たちは、法科大学院修了者の新司法試験合格率は7〜8割程度と想定されているとの話を信じ、新司法試験を受験することの本当の大変さに全く気づいていなかった。

III 法科大学院での過ごし方

1 未修者として

入学早々に授業が開始された。未修者は3クラスに分けられていたが、基本六法の講義を中心に、授業は1つの教室で行われた。

初めて触れる法律書、聞き慣れない法律用語、膨大に課される予習課題……。

私たち未修者は、入学前には、他の専門分野を学んでいたり、企業や役所で仕事をしていたり、日々責任と自信をもって暮らしており、それなりに社会経験を積んでいたはずだった。しかし、そのような他の分野や職務の経験は全く役に立たず、教室の中では、誰もがただの一大学院生にすぎなかった。

多くの学生が、新たな分野の勉強に戸惑いを覚え、数少ない法学部出身の学生、司法試験の受験歴のある学生に勉強面でリードされることとなった。

教授から指定された法律書のみでは理解が進まず、人にすすめられるまま、他の参考書や司法試験予備校のテキスト等を次々と購入した。1カ月もすると、そのような経済的な負担が重くなり、また、法律の勉強は合わないなどといって、いつの間にか授業に出てこない学生も出てきていた。

一からの学生生活、手探りの勉強は予想以上に苦痛であり、私たちは深い不安を抱きながら、先の見えない勉強生活を過ごすことになった。

2 法科大学院での勉強生活

(1) 最終バスまで自習室で勉強

私の入学した法科大学院には、教室のほか、図書館、食堂、自習室（座席

固定制）等が設置されており、夜遅くまで自習できる環境は整っていた。

　学生の勉強方法は二手に分かれていた。1つは、自宅で勉強するほうが落ち着く、あるいは実家暮らしで夕食などが用意されており安心、といった理由で、講義が終わると直ちに帰宅し自宅で勉強するタイプ。もう1つは、学校で勉強するほうが合っている、あるいは、下宿暮らしであって帰宅時間を気にしないでよい、といった理由で、講義後も学校に残って勉強するタイプ。

　私は、片道1時間40分ほどの時間をかけて通学していた。通学自体が大変で早く帰宅したかったが、意志が弱く、自宅で1人こつこつと勉強する自信はなかった。また、法律書もほとんどもっておらず、調べ物をするには図書館が便利であったし、周囲に質問できる友人もいたことから、後者のタイプを選んだ。私たちは、講義が終わった後も、自習室や図書館で自習を続け、夕食を食べ終わった後も、最終バスの時刻や自習室の閉室時刻となるまで自習していた。

　　(2)　孤独と不安

　勉強方法は、本当に愚直に法律書を読んでいくしかなかった。次回の講義に対する予習課題が出されていたので、私は、それをペースに読み進めていくのみで精いっぱいだった。予習はできる限り前日までに終わらせていたが、準備が間に合わないときもたびたびあった。また、必死で予習して講義に望んでいても、いざ講義の時間になると疲労で頭が朦朧とし、内容が理解できないこともあった。講義では、ひたすら教授にあてられないことを祈るようにして講義を受けていた。教室の中であてられて答えられないことはみじめだったし、そのことを冷ややかにみる学生もいたからだ。

　このように次の日の予習すらおぼつかない状態で常に時間がなく、講義が終わった後に復習をする余裕は全くなかった。私は、勉強がその場しのぎになっていて体系的な理解が全くできていないこと、短時間で考えがまとまらず法律論文を全く書けないこと、に不安が募るようになっていった。

　今振り返ってみると、本当は、未修者同士がもっと助け合い、励まし合って、効率よく勉強していく方法を工夫していくべきだったように思う。

　しかし、変なプライドや競争心が、自分が劣っていることを素直に認める

ことを邪魔した。周囲の勉強の進度も、よくわからなかった。ランチや夕食は友人と和やかに食べているのに、机に向かって勉強する時には孤独だった。未修者は、お互いが手探りの状態で人に教えるほどの自信がなく、なかなか勉強会も開かれなかった。

　私は、朝6時半には家を出て、8時には学校に着いていた。学校に着くと、学生が少なく静かな自習室やロビーで勉強した。勉強方法は全くこだわらず、司法試験予備校のテキストも片っ端から読んだ。通説や判例、反対説を意識しつつ、丁寧に色分けをした。朝の学校は静かで集中できた。

　他方、夜になるといろいろと問題があった。ロビーで他の学生の迷惑を考えずに騒ぐ人、自習室でパソコンのキーボードを叩いて大きな音を出す人……。校内に夜遅くまで大勢の学生がいることから、トラブルは絶えなかった。できる限りそのようなトラブルから距離をおいて、自分なりに工夫をしつつ勉強に集中するしかなかった。

　　(3)　レベルの上がらない未修者

　家族からの経済的な援助が期待できず、アルバイトと勉強を両立させている学生も少なからずいた。家事や仕事をしつつ通学する人もあり、勉強時間がとれない学生も多かったと思う。私も、土曜日に短時間のアルバイトをしていた。そのためか、休日には、自習室に数えるほどの学生しかいなかった。このような中で、初めての定期試験が行われたものの、私たち未修者の達成度は、相当低かったようである。

　そこで、法科大学院側は、未修者に対して、憲法・民法・刑法の少人数のゼミを用意し、低額な費用で参加できるようにしてくれた。私は民法ゼミに参加し、司法試験受験経験者のゼミの先生からは、勉強方法から親身に教えていただいた。しかし、理由はよくわからないが、参加者は数名にとどまった。

3　未修者の2年目

(1)　既修者との歴然とした差

　法科大学院は、既修者を迎え、未修者の2年生と既修者の1年生が同じク

ラスとなった。法学部出身の学生、司法試験の受験歴のある学生が多数入学し、クラスは活気を取り戻した。

他方、未修者と、既修者の知識量の差は歴然だった。次々と演習科目が始まる中、グループで発表レジュメをつくる際も、未修者は既修者に任せざるを得ない状況だった。どの点がわからないのかがわからず、自分の意見すらいえないもどかしさを感じた。また、1年間必死で勉強しても、法学部で4年間過ごした学生には追いつけないことを痛感した。仮に卒業できたとしても、そのような既修者の学生といっしょに新司法試験を受けたところで合格する可能性は低いとも感じた。さらに、この頃には、法科大学院の乱立のため、受験者が増大し、新司法試験の合格倍率は当初予測よりも相当低くなることが明らかとなりつつあった。

(2) 課外講座の利用

このような状況の中、私は、公務員を辞め、このリスクある道を選んだことを悔やみ始めた一方で、再び働くには目の前の勉強を頑張るしかないことも十分理解していた。

そこで、私は、学部生向けに開かれている外部講師による司法試験講座を申し込み、法科大学院の講義の終わった夜に、週2回その講座で勉強した。加えて、未修者1年目から法科大学院（あるいは大学）の提供するいろいろな課外講座（1年目の少人数の民法ゼミ、民事訴訟法・刑事訴訟法の集中講座、2年目の司法試験講座、要件事実ゼミなど）も積極的に活用した。その場で講師に質問して疑問を解消し、講師の添削を受けながら法律論文の書き方を学んでいった。

また、新司法試験の勉強には効率性も必要なことがわかったことから、私は割り切って、司法試験予備校のテキストも活用した。膨大な論点の概要を短期間で理解するには、このようなテキストは有用だった。そして、自習として、模範答案集を読んだり、まとめたりしつつ、時間内に答案を結論まで書き切る練習を繰り返した。

4　法科大学院の転校

　在学していた法科大学院では、既修者との力の差は歴然であり、未修者として法科大学院に入学し、3年後に新司法試験に合格するとは残念ながら思えなかった。講義以外の内容も網羅的に勉強するように意識していたが、本を読み、論点を潰すだけの勉強方法には限界があることもわかっていた。

　そこで、私は、新司法試験を受験し、不合格だったときに、その後の1年をどこで勉強するべきかを考えた。法科大学院の自習室において1人で自習しながら1年間を過ごし、翌年までに合格水準に達しているという自信はなかった。そうであれば、やはり1回目の受験で何としても合格しなければならない、法科大学院の卒業時に合格水準の実力を付けたかった。

　法科大学院の講義を受けながら力を伸ばす方法として、私は、他の法科大学院の既修者コースに再入学することを考えるようになった。

　未修者2年目の夏、法科大学院適性試験を受けたところ、リラックスしていたせいか、前回受験時よりかなり点数が上がり、上位数％に入っていたようだった。そこで、ためしに、他の法科大学院入学試験を受験したところ、かろうじて、その既修者コースに合格した。

　私は、在学中の法科大学院に残ってこのまま1年後に卒業するか、転校し合計4年間法科大学院に通うべきか、かなり迷った。しかし、法科大学院卒業時までに実力を付け、新司法試験の受験1回目の合格率を少しでも高めたい、という気持ちが強かった。そこで、周囲の理解や協力も得て、私は法科大学院を転校する道を選んだ。

5　既修者コースへの再入学

　私は、既修者コースの学生として、法科大学院に再入学した。前の法科大学院の単位は、すべて無駄となり、一から卒業単位をとり直す必要があった。

　それでも、新しい法科大学院では、日本の法学界をリードする教授陣の講義に、学生が皆食らいついていた。講義では、中途半端な理論的知識や、質問内容に対する本質的な理解がないままの上滑りの回答は、容赦なく否定された。

クラスの人数が多いため、きめ細やかな指導はなかったが、最先端の議論にふれられる講義は、すべてが新鮮で充実していた。そのうえ、学生の自由かつ自主性を重んじる学風があり、互いに励まし合い、切磋琢磨し、不断の努力を重ねようとする学生が本当に多かった。

　私のクラスの中では、入学直後から、先輩の意見を取り入れながら、講義の予習・復習の勉強方法などを有志で話し合い、自然と勉強会ができていった。私もその勉強会に積極的に参加した。勉強会では、予習は各自の責任ですることとし、講義の後には、各回の当番が講義内容をまとめた復習レジュメ（案）を作成した。その復習レジュメ（案）を事前配布したうえで、後日、勉強会を開催し、問題点や理解不足の点を確認し合った。学生間で解消できない疑問点は、教授に質問した。勉強会での確認結果や教授の回答を反映させたうえで、各回の当番が、復習レジュメの完成版を作成し、勉強会のメンバーに配布した。復習レジュメは、定期試験の前にそれを見直せば十分なほど充実したものだった。

　私は、法科大学院を転校してから、勉強会に参加し、講義の復習にも力が入れられるようになった。勉強会のメンバーには、わからないことをわからないと安心して言えた。助け合ってお互いを高め合える、恵まれた環境に身をおきつつ、落ち着いて勉強を進めることができた。

　以前は、1人で司法試験予備校のテキストを読み進めることも多かったが、そのような勉強はほとんどなくなり、教授の著書・論文、講義に関する判例・参考文献を読んで、自分なりに内容をまとめて理解していく形になった。

　それでも、私は未修者コースで2年間学んだだけであり、法学部出身者の多い勉強会では遅れを感じることもたびたびあった。以前にも増して、平日・休日を問わず自習室で勉強するようになった。勉強会やクラスのメンバーは、私が一所懸命努力していることを評価してくれ、知識で劣ることがあってもいろいろと助けてくれた。それが本当にありがたかった。

　新しい法科大学院の自習室は、座席が固定制ではなかったため、落ち着いた雰囲気はなかった。それでも、朝8時に開室後、よい席からどんどん埋まっていき、夜11時45分の閉室まで、自習室から人がいなくなることはなかっ

た。私たちは、お互いが自習している姿を励みにしながら、日々勉強を頑張っていった。

Ⅳ 新司法試験に向けて

1 勉強会

(1) 短答式試験の勉強会

　既修者2年生の夏くらいからは、司法試験受験経験者のアドバイスによって、短答式試験の勉強会が始まった。私は、短答式試験の受験経験すらなかったために、その対策が大幅に遅れていた。2年生の夏休みは自習に徹し、秋頃から勉強会に参加した。

　短答式試験の勉強会では、前もって科目を指定し予習のうえ、講義前の朝早い時刻にメンバー数人が集まり、会議室を借りて、同時間内に同じ問題を解いた。解答後はその場で採点し、お互い点数を発表し合った。この勉強会は、まず早起きの習慣がつくうえに、皆と比較した勉強の達成度がわかるので、よい刺激になった。私は、点数の上位者から勉強方法を教わることができた。

　参加メンバーの中では毎回点数が低くつらいことも多かったが、勉強会で恥ずかしい思いをすると次回に向け奮起する気持ちにつながった。また、この勉強会は、規定された時間内にすべての問題を解き切ることや、刑事系のパズル的な問題形式にも慣れることができたので、有益だったと思う。

　2年生の秋頃、私は法科大学院から自転車で5分くらいの場所に引っ越して、学校の自習室か図書館に入り浸りになった。勉強時間は増えたはずだったが、それでも法科大学院の卒業まで短答式試験は苦手なままであり、点数は伸び悩んでいた。

　この年は元旦の朝から学校にいた。こんな生活は二度とないと思うし、二度する自信もなかった。その当時、私は「今できることを全力でやろう」と、食事や睡眠の時間も惜しんで必死で勉強した。

　短答式試験の点数は、直前期にはやっと平均レベルまで上がっていた。新

司法試験の直前には、判例の読み込みに力を入れ、判例百選を読みつつ、判例検索システムを使って最新判例をプリントアウトし、次々と読み潰していった。

(2) 論文式試験の勉強会

論文式試験の対策も、主に勉強会を通じて行った。新司法試験の過去問を中心に、メンバーそれぞれが時間内に答案を作成し、事後に交換し合った。発表されている問題趣旨を意識しつつ、互いの答案を読み合って添削する、というもので、他の人の答案を読み、記述に重点をおくべきポイントが理解できたのがよかった。

このほかにも、憲法の論文式試験の勉強会にも参加した。この勉強会では、公法演習の講義で扱われた演習問題に対する答案例を叩き台として議論し合い、最終的には当番が模範答案をつくるもので、新司法試験独特の問題形式に慣れることができた。また、勉強での悩みも話し合ったりして、孤独感を和らげたのが何よりよかった。

このように意識的に勉強会へ参加していたものの、直前期には受験への不安はピークに達していた。心細くなると、家族や友人に電話やメールをした。家族や友人の励ましがなかったら、現在の私はいないと思う。

2　新司法試験

新司法試験当日、幸い体調だけは万全であり、すぐ近くのホテルから安心して、試験会場に出向いた。もうやるしかなかった。

短答式試験は、最初の民事系の際、試験監督者が私の席の目前で話をしていたために集中できず、また問題自体も難しくて散々だった。公法系、刑事系と短答式試験が進むにつれ、だんだん落ち着いて解けるようになり、最後の刑事系で点数を稼ぐ結果となった。あきらめなかったのがよかった。

論文式試験では、1科目目の選択科目（労働法）には手応えがあった。最初の論文式試験でしっかり答案を書けたことで、次の科目からも比較的落ち着いて答案を書くことができた。途中答案はなかった。

「できる限りのことはもうすべてやった」と思った。日程の途中で、1日

休日が入ったが友人が失敗したと半泣きだった。私も泣きたかったが、なぜか友人を励ます側に回っていた。

　論文式試験は無我夢中だったので、書いた内容は覚えていない。試験最終日は、打上げをする気にはなれず、さっさと家に帰ってしまった。身体のすべての力が抜け、精神的にも燃え尽きてしまい、次の目標を見失っていることがわかった。

3　合格発表までの間

　私は、今回の新司法試験には落ちたと思っていたので、翌年からのことを冷静に考えていた。もう1年、家族に迷惑をかけるわけにはいかない。それに4年間の学生生活を経て、これ以上無職の生活を送るのは精神的に厳しかった。私は再び仕事をみつけ、働きながら受験勉強を続けようと思った。

　そこで、受験できる限りの国家公務員・地方公務員の受験申込みをし、次々と受験した。並行して、人材派遣会社に登録し、派遣社員として運送会社の事務の仕事をした。合格発表までの約4カ月の間、私は無我夢中で働き、公務員試験の勉強と受験をし、新司法試験のことを思い出そうともしなかった。法律書はみたくもなかった。合格発表の日までは長く遠かった。

4　合格発表

　短答式試験では、かろうじて合格最低点を超える点数をとっていた。

　最終合格発表当日、私は、発表時刻である午後4時までの間、自宅で静かに過ごしていた。発表時刻が訪れ、法務省のホームページをみようとしたがなかなかつながらない。やっとつながって自分の番号をみつけたとき、緊張が解けて大きな安心感に包まれた。ここまで4年以上の間頑張ってよかった、と思った。そして、電車に乗って発表会場へ行き、夜遅くに、小さな張り紙の中に自分の名前を確かめた。

　家族や友人が喜んでくれたのが、何より嬉しかった。

V 司法修習期間の過ごし方

1 就職活動

　合格後、1年間の司法修習生としての生活が始まると同時に、就職活動に対する心配が大きくなった。法科大学院、新司法試験の成績は、よくはなかったし、公務員としての職歴がある分、年齢的にも厳しかったからだ。

　司法修習が終わると、急いで家へ帰り、修習の勉強はそっちのけで、パソコンをみては求人情報を探した。履歴書や職務経歴書を書いては次々と法律事務所へ送付したが、何の返事もないことが続いた。手書きの履歴書などの応募書類は、4～50枚は送付しただろうか……。

　幸い事務所訪問に至ったとしても、思うように面談ができなかったことも多々あった。若い修習生といっしょになると、訪問先の事務所の弁護士が、明らかにその修習生に関心を向けているのがわかり、むなしく感じることも多かった。また、事務所訪問を終えると、どんなに夜遅い時間でも、その日のうちにお会いした全員の弁護士に、お礼の気持ちや応募の意思を伝えるメールを送った。葉書でお礼状を送ったこともあった。しかし、その後の再訪問につながることは全くなかった。

　修習地の先輩弁護士は、よく相談に乗ってくださったが、肝心の就職先を個別で教えてくださる弁護士はほとんどいなかった。司法修習生同士も、就職活動ではライバルであり、公表されていない求人情報があっても、お互いなかなか教え合うこともなかった。

　私は、各地の弁護士会が主催する合同説明会の類は、修習地を問わず積極的に参加し、企業内弁護士への応募も行った。それでも、就職の道は厳しく、周囲の就職先が決まっていく中、焦りは募る一方だった。

　そこで、私は、就職活動の途中からは、修習地以外の地域の法律事務所も訪問した。修習が終わってから、新幹線で往復し、事務所訪問することもたびたびあった。訪問でいっしょになる修習生が、その地域の就職事情を教えてくれることもあった。

それでも求人情報が不足していたため、私は、出身地である県内の法律事務所に自ら直接電話をし、事務所訪問をお願いした。「私は○○県の出身です。ぜひ地元で就職したいです」と説明したが、ほとんどの事務所の返事は、採用予定はありません、のひと言だった。ほんの数カ所の事務所は、履歴書を送ってください、と言ってくださったが、送付しても連絡はなかった。一度、気の毒な状況だからと会ってくださる先生もあった。本当に同情してくださり、よかったらノキ弁でも、と言ってくださった。本当にありがたかった。

そうこうするうちに、司法修習が始まった翌年の春、修習地でもなく出身地でもない地域だったが、就職先がみつかった。その事務所には、休日に訪問し、1時間弱の個別面接を受けていた。一度の面接で、採用のメールをいただいた。戸惑いはあったが、その事務所に入所することにした。

2　二回試験

私は、昼間の司法修習よりも、修習後の就職活動に気持ちがいってしまい、また、就職活動の長期化のため、実務修習に身が入らなかった。このことが集合修習の成績に大きく影響してしまい、集合修習中の起案の成績は常に中くらいで、少し気を許せばすぐに落第するところだった。就職が決まった途端、今度は二回試験に向けての不安が強くなり、全く気を抜けなかった。

和光の司法研修所での生活は快適だったが、勉強はうまくできなかった。もともとそれまでの実務修習中の復習が不十分であったため、起案直前の勉強では追いつかないことがあった。もっと余裕があれば、集合修習も楽しめたと思うが、皆に追いつくためにひたすら勉強するしかなかった。勉強会にも加えてもらい、優秀答案を皆で読み合って、自分の答案と比較しつつ、勉強していった。それと並行して、要件事実の本を活用し、自分なりにまとめノートをつくり、勉強会でメンバーに質問し疑問点を解消した。

二回試験直前には、朝早くから閉店時刻までカフェでコーヒーを飲みながら勉強したり、休日に、大学の付属図書館へ行ったりして勉強した。

最終的には、何とか苦手科目が克服できたので、二回試験にも合格し、本

当にほっとした。

Ⅵ 弁護士となって

1　現在の仕事

　私は、現在、交通事故を主な専門分野とする事務所に勤務している。弁護士登録時に入所した事務所からは、数カ月で移籍した。私の周囲にも、移籍した弁護士は少なくない。登録後1年以内で移籍したのは、同じ弁護士会所属の同期の1割程度の人数だろうか。できるならば、移籍することなく、長きにわたって同じ事務所で働けるのが望ましいとは思う。

　しかし、新人弁護士ほど、日々のほとんどを事務所で過ごすことになるわけで、家族以上に弁護士同士がいっしょにいる時間も長くなる。また、会社のように、数年で部署を異動するようなことはない。したがって、事務所内の環境が大きく変わることはあり得ず、自分が順応していくしかない。しかし、弁護士の仕事は厳しく、環境も仕事もつらいと、本当に気持ちの行き場がなくなってしまうから、もし事務所にいるのがつらいのであれば、無理をすることは避けたほうがよいだろう。

　実際に移籍となると、移籍先はそう簡単にはみつからないし、生活の不安もつきまとうが、私は、周囲にも相談して、思い切って環境を変えることを選択した。今はそれでよかったと思っている。

2　就職活動をする人へ

　今から就職活動をする人たちは、やはり、できれば修習地の事務所を選んだほうがよいと思う。逆にいえば、就職のことも考えて、修習地を選んだほうがよい。転籍者は、やはり修習地以外の就職者が多い印象である。

　また、就職を希望する事務所には、頻繁に足を運び、その事務所の雰囲気をよく知ったほうがよいと思う。事務所訪問は複数回行ったほうがいいし、もし仮にすぐに内定が出たとしても、できれば、一般企業でいうインターンシップのような事前研修的なものをお願いして、何日か事務所を訪問する機

会を設けたほうがよいのではないだろうか。食事会や飲み会というよりは、日々の業務を実際に見学させてもらったほうがよいと思う。就職活動は、自分の責任でするしかない。人の紹介に頼るだけではなく、自分の目で確かめ、納得のいく就職先をみつけてほしい。

　就職内定をたくさんもらったとしても、結局、就職できるのはそのうちの1つである。だから、就職活動先のすべての事務所に気に入ってもらう必要はない。自分のことを気に入ってくれ内定を出してくれる事務所が1つあればそれで十分である。どこかに必ずそんな事務所があると信じつつ、自分の持ち味を大切にして就職活動を頑張ってほしい。

VII 最後に

　不況の最中、私はせっかく就いた公務員をあっさり退職してしまった。そんな時も、家族は、それでいいんじゃない、と明るく背中を押してくれた。結局、今の弁護士の仕事に就くまでには長い年月がかかってしまったが、私を応援し続けてくれた家族には心から感謝している。

　私は、今までわがままに生きてきたと思うが、今後、少しでも恩返しができればと思う。

vol 4 基礎から学ぶ法科大学院
——法学部卒未修者の視点から

長谷川千鶴（はせがわちづる）(63期)

略歴：平成18年大阪大学法学部卒。同年神戸大学法科大学院（未修）入学。平成21年同修了。同年司法修習生。平成22年12月弁護士。
新司法試験受験：平成21年（合格）

I はじめに

　私は、大学の法学部を卒業してすぐに法科大学院に入学・卒業し、新司法試験に合格、司法修習を終え、弁護士として働き始めたばかりの者であって、特に珍しい経歴をもっているわけではない。しかし、だからこそ、法曹や法科大学院をこれからめざそうという方に、共感していただける点や多少なりとも参考にしていただける点があるのではないかと考え、私の経験を書いてみようと思う。具体的には、法学部卒であるにもかかわらず未修者コースを選んだという観点から、法科大学院での過ごし方や新司法試験に向けた勉強方法を中心として述べていきたい。

II なぜ未修者コースを選択したのか

　私は、大学の法学部を卒業し、そこでは法律科目を中心に履修した。すなわち、いわゆる「純粋未修者」ではない。それにもかかわらず、未修者コースを選択して法科大学院を受験し、進学したのは、以下のような理由による。

　第1に、腰を落ち着けてじっくりと勉強してみたいという気持ちが強かったことがある。私は、学部で法律科目を中心に履修してはいたが、司法試験に向けて勉強していたわけではないうえ、学部の先生方には申しわけないが、試験前だけ勉強して単位をとるという勉強方法に陥りがちであった。土台がしっかりしないまま、ただ知識を暗記するような勉強方法では、新司法試験にはとても合格できないだろうと思ったし、私自身もそのような勉強方法はしたくなかった。また、法曹になろうと思った時期が大学生活のすでに終盤であったため、法曹になることについての自分なりの意味について考える時間がほしいという思いもあった。未修者コースであれば、既修者コースよりも時間をかけてじっくりと勉強ができるだろうと思ったのである。

　第2に、より現実的な問題として、既修者コースを受験できるほど勉強が進んでいなかった。前述のとおり、私は法律科目について司法試験受験を念頭において勉強していたわけではなく、科目によって勉強の度合いにかなり差があった。これを既修者試験までに間に合わせるのは無理であろうと思ったことも、未修者コースを選んだ理由の1つである。

III 法科大学院受験

1　法科大学院入試対策

　以上の理由から、私は法科大学院の未修者コースを受験した。複数の法科大学院を受験したが、すべて未修者コースだけを受験した。

　未修者コースは小論文試験が主であったため、適性試験が終了した後は小論文科目に絞って勉強をした。具体的には、小論文でよく出題されるような

法哲学等の分野について基礎的な本を読んだり、それらの分野において問題となっているテーマについて自分なりに考えたり、過去の問題を題材に小論文を書いてみたりした。

2　小論文の勉強が活きる場面

　私は、適性試験終了後の約半年間にわたって小論文科目に向けた勉強をしていた。その間、「小論文科目などわざわざ勉強する必要はない」という意見を聞いたこともあったし、私のような未修者コースのみの受験生と異なり、既修者コースを主に受験しながら併願で未修者コースを受験するような人には小論文を勉強する時間はほとんどないことは十分承知している。しかし、私は、小論文の勉強が、後の法科大学院での勉強、新司法試験にかなり役立ったと強く感じているし、またこれからの弁護士生活にも活きるものと予想している。

　具体的には、まず、約半年間小論文を書き続けていたおかげで、文章の書き方が身に付き、文章を書くことが上手になったと自負している。ただ、文章がうまくなったといっても、文学的なすばらしい表現ができるようになったということではないし、語彙もおそらくそれほど増えてはいないと思う。自分の考えていることを順序立ててわかりやすく読み手に伝えるということの重要性を認識し、わかりやすい文章を書くよう常に心がける習慣がついたと感じているのである。

　法科大学院の期末試験や新司法試験では、自分が考えたことを文章にして採点者に伝えなければならない。どんなに知識があっても、頭の中ではわかっていても、答案用紙にのせなければ点にはならない。私は、受験生の書いた答案を添削した経験があるが、同じことを書いていても、わかりやすく書いている答案とそうでない答案との違いに驚いたことがある。弁護士として仕事をしていくうえでも、裁判官や相手方に自らの主張が的確に伝わる書面を作成することは、重要な仕事の1つだと思う。以上のような観点からみて、小論文科目に向けた勉強を通して、文章の書き方を学んだことは大きな意味があったと思っている。

さらに、法哲学等の分野における考え方や視点は、新司法試験で出題されるような実定法の解釈においてもその基礎となっていることを、法科大学院の勉強の中で何度も実感した（だからこそ、法科大学院の入試で出題されているのであり、当然のことかもしれないが）。このような意味で、小論文の勉強は、実定法をよりスムーズに、そして深く学ぶうえでの助けともなったと思う。

IV 法科大学院に入学してから（未修者としての1年目）

1　授業、予習・復習

　私は幸運にも、希望していた法科大学院に合格することができ、未修者として入学した。私が入学した法科大学院では、未修者コースの1年目は約30人の1クラスしかなく、週に複数回の授業が行われる科目もあったことなどから、先生方と密接な関係にあり、とにかくみっちりと授業を受けたという記憶が強く残っている。授業はとても詳しく、ただ定義や判例をなぞるのではなく、なぜそうなっているのか、を常に考えさせてくれる授業であったと思うし、また自分でも、自分の頭で考えることを忘れないように意識していた。

　私は、学部である程度学んだ部分については、予習は最低限しかしていなかったし、時には、全く予習ができないこともあった。復習についても、小テストや期末テストの際に慌ててすることもしばしばであった（もっとも、私の法科大学院では小テストが多く、復習をする契機は豊富にあった）。しかし、たとえ予習や復習が不十分であっても、とにかく授業は一所懸命に聞くようにしていた。私は、ノートにとらないと忘れてしまう代わりに、ノートを見返すとそれをきっかけに芋づる式にいろいろなことを思い出せるタイプであることが自分でわかったので、講義をしっかり聞き、なるべく詳しくノートをとるようにした。法科大学院生活の中では、体調が悪い日もあれば、いろいろな事情で十分に勉強できない日も何度もあったが、とにかくどんなコンディションでもなるべく授業に出て、きちんとノートをとるように心がけた。

2　双方向授業で得たもの

　また、法科大学院では、双方向の授業が多くあった。もちろん、2年目以降も双方向の授業は多くあったが、1年目は特に多く、また学生の数が少ないため1日に何度も発言することもしばしばあった。双方向の授業では、議論が停滞してしまうこともあったし、一方的に講義を受けるよりも時間がかかるシステムと思われるが、いろいろな角度から知識を確認することができ、充実したものであったと思う。試験対策という意味でも、一度自分があてられたところは忘れにくくなるし、特にうまく答えられなかった場合ほどよく記憶に残った。

　さらに、1年間、発言をしなければならない場面を数多く経験したことで、拙くてもとにかく自分の意見を言葉にして伝えるという練習ができた。私は、学部時代は授業であてられるのが嫌だったし、ゼミ等でも発言を遠慮してしまうこともあったが、そういった傾向がかなり矯正されたと感じている。

V　2年目以降の法科大学院生活

1　授業の受け方等

　既修者と合流する2年目からは、授業も応用的なものとなり、予習の量も増えたが、上述のように、予習できてもできなくてもとにかく授業に出てきちんと聞くということだけは続けるようにした。1年目と同様、ノートをきちんととるようにしていたし、授業を休んでしまったときや先生の話を聞き逃してしまったときは、友人とノートを交換するなどしてお互いに補充するようにしていた。

　しかし一方では、あまり完璧を求めず、わからないところがあっても、考えすぎないようにした。もっとも、だからといって疑問点を放置してよいという意味ではない。先生に質問したり、自分なりに調べたり考えたりしたうえで、それでも解消しない問題は、それ以上考えてもすぐにはわからない可能性が高く、そのことだけを追求しても効率的でない。一度自分できちんと考えていれば、他のことにとりかかっていてもすぐに思いだせるので、関連

する事項を勉強しているときなどに疑問が解けることもある。このような考えのもと、私は、疑問点をあえて「寝かせる」こともしばしばあった（いまだに寝かせたままの疑問もあるが……）。

2　テスト

　2年目からは、週に一度しか開講されない科目が多く、同時にいくつもの科目を履修することとなったため、小テストや期末テストが一定の時期にいくつも重なることが多く、勉強が間に合わないと感じることもしばしばであった。普段から予習・復習を十分にしておけば、期末テストでそれほど苦労することもないのかもしれないが、なかなか現実は理想どおりにはいかず、必修科目の試験が重なったりすると本当に大変な思いをした。

　しかし、新司法試験では3日間で8科目の論文式試験を受けなければならないのであり、限られた時間の中で効率よく勉強していくこと、試験が続いても体力・精神力を維持できることは不可欠だと考えられるので、期末テスト等の経験は非常に重要なものであったと思う。また、答案を書くということ自体にも十分に慣れることができた。

　そして、小テストや期末テストを受けた後の復習は、今になって振り返ると、本当に重要なものであった。テストの限られた時間の中でも、真剣に考え、自分の手で言葉にしたことは、確実に身に付いているはずであるし、さらに、知識を最大限に定着させるためには復習が不可欠だと思う。私は、あまり出来のよくなかった科目ほど、もう見返したくないという気持ちが出てきてしまい、十分に復習ができなかったが、今になって思うと、「できなかったから悔しい」という思いは知識を定着させてくれる絶好の機会であるのに、もったいないことをしたなという思いがある。

3　履　修

　私は、新司法試験に直接関係のない科目も、積極的に履修するようにしていた。時間との兼ね合いで、興味のある分野がすべて履修できたわけではないが、租税法（選択科目としては経済法を履修していた）、消費者法、経済刑法、

比較憲法等の科目を履修した。これらの分野を勉強したことは、司法修習の中でも大変役に立ったし、弁護士としての仕事にも活きるであろうと思っている。

VI 新司法試験に向けた勉強

1 短答式試験

　私が、法科大学院の勉強とは別に新司法試験の勉強を始めたのは、法科大学院3年目の夏休み頃であった。法科大学院の勉強をきちんとしていれば新司法試験も大丈夫だろうと思っていたし、その考え自体は今も変わっていないが、短答式試験の勉強を始めてみると、授業では時間的に扱い切れず、したがってほとんど何も知らない分野が予想以上に多いことに驚いてしまった。勉強の漏れがないよう、基本書や判例百選をとにかく最初から最後まで読み通す、というようなことをしていたが、読むだけでは、その時は理解できてもなかなか頭に定着せず、とても苦労した。既修者であれば、法科大学院入試の際などにある程度ひととおり勉強しているのかもしれないが、未修者も、夏休み等を利用して、早い段階から授業で扱われない分野も自習しておく必要があるとあらためて強く感じた。同時に、先生方や先輩から早い段階から短答式試験を意識するよう何度もアドバイスしていただいたにもかかわらず、それに十分に応えてこなかったことを後悔した。たとえ忘れてしまっても、一度勉強しておけば全く違ったと思う。

　このような経緯もあり、新司法試験直前になっても、短答式試験の点数はなかなか伸びず、結果として、直前期の時間のほとんどを短答式試験対策に費やすことになってしまった。もちろん、短答式試験と論文式試験で勉強は基本的に共通しているはずであり、短答式試験の勉強ばかりで無駄だったといったことはない。しかし、論文式試験の練習が少なかったのではないかという焦りの気持ちにつながってしまったり、短答式試験では出題されない選択科目は試験前日に久しぶりにみるという事態に陥ってしまったりした。

2　論文式試験

　論文式試験については、法科大学院の期末試験の過去問題（私の法科大学院では公開されていた）等を題材に、定期的に各科目の答案を書くようにしていた。前述のように、私は小論文の勉強を通して文章の書き方をすでに学んでいたので、答案の書き方を新しく学ぶというよりは、自分の手で書くことで知識を定着させることと、文章を書く感覚を忘れないことを重視していたように思う。もちろん、自分ではわかりやすく書いたつもりでも、先生や友人から書き方がわかりにくいと指摘を受けることや、返却された答案の添削をみると伝えたいことがきちんと伝わっていないことが判明することもしばしばあり、指摘には素直に耳を傾け、よりわかりやすい文章をめざした。

　そして、とにかく「あてはめ」をきちんと書くことを意識していた。新司法試験では、問題文が長く、たくさんの事実が散りばめられているので、まずは、事実を見逃さないように、試験開始直後の頭が疲れていないうちに、問題文を集中して読むようにした。次に、「あてはめ」では、ただ事実を並べるのではなく、規範や結論との関係でどのような意味をもっているのかを、たとえひと言であっても必ず書くように努力した。これを「事実の評価」というと難しく聞こえてしまうかもしれないが、自分がなぜその事実をピックアップしたのかには必ず理由があるはずであり、その理由をわかりやすく書くように心がけていた。

3　生活面

　私は、元来「夜型」であり、法科大学院時代も、午後から授業がある日などはなかなか起きられなかった。法科大学院を修了し、自分で時間をコントロールできるようになってからは、その傾向がひどくなってしまい、一時は昼夜逆転のような生活になってしまった。

　しかし、司法試験本番は、いうまでもなく朝から夕方にかけて試験があるから、試験当日の朝に頭が働かないようでは非常にもったいない。私自身は、大学受験の際に、夜型生活から抜け出せず朝の試験で苦労したという苦い経験があるため、朝型にしなければならないという危機感を感じ、新司法試験

直前に何とか朝型に戻すことができた。もっとも、はじめから昼夜逆転しなければ朝型にわざわざ戻さなければならない必要もないのであり、体調を整えるうえでも、生活リズムをきちんと保って勉強することは非常に大切だと思う。

VII 新司法試験本番の心がけ

以上のような経緯を経て、新司法試験を受験し、無事に合格した。新司法試験本番においては、短答式試験も論文式試験も問題は本当に難しかったし、時間も足りなかったが、とにかく落ち着いて、わかることをしっかり論理立てて書くよう、自分に言い聞かせながら4日間を乗り切った。問題文が難しいからといって、自分でもよくわからないまま書くと、採点者からみても意味不明な文章になってしまいがちなので、たとえ稚拙であっても、自分なりにきちんと咀嚼した内容を書くことは重要であると思う。

VIII 未修者として過ごした法科大学院生活を振り返って

今になって振り返ると、未修者で入学したことをとてもよかったと思っているし、3年間学んだからこそ得られたものが多くあったと感じている。土台からしっかりと学びたいという入学前の思いは、法科大学院における先生方の熱心なご指導、特に1年目の濃密な授業で見事に実現された。また、法科大学院で学ぶ中で、法曹になりたいという目標を再確認することができ、新司法試験に向かっていく強い気持ちをもつことができた。

未修者で入学すると、時間も費用もかかるのは事実であるし、私の場合には両親があらゆる面で支援してくれたためこのような選択ができたのであって、さまざまな事情で既修者コースしか受験することができない方がいることは承知している。また、法科大学院の理念としては、法学部出身者は既修者コースに入学することが念頭におかれているのかもしれない。しかし、私自身は、法律科目を学んでいても未修者として3年間勉強するという選択を、

ぜひ多くの方に検討してみていただきたいと思っている。それほどに、私の法科大学院生活は大変充実したものであった。

IX 就職活動

1 私が行った就職活動

　私が就職活動といえるようなことを開始したのは、新司法試験受験後からであった。具体的には、法律事務所が募集しているサマークラークや説明会に参加したり、自分のこれまでの道のりや法曹としてどのような仕事をしたいかを見つめ直し、自分なりに整理したりした。また、裁判所や検察庁へ見学に行ったことも、法曹の仕事をより理解するという意味で就職活動の1つであったと思う。

　私は、学部時代等に企業への就職活動を経験しなかったため、はじめは就職活動といっても何をしたらよいかわからなかった。また、自分がどのような進路（仕事内容、事務所等）を希望しているのかも、正直にいって漠然としていた。説明会や見学等はさまざまな場所で行われているので、とにかくいろいろなものに参加するうちに、だんだんと自分がしたいこと、行きたい事務所がみえてきたという感じであった。さらに、事務所訪問等における社会人としての最低限のマナーを身に付けたり、自己アピールをまとめたりするにあたっては、公務員試験の本を参考にした。

2 就職に至った経緯

　就職活動の中でも、サマークラークに参加したことは、私にとって最も大きな経験となった。短い期間ではあるが、弁護士という仕事、先生方の日々の執務の様子、その事務所の雰囲気をまさに体感することができた。私は、現在働いている事務所を含め複数の事務所のサマークラークに参加し、どれも大変充実していたが、現在働いている事務所のサマークラークを終えた時、こんな事務所で働いてみたいと素直に思った記憶がある。その時は、まだ漠然とした思いであったが、サマークラークの後に何度も事務所訪問をし、多

くの先生にお会いする中で、この事務所に就職したいという思いがだんだんと深まっていった。しかし、だからといって、自分を飾りすぎるようなことはせず、事務所訪問においては、自分の長所・短所、どのような仕事をしたいかなどを率直に伝えた。その結果、現在働いている事務所から、入所してもらいたいとの言葉があり、就職活動を終えた。

就職に至るまで、サマークラークをはじめとして事務所とかかわる機会を多くもつことができたことは、事務所のことをよく知ったうえで就職ができたという意味で、とてもよかったなあと今振り返っての率直な感想である。就職難といわれる中でも、自分を知ってもらおうとするだけではなく、こちらも事務所のことを最大限知ろうという姿勢をもつことは、重要なことだと思う。

X 最後に

これまで述べたような充実した法科大学院生活を送ることができ、無事就職活動も終えることができたのは、まるでわが子のように熱心にご指導いただいた先生方、ともに学んだ友人や先輩・後輩、応援してくれた家族など、多くの方々のおかげであり、この場をお借りしてお礼を申し上げたい。

私は、1年間の司法修習を無事に終え、弁護士として第一歩を踏み出したばかりであるが、最近強く感じるのは、まだまだ自分はスタートラインに立ったばかりなのだということである。法科大学院生時代は、新司法試験の問題文が非常に長く感じられたし、試験時間も長くとてもハードだなと感じたが、二回試験となれば、その新司法試験が懐かしく感じられるくらい、厚い記録と長時間格闘しなければならない。その二回試験に何とか合格しても、いざ実務の世界に出てみると、右も左もわからず、知識も経験もこれから少しずつ積み重ねていこうという毎日である。これから法科大学院入試や新司法試験に挑んでいこうとする方も、目の前のハードルに全力を注ぐのはもちろん重要なことであるが、日々の積み重ねが将来の自分につながっているのだということを忘れず、頑張っていただきたいと思う。

何とかなるはず

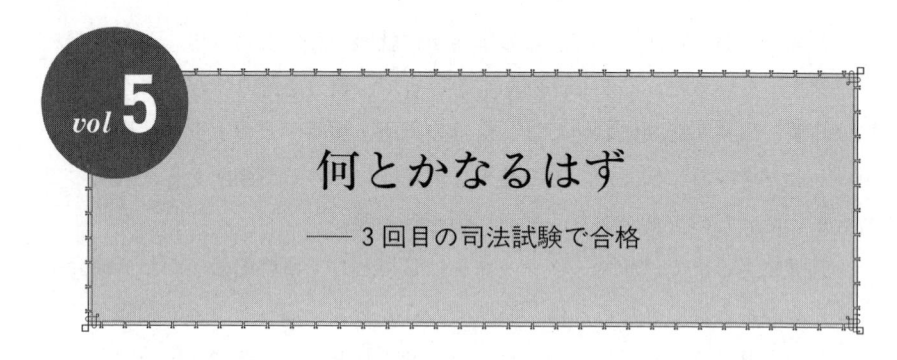

―― 3回目の司法試験で合格

森田雅美（もりたまさみ）（63期）

略歴：平成15年神戸大学発達科学部卒。平成16年神戸大学法科大学院（未修）入学。平成19年同修了。平成21年司法修習生。平成22年12月弁護士。

新司法試験受験：平成19年、20年、21年（合格）

I 法科大学院での過ごし方

1 入学から2年目まで

　私は、法科大学院に入学するまで、法律科目を勉強したことがなかった。そのため、法科大学院では、日々の予習をすることに精いっぱいで、期末試験を乗り切ることがとりあえずの目標になっており、新司法試験を意識した勉強に取り組むことはできなかった。夏休みなどの長期休暇の間には、授業で扱った範囲の復習に加え、授業では扱わなかった範囲の自習、次期の科目の予習などに取り組んだ。

　2年目になると、既修コースの同級生が入学し、より広い範囲の深い知識が求められるようになり、授業の予習に追われるという状態は変わらなかった。

　当時は、授業での質疑などで、答えられないことがないように、1つの問

題について深く予習をすることに重点をおいていたように思う。そのようにして得た知識は、確かに記憶に残りやすく、勉強方法を身に付けるという点において、意味はあった。

しかし、新司法試験に合格するという目的をもっと意識した勉強をするべきだった。深く掘り下げて学説の対立などの理解に時間をかけるよりも、基本的な知識や判例を繰り返し確認することで、知識の定着を図ることが必要だったと思う。

2　3年目

3年目になると、新司法試験対策を考えるようになった。まず取り組んだのは、短答式試験対策で、肢別本をひととおり回しながら、基本書を読むということを行った。各科目で比較的頁数の少ない基本書を選び、肢別本を解きながら、間違えたところは基本書を確認する、という方法だった。また、全科目の判例百選を読んでいくということも行った。

この頃は、授業の予習よりも新司法試験対策のほうに重点をおいていたが、肢別本に取り組んでみて、新たに覚えなければならないことが多いことを痛感し、1回目の新司法試験までに十分な対策ができるとは思えず、もっと早く新司法試験対策に取り組むべきであったと強く感じた。

また、試験対策として、基本書を軸とする方法は、最初はとても時間がかかる。しかし、短答式試験の対策だけでなく、論文式試験の対策にもなるため、結果的には最終的に合格するまでこの方法で勉強した。

Ⅱ　新司法試験に向けて

1　勉強方法

(1) 手段を限定して繰り返す

前述のとおり、短答式試験の対策、論文式試験の対策を特に区別することなく、基本書を軸に肢別本を解くこと、判例百選を読むことを繰り返した。私の場合、知識のインプットに非常に時間がかかり、2回目の新司法試験受

験の頃まで、ほとんどの勉強時間を知識のインプットに費やしていた。そして、3回目の受験にあたって、ある程度知識が定着してきたので、週1回は論文試験対策の日と決めて起案するようになった。

このように、勉強方法としては、あまり幅を広げず、手段を限定して繰り返し行うこととした。その理由は、私自身の新司法試験の不合格の敗因が、知識量の絶対的な不足であると考えたからである。知識が足りていない状態で受験したときは、自分がまだ覚えていない難しいことを問われているのではないかと思い、わかっているはずの基本的なことを答案に反映できなかった。

しかし、合格者の再現答案を検討し、新司法試験で問われるのは、基本的な知識が中心であるということが確認できた。これまで考えたことのないような問題であっても、難しいことは聞かれていないはずで、基本に忠実に考えていくということが求められているのではないかと考えた。

そこで、まず、新司法試験受験生であれば、必ず知っているべきであることを確実におさえることに重点をおいた。その方法として、覚えるべきことが多いので、知識のインプットに重点をおいて、手段を限定したということが効果的だったと思う。

(2) ゼミの活用

ゼミについてであるが、2回目の新司法試験受験のときには、法科大学院の同級生同士で2週間に1回程度、論文の起案をするゼミをした。法科大学院の期末試験や過去問などで、時間を計って起案し、解説などで検討したうえで、すでに合格している同級生に添削してもらったりした。

このようなゼミを行うことで、定期的に同じ状況にある同級生と会い、勉強に関することはもちろん、いろいろな話をすることができ、共に頑張っている友人の存在が、励みになることもあった。

しかし、3回目の受験の頃は、同級生もほとんど合格していたので、ゼミは行われていなかった。ただ、私の場合は幸いにも、法科大学院卒業後に結婚した夫が新司法試験合格者であり、身近に添削や相談に応じてくれる人がいる環境だったので、それほど困ることはなかった。

何らかの形で、情報を共有したり、疑問点について相談したりできる仲間をつくることは重要であると思う。

(3) 勉強する環境

勉強する環境については、法科大学院を卒業すると、自習室などの利用も制限されるため、2回目の新司法試験受験の際は自宅で勉強することが多かった。

しかし、だらだらと夜遅くまで勉強してしまい生活が不規則になったり、ついほかのことが気になって集中できなかったりということがあったので、3回目の受験の際は、レンタル自習室を利用した。夕方頃まではレンタル自習室で集中して勉強し、家ではほとんど勉強しないというように、メリハリをつけていた。受験期間が長くなり、長時間勉強しても集中力が続かなかったので、このくらいが集中力の限界だった。

なお、レンタル自習室は、通常月額いくらかの使用料がかかるが、私の場合は、毎朝鍵を開けたり、ゴミを出したり、といったアルバイトをすることで、無料で使用させてもらった。このような制度を設けて、利用者の支援をしてくれるレンタル自習室は、探してみるとほかにもいろいろとあったので、参考にしてもらえればと思う。

法科大学院の同級生をみると、やはり、自分を追い込んでぎりぎりまで勉強した人のほうが早く合格しているようには思うが、それぞれに合ったペースで集中して勉強できる時間が確保できればよいのではないかと思う。

2 模 試

予備校の模試は、新司法試験の直前に行われることが多く、この時期に体力を消耗してしまうというデメリットがあるうえ、高額であり、結果の信用性にも不安があった。しかし、2回目で合格した友人たちに、模試の結果と新司法試験の成績を比較してもらったところ、科目ごとの成績はその時の出来具合によって変わるが、合計点による全体順位は大体一致していたという意見が多かった。そこで、3回目の受験の前に初めて模試を利用した。

模試に向けて、まず、基本書と判例百選の直前に見直すべき箇所に、短答

式試験と論文式試験に分けて付箋を貼りながら復習し、前日に苦手なところを短時間で復習できるように準備した。付箋をたくさん貼りすぎて復習しきれなかったところや、時間が余ったものについては再度復習しつつ調整し、本番に向けて準備した。

　私の場合も、受験した模試の結果と新司法試験の成績が全体順位において大体一致していたので、可能であれば模試の利用をおすすめしたい。

3　新司法試験受験
(1)　じっくりと考える

　新司法試験では、問題を読んですぐにこれとわかる論点が聞かれることは少なく、これまで考えたことがないことをじっくりと考えることが求められることが多い。

　私は、そのような場合、問題文をじっくり読み、散りばめられた事実を拾い、それをヒントにしていった。そして、基本的な知識が問われているはず、基本的なことはわかっているはずと考え、問われていることをじっくり考え、答案に示すように努力した。

　また、重要そうな事実ではあるが、どのように論述に使ってよいかわからないこともある。そういう事実について、考えるのをやめてしまい点数につながらないことが多かったので、時間の許す限りじっくり考えるように心がけた。

　私は、決して成績が良いほうではなく、短答式試験も論文式試験も得意ではなかったが、それでも何とか合格するために、本番では以上のようなことを意識して、何とか問題に食らいつくことで乗り切ることができたと思う。

(2)　3回連続受験へ

　3回連続で受験したことについては、法科大学院に入学した時から、3回受験して合格できなければ法曹には向いていなかったとあきらめようと思っていたので、受け控えることを考えたことはなかった。最近では、卒業後すぐの1回目の受験を受け控えるということも多いようであるが、私が卒業した頃は、同期卒業生のほぼ全員が受験するような状態であったし、そもそも

受控えという選択肢がなかったように思う。

　２回目の受験の時は、１回目の受験が短答式試験で不合格となったため、短答式試験をクリアする実力がついているか、論文式試験の実力はついているか、ということを確認するためにも、受控えについては考えなかった。もし、２回目も短答式試験で不合格になるということがあれば、その時点であきらめるべきなのではないかということも考えていたが、２回目は短答式試験には合格し、一方で全体的に力不足であるということがわかった。

　１回目も２回目も、受験後の手応えはほとんどなく、合格する可能性は極めて低いと感じていた。しかし、１回目に比べれば着実に知識は定着してきているし、２回の受験を通じて、勉強を続ければ合格できない試験ではないと感じたので、２回目の不合格の時も、翌年に受験することに迷いはなかった。むしろ、やれるだけやって、早く新司法試験から解放されたいという思いのほうが強かった。

　ただ、やはり、３回目も不合格になった場合のことを考えると、不安もあった。法科大学院を卒業したというだけで、社会人経験もないと就職は難しいのではないか、法務部など法律を学んだことが活かせる就職先がなければこの数年が無駄になるのではないか、などと考えてしまい、あまり前向きになれないこともあった。

　しかし、だからといって、受験をせずにあきらめるという選択をすることで、自分からこれまでの時間を無駄にしてしまうということはできないし、淡々とできることだけを続けるしかない、と考えていた。そのため、３回目の新司法試験が終わるまでは、他の職種の就職活動や、資格試験の勉強などはしなかった。

　最後の受験の時には、自分のこととして合格したいという気持ちももちろんあったが、まわりで支えてくれている家族を喜ばせてあげたいという気持ちも強かった。精神的にはもちろん、経済的にも両親や夫が支えてくれていたし、その大変さを思うと、合格しなければというプレッシャーでつらくなることもあった。

　しかし、家族はいつも励ましてくれていたし、もし不合格だったとしても、

それが人生で一番つらいことではない、何とかなるはず、と考えるようにしていた。あまり緊張しすぎると、実力が出せないと思うので、どこかであきらめていたぐらいでちょうどよかったのかもしれないと思う。

　(3)　受験制限

　新司法試験が法科大学院修了後5年間で3回しか受験できないという制度については、一般的には批判されることも多いが、私は肯定的に考えていた。それは、3回受験すれば、終わりにすることができるからである。制限がなければなかなかあきらめきれず、区切りをつけることが難しい。私にとっては、合格するまでやめられないということのほうがつらいことであるし、強制的に終わらせてくれることはありがたく思えた。

　私は、1、2回目の受験を終えた時は、まだやりきれていなかったことをやっておけばよかったと思い、まだやらなければいけないことがたくさんあると感じた。しかし、3回目の受験を終えた後、これ以上勉強しても、もうそんなに伸びない、と感じた。

　やはり、私にとっては3回目までが限界だったと、結果的には思う。

III 司法修習期間の過ごし方

1　就職活動

　就職の厳しさは、人それぞれ異なるとは思うが、最近はやはりなかなか内定をもらうことができずに苦労する場合が多い。修習生同士のつながりや、弁護士とのつながりをつくる機会は少なからずあるので、積極的に参加して、情報を収集することは有効であると思う。

　また、成績や経歴、年齢などいろいろな条件が重要になってくるので、プランをもって法科大学院に入学し、新司法試験を受験することが必要だと思う。特に、扱いたい事件や勤務地などに強い希望がある人は、それを叶えるためにも目標をもって、それを実現していく必要があると思う。

　私も二回試験直前まで内定をもらえず、厳しい時代であることを身をもって体験したが、視野を広くして積極的に活動すれば、多くの人は内定をもら

うことができるように思う。

2　二回試験

　不合格者が増えており司法修習開始の段階から不安は感じていたが、集合修習に行くまでは、分野別修習期間中に実施される導入起案や問題研究の直前に勉強する程度になってしまった。ただ、丁寧な解説がされ、教官が起案に関する重要な情報を教えてくれるので、復習をするようにしていた。集合修習でも、起案が各科目2回行われるが、起案直前には、これまでの起案の解説や、優秀答案を参考に勉強した。

　また、選択修習では、弁護士会主催の民事弁護・刑事弁護の実務や起案の特訓コースを選択した。司法修習中の起案が少ないので、このようなプログラムが用意されている場合は、積極的に選択するとよいのではないかと思う。

　前述のとおり、二回試験の不合格者は昔に比べて増えているとはいわれるが、同期と協力して勉強会などすれば、合格するのに最低限の実力は備えることができると思う。

vol 6 マスコミ志望から裁判官へ
──裁判官の生活

髙嶋　諒（たかしまりょう）（62期）

略歴：平成18年東京大学法学部卒。同年東京大学法科大学院（既修）入学。平成20年同修了。同年司法修習生。平成22年1月京都地方裁判所判事補。
新司法試験受験：平成20年（合格）

I 法科大学院進学に向けて

1　法曹を志した理由

　私が法科大学院の受験を決めたのは、大学3年生もそろそろ終わろうとしていた、正月のことであった。大学を受験した頃は法曹の道も考えていたが、入学以降、学生新聞の取材・編集活動に3年生の夏休みまですっかり打ち込んでいた私は、マスコミ業界に就職するつもりになっていた。しかし、アルバイト先で知り合ったフリージャーナリストの方や、学生新聞の取材でお会いした大手マスコミの記者の方の話を聞いているうちに、発表報道や要人への「夜討ち朝駆け」取材が中心となりがちな日本の報道機関に就職することの是非を悩み始めた。そして、社会のさまざまな事象に自らの意思でかかわりをもち、一定の専門性を身に付けることが可能な職業として、いったんは進路の候補からはずしていた法曹の道を再び考えるようになった。これに加

え、ろくに授業に出ていなかったこともあり、当初は面白く思っていなかった法律の勉強が、3年生のときに労働法と刑事訴訟法のゼミを受講して少しずつ面白く感じるようになってきたこと、取材活動の中で東京地方裁判所の裁判官の方から直接お話を聞く機会があったことなどもあり、法科大学院経由で法曹をめざし、就職活動を一切行わないことに決めた。

受験する法科大学院は、学費も安く、環境にも大きな変化はないと考えられ、期末試験などを通じて出題者である教員の問題意識や出題傾向をある程度把握することができると考えたことから、所属大学の法科大学院のみに絞った。そして、不合格となった場合には、潔く別の進路に目を向けようと考えていた。

2　法科大学院の受験勉強

適性試験を受け終えた頃、同じく法科大学院受験を考えている友人や、公務員試験を考えている友人とともに、憲法・民法・行政法について自主ゼミを始めた。このゼミでは、旧司法試験や国家公務員試験の論文の過去問の答案を作成して相互に検討し、11月の入学試験の1カ月前くらいまで週1回のペースで続けた。その他の科目については、唯一まともな授業ノートをとっていた刑事訴訟法を除き、入学試験の出題者になりそうな研究者のものを中心に、基本書や学生向けの雑誌連載を読み込んだり、過去の学部試験や法科大学院試験で出題された内容を検討したりした。憲法・民法・刑法については、一度は期末試験のために勉強したことがあるということで何とかなった（商法については、会社法の制定と重なったことから、会社法分野は出題の対象外とするとのアナウンスがあった）。

しかし、ここでも壁に直面したのは民事訴訟法であった。教科書を流し読みしているだけでは、何が問題となっているのかよくわからなかったのである。そこで、私は、高橋宏志『重点講義民事訴訟法』上下巻の、いわばダイジェスト版の自作を試みた。いわずと知れた同書は、民事訴訟法において重要とされているテーマについて、著者がテーマごとに判例や学説を紹介しつつ自らの見解を示すという形式で書かれている。各章ごとにできるだけ大学

ノートの見開きの範囲に収めて、手書きで整理するという作業を繰り返した。すると、それまで司法試験予備校に通ったり答案練習会に行ったりしたこともなく、期末試験以外で法律学の論文式試験を解くことがなかった私にも、法的問題について論理的な文章を書くということがどのようなものかが少しずつわかってくるようになった。もともと学生新聞の活動をしていた頃、週刊の発行スケジュールに追われながら多くの文章を書いていたので、文章を書くこと自体は苦にならない性質であり、ただ、法的な文章の書き方というものがわかっていなかったのだとこのとき気づいたのである。

　このような勉強方法は、どこまで一般化することができるのかはわからない。しかし、法科大学院の入学試験に始まり、新司法試験、司法修習考試（二回試験）、さらには実務に就いてからも、「法的な文章」を書く能力は常に求められ、可能な限り早期の段階にこの能力を身に付けることは重要であると考えられる。その際、「手を動かす」労を惜しまないことが、自分なりのスタイルを身に付けるうえでは重要なのではなかろうか。

II 法科大学院教育

1　法科大学院教育の良さ

　法学部時代の私は、定期試験を乗り切れればそれでよいと思っていたため、試験が近づくと、指定されていた教科書のみをひたすら読み込むことに努め、その中に登場する判例の見解は、複数存在する学説と並列の存在であるかのように考えていた。また、教科書が条文を引用して説明している箇所についても、制度の内容を教科書で把握すれば足りると考えていたため、何とも恐ろしいことに、私には六法を引いて条文を参照するという習慣が身に付いていなかった。このため、法学部時代に私が使っていた六法は、手垢もつかず、とてもきれいであった。

　このような私の意識は、法科大学院の既修者コースへ入学し、授業が開始して早々に変革を迫られた。

　民事訴訟法の授業を例にとると、授業において取り扱われるテーマには、

新司法試験で出題される可能性が少ないものや、実務ではそう多く問題となることのないようなものも含まれていた。しかし、研究者の教員は、学生に対する発問の中で、このようなテーマに関連する制度の条文上の根拠を問い、さらに、そうした制度が条文として定められていることの趣旨を深く掘り下げていた。教員の発問に対して答えるためには、教員のいうところの「周到な予習」が必要不可欠であり、他の授業に比べても、予習のために特に多くの時間を要することになった。そして、これを繰り返していくうちに、法律家の基本は何よりも条文であり、条文を使いこなすには、単にその条文が定めている制度の内容のみを暗記すればよいというものではなく、なぜそうした制度を定める必要があったのかということを理解することが重要だということがわかってきたのである。

　一方、最初の学期には、数多くの民事訴訟において代理人を務めてきた弁護士の教員による授業もあった。この授業は、いわば民事弁護実務入門とでもいうべきもので、契約書や事案検討メモの書き方を学びながら、教員から与えられた課題を実際に作成し、教員の講評・添削を受けるというものであった。ある事案について、自らの立場と抵触する判例が存在する場合に、「判例はそもそも誤っている」と主張するのと、「本件は判例の事案とは異なる」と主張するのとでは、実務家に対する説得力が全く異なることを初めて学んだのもこの授業であり、当時の私には新鮮な視点であった。また、この授業では、実務において長年経験を積んできた教員ならではの、「実務こぼれ話」も数多く聞くことができ、これは実務家をめざすにあたってのモチベーションの向上に大いに寄与するところがあった。

　こうして、一見すると別の方向を志向しているかにもみえる、研究者教員による授業と実務家教員による授業は、この２つの授業に代表されるように、未知の問題を法的に解決するためには何が必要かという点を、異なる視点から学生に対して教えようと試みていたように思う。

　このほか、多様な年代の、さまざまな職種の社会人経験や他の学問領域の専攻経験を有する者も含めた、優秀な同級生が多数在籍していたことにより、彼らと議論を重ねたことは、非常に刺激的な経験であった。

また、実務家教員のはからいにより、裁判所や法律事務所を見学し、そこで出会った実務家に質問をぶつけてみるのも、非常によい経験となった。ただ、裁判所で民事訴訟の証人尋問手続を傍聴した際には、担当裁判官は、期日終了後に丁寧な説明を行ってくれたものの、守秘義務を負っているわけではない法科大学院生に対しては、やはり事案の内容や心証については深く踏み込んで話をすることができないようであった。

2　法科大学院教育の問題点

法科大学院教育の問題点としては、私が通学していた法科大学院特有の事情（当時、1学年の人数は約300名であった）によるところも含めて、次の点があげられる。

(1)　文章作成訓練の少なさ

実務家として法律を取り扱うには、説得力のある「法的な文章」を書く能力が求められることは前述したとおりであるが、授業を受けているだけで、その訓練のための十分な機会があったとはいえない。個別の課題に対して教員の添削を受ける機会のあった授業は、必修科目においては最初の学期の実務家教員による前述の授業のみであり、中間試験や中間レポートを設けていた必修科目も存在したが（これらについては、全体に対する講評はあったが、個別の答案およびレポートについての添削はなかった）、ほとんどの授業においては、「法的な文章」を書く機会は、学期末の期末試験のみであった。

最終学期において私が受講した選択科目は、実務家教員が、学生に対してなるべく法的文章を作成する機会を与えるように努めていたが、この教員は、最終学期においても、法的な文章の書き方がいまだに身に付いていない学生が相当数存在しているとの趣旨の発言をしていた。

(2)　実務科目の少なさ

また、法科大学院教育は、前期修習がなくなったことから、相当程度前期修習を代替するものとしての位置づけもあるはずであるが、これが実現できているかというと、やはりかなり怪しいところがあった。

前期修習に代替する必修科目としては、刑事実務および民事実務の基礎に

ついて学ぶ科目がそれぞれ設置されており、前者は刑事裁判・検察・刑事弁護の各科目の入門編として、後者は民事裁判科目の入門編として位置づけられていた。いずれの科目においても、司法研修所教官経験者を含む実務家教員たちの指導は大変熱心であり、初めて目にする刑事記録教材や、要件事実という新たな切り口のもとでの勉強はとても新鮮ではあった。

　しかし、それぞれ週1回の授業を1学期受講しただけで（民事実務の基礎についての科目は、要件事実と事実認定を取り扱うことになっていたが、時間の制約から、もっぱら要件事実のみを取扱い、事実認定についてはごく簡潔にふれるにとどまった。もっとも、司法研修所教官経験者であった派遣裁判官教員による要件事実の授業はかなり充実していた）、直ちに実務修習をこなせる状態に全員が達していたようには思えなかった。むろん、カリキュラム上、刑事模擬裁判、民事模擬裁判、民事事実認定、民事弁護、法律相談クリニック、倒産処理研究など、実務応用科目が設置されており、これらのうちの1科目を受講することが必修となっていたが、一方で、これらの科目には制度上または事実上の受講制限があり、すべての科目を受講することは不可能であった。

(3) 基礎的知識習得の機会の少なさ

　そして、「法的な文章」の起案能力以前の問題として、新司法試験、とりわけ短答式試験で問われるような、記憶への定着が必要な基礎的知識については、法科大学院の授業を受講しているだけでは不十分であった。むろん、各教員は、新たな視点や問題点に取り組むにあたって基礎的知識が重要であることは十分に認識しており、学生に対してもそのことをしばしば強調していた。しかし、基礎的知識については、各学生が自ら身に付けておくべきものであり、法科大学院はそれを教える場ではないという、ある種超然とした態度をとっていたように思われる。

　個人的には、大学とはそうした場所であると割り切っていたので、このような態度に不満を覚えることはなかった。現在の視点から振り返ってみても、実務家となってからは、いくら基礎的知識とわかっているものであっても、念のため条文や文献を引いて確認することのほうが多いのであるから、基礎

的知識の習得は学生の自主性に任せ、法科大学院における教育としては、実務においても必要となる調査能力や思考能力を向上させるという方針も、それほど的外れなものとは思わない。

しかし、法曹養成プロセスの一連の流れにおける法科大学院教育の位置づけを考えると、こうした態度をこのまま維持していてよいのかについては、一考の余地があるかもしれない。

なお、文中であげた、私の通学していた法科大学院の状況は、あくまでも私が在籍していた平成18年4月から平成20年3月のものであり、その後、カリキュラムの改善や1学年あたりの人数の低減が行われていることを付記しておく。

III 世事を顧みていた受験生活

私が新司法試験までに意識的に行ってきたことを参考までに1点あげておく。それは、法科大学院在学中はもちろん、法科大学院修了後の新司法試験期間に至るまで、毎日自宅に配達される新聞の記事を隅から隅まで読むように努めていたことである。もともと、学生新聞の記者をやっていたぐらいであるから、新聞を読むのは好きで、気晴らしということで読んでいたものであるが、法律の勉強を真面目にやっていくうちに、新聞を読むことは、気晴らしどころか法律の勉強そのものにほかならないことに気づいたのである。

裁判や事件を報じる新聞記事はその最たるものであるが、法律が社会のさまざまな場面で機能するインフラである以上、法的問題は社会面の記事のみならず、政治面、経済面、さらには国際面やスポーツ面の記事の中にすら存在する。したがって、新聞記事は、解答例や解説がないことを除けば、絶好の事例問題集たり得る。私は、数多くの新聞記事を読むたびに、その中に含まれる法的問題として何が考えられるかについて考えをめぐらせ、関連する条文や判例の知識に不安が生じた場合には、直ちにその場で調べるようにしていた。

受験生たる者、世事に関心などもたず、一心に勉強に打ち込むべきである

という考え方もあるであろう。しかし、実務家をめざす以上、いずれ「世事」を取り扱うことになるのであり、社会の情勢に全く無関心というのもあまりよいこととは思われない。また、話の引出しをつくっておくことは、後々の就職活動に寄与する面もあるといえる。

IV 司法修習

1 当事者の立場への理解──裁判修習以外の分野別修習

司法修習地は幸いにも第1希望としていた福岡となり、平成20年11月から実務修習が始まった。実務修習時代の思い出は数多くあるが、裁判官になった今、特に強い印象として残り、貴重な経験をすることができたと感じているのは、裁判修習以外の分野別修習における経験である。

(1) 弁護修習

第2クール（2月・3月）の弁護修習でお世話になったのは、19期のベテラン弁護士、45期の実務家として脂の乗った私の指導担当弁護士、新61期の新進気鋭の勤務弁護士の3人からなる事務所であった。私の机は勤務弁護士の隣に置かれ、何か疑問が思いつくたびに、隣の「兄弁」に聞いては1つひとつ学んでいった。

指導担当弁護士は、さまざまな起案事項を私に割り振ってくれた。中でも幸運だったことの1つは、2カ月という非常に短い期間の中で、依頼者からの相談→事件受任→仮処分申立書の起案→保全執行への立会い→本案の訴状起案という一連の流れを体験できたことである。このほかにも、指導担当弁護士が申立代理人を務めていた民事再生手続についての会社関係者らとの打合せ、第1審においてほぼ全面敗訴の判決を受けた後の当事者との控訴に関する打合せ、当事者との報酬をめぐる交渉など、裁判官となった現在では目にすることのできない場面を多くみせてもらった。

(2) 検察修習

第4クール（6月・7月）では、福岡への夏の到来が感じられる中、検察修習の日々を過ごした。福岡地方検察庁の新62期司法修習生に対する指導方

針は、修習生を2人1組として、このペアに対して指導係検事が順次事件を割り振り、このほか、指導係検事以外の検事2名を「里親検事」として指定し、里親検事の取調べを傍聴させ、里親検事の事件を適宜割り振るというものであった。

2カ月の間に、2人で6件（在宅5件、身柄1件）を担当したが、中でも印象に残っているのは、里親検事から託された、とある特別法違反の在宅事件である。この事件では、被疑者が事実関係の大枠については認めていたものの、犯罪の成立上問題となるある点については一貫してこれを否認する弁解を続けていたというものであり、数回の取調べを経ても被疑者はこの点に関する供述を曲げなかった。

私は、関連する最高裁判例を調査し、判例の理論を前提にすれば、仮に被疑者の弁解内容が真実であるとしても犯罪は成立し、情状も踏まえれば略式請求が相当であると結論づけ、里親検事も私のこの方針を支持してくれた。

しかし、決裁官は首を縦に振らず、他の検事の意見も聞いてくるように私に言った。指導係検事、もう1人の里親検事、公判部の検事と聞いてまわったが、私の意見に賛同してくれる検事はいなかった。最後に意見を聞いたのは、先の決裁官とは異なる決裁官であったが、この決裁官は、私の話を聞いた後、「俺たち実務家は、理屈で飯を食っているんじゃなく、事実で飯を食っているんだ。そいつの弁解を崩せなかった時点で、おまえの負けだ」と私に言った。もはや何も言い返すことができなかった。

(3) 異なる立場に立って

このように、当事者の立場にどっぷりと浸かった体験をしたことは、現在裁判官として働く日々においても、大変役に立っている。法曹の仕事は、どの立場にあっても、異なる立場で働く法曹の事情を想像し、理解することが重要であるが、こうした想像力や理解力は、実務修習において、法曹三者すべての立場を身近で目にすることによって、初めて身に付くものであろう。

このことは、今後、法科大学院の教育内容がどのように変化したとしても、完全な法曹一元制度を採用するのでもない限り、法科大学院によって司法修習を完全に代替することはできないことを意味する。前述のとおり、法科大

学院の学生は、実務に近づくことはできても、その微妙な立場のために、実務そのものに入り込むことはできないのである。

2　進路決定

さらに、進路の決定という意味でも、司法修習の機能は無視できない。私の周囲でも、裁判官や検察官になるつもりが全くなかった者が、結果としてこれらの職に就いている例は数多く、逆に、自らが思い描いていたイメージとは異なると感じて、裁判官や検察官への道をめざすのをやめた者もいた。

私自身に関しても、第3クール（4月・5月）の刑事裁判修習での、ある裁判官との出会いが自らの進路を決定づけた。この裁判官は、第3クールの開始とほぼ同一のタイミングで最高裁判所事務総局から転任し、3年ぶりに裁判の現場に戻ってきた方であり、公判期日では活発に、また時に独特な方法での訴訟指揮を行い、修習生に対しては、なぜそのような訴訟指揮を行ったと思うかとか、担当する事件の実体法・手続法上の問題や当事者の訴訟追行のやり方についてどう考えるかとか、とにかく多くのことを質問される方であった。私もこの裁判官の質問に答えたり、時には逆に疑問をぶつけたり噛みついてみたり（当然、ほとんど歯が立たなかった）、また裁判官のあり方や働き方などについても議論をふっかけたりするなどして、この裁判官から「最近の修習生はまじめなやつも増えたけどおまえは変な奴だなあ」と言われつつ、数多くのことを学んだ。

刑事裁判修習の終了する5月末は、私にとって、進路を裁判官か弁護士のいずれかに決めなければならない時期であった。当事者から一歩離れた視座でさまざまな事件をマクロ・ミクロ両方の視点からみていく裁判官の仕事に、裁判修習でその一端に接したことにより魅力を感じる一方、法曹をめざした当初の動機の1つである「専門性」に関しては、当時私が内定をもらっていた弁護士事務所で勤務するほうが、自らの意思で選択する一定の専門分野について、より掘り下げたものを身に付けることが可能なのではないかとも感じていた。また、裁判官に求められる事件の処理能力やバランス感覚といったものが、私自身に備わっているのかについても不安は大きかった。このよ

うな悩みを抱えながら私が起案のために残っていたところ、前述の裁判官は、私に対して、諭すように「確かに、裁判官にはまじめで勉強ができる奴も必要だけど、髙嶋みたいに変な奴が裁判官になるのも必要なんじゃないかな」と語りかけてくれた。私が尊敬する裁判官が、私の個性をとらえたうえで、その個性が裁判官に適しているといってくれたという、このことが、最終的に私の背中を押し、それからしばらくの後、私は、内定をもらっていた法律事務所に対し、内定の辞退を申し出ることとなったのである。

V 法曹となって

1 判事補のある1日

約10カ月にわたる福岡での実務修習、2カ月にわたる司法研修所での集合修習、そして二回試験を終えて、私は平成22年1月に判事補に任命され、京都地方裁判所第2民事部に配属されることとなった（着任後間もなく、学生新聞時代に取材で話をうかがった裁判官に連絡したところ、大変喜んでもらった）。裁判官は、たとえ任官1年目の判事補であっても、合議体の一員を構成し、合議事件においては主任裁判官として事件の処理にあたる。

ここでは、私のある1日の様子を通じて、任官1年目の裁判官がどのような仕事をしているのかを簡単に紹介することにしたい。

(1) 出 勤

午前9時30分頃に出勤し、書記官室の皆さんに挨拶をした後、裁判官室に入室する。書記官室の皆さんは裁判官よりも早い時間に出勤しているので、朝に出勤すると、調書への裁判官の押印を待つ事件記録や、当事者から新たに書面が提出された事件記録が机の上に積まれていることが多い。

この日は、そうした記録に混じって、A4判数枚の書類が置いてあった。みてみると、昨日私が行った勾留延長却下決定に対して、検察官が準抗告を申し立てたが、この準抗告を却下し、私の原決定を維持するという、刑事部の合議体による決定書の写しであった。これまで勾留請求の却下や、勾留延長請求に対して請求日数よりも短縮した延長決定をしたことはそれぞれ何度

もあったが、10日間の延長請求に対して一切延長を認めなかったのは初めての経験であり、準抗告審も自分と同じ考え方をとってくれたことに安堵した。

　京都地方裁判所には令状部が存在しないため、民事部の裁判官にも、民事通常事件の処理に加えて、月に2回ほどの頻度で令状当番がまわってくる。裁判官は、判事補に任官してから5年が経過し、特例判事補となるまでは1人で判決をすることができない。令状請求に対する処理は、そのような裁判官でも1人で行うことができる職務のうちの1つである。このほか、不動産競売開始決定などの民事執行、仮差押えや仮処分といった民事保全、訴え提起前の証拠保全なども、未特例判事補が1人でも行うことのできる職務である。

　(2)　法廷へ

　机に積み上げられた記録は、順次検討し、調書に不備がないことを確認したうえで、部総括裁判官（部長）に渡す。この日は合議事件の開廷日であるため、新たに提出された書面の検討は後に回して、午前10時、部長および右陪席裁判官とともに法廷に向かう。合議事件の手続を主宰するのは、裁判長を務める部長だが、横に座ってあらかじめ作成しているメモをみながら、この日の期日で行うべき手続がしっかりと行われているかを確認する。

　(3)　提出された書面の検討

　午前10時30分、法廷から戻り、新たに提出された書面の検討に入る。

　近年立法された特別法に関する問題が争点となっている事件の書面を読んでいると、新たな主張が加わっており、文献の調査が必要であると感じた。そこで、手元のパソコンで庁内の図書の状況を調べ、空き時間ができたときに資料課に行くことにした。

　別の事件では、前回の期日で当事者に提出方法について再考をお願いした書証が提出されていたが、どうやらこちらの意図が正確に伝わっていなかったことが判明した。ひとまずこの点を部長に報告したうえで、書記官室に行き、担当書記官を通じて補正をお願いすることにした。

　(4)　弁論準備手続へ

　午前11時30分となり、部長とともに、ラウンドテーブル法廷での弁論準備

期日に入る。前回の第1回弁論期日で弁論準備手続に付す決定が行われ、今日の期日で被告から訴状の内容に対する詳細な反論が行われた。原告に対してはこれらに再反論してもらうこととし、裁判官室に戻ってから部長と今後の見通しについて少し話をする。部長から、私があまり重視していなかった点がこの事件の核心になるとの指摘があり、あらためて考えてみると、部長の指摘のとおりであった。

(5) ランチへ

裁判所の昼休みは午前12時15分から午後1時までの間である。部長と右陪席裁判官は、2人とも愛妻弁当派なので、私はたいてい外に出かける。京都地方裁判所の周辺は、おいしいランチの食べられる店が多い。1年のうち約8カ月は、部に司法修習生が配属されているので、多くは司法修習生とともに出かけている。

(6) 再び法廷へ

午後1時10分から、再び3人で法廷に行く。簡易裁判所からの控訴事件を中心とした弁論期日が数件あり、このうちの1件は、私が単独で受命裁判官として和解を進めていくこととなった。民事部の裁判官にとって、和解をまとめることはとても重要な仕事であるが、実のところ、和解の仕方を体系的に教わる機会というのは存在しない。したがって、司法修習生時代にみた民事部の裁判官や、部長の和解の進め方を思い出しながら、これらを真似しつつ、自分なりのやり方を模索していくことになる。

私の場合は、任官後1年の間に、単独で受命裁判官として和解を成立させることができた事件も何件かあったが、一方で、当事者双方が一定の歩み寄りをみせつつも、私の力不足から和解の成立に至らなかった事件もあった。部長と2人で受命裁判官として和解期日に入る場合は、私が和解は困難だと思っていた事件でも、部長の進行により和解成立に至っている例を何度もみてきたので、今後も部長の和解のやり方を盗みながら成長していくことが必要だと実感している。

(7) 尋　問

午後1時30分から午後3時までは、当事者尋問を行う期日となっていた。

この日は、事実経過全般について争いのある事件の当事者尋問であり、かなり激しい反対尋問が行われた後、ひっかかりを感じた点について、私からも補充尋問を行った。法廷から裁判官室に戻った後、現時点での心証について部長および右陪席裁判官と少し話をする。この後、少し空き時間ができたので、資料課に行って、ある法律の立法過程での議論に関する文献を借り出した。

(8) 再び弁論準備手続へ

午後4時、再び部長とともにラウンドテーブル法廷での弁論準備期日に入る。この事件は、私が着任したときにはすでに弁論準備期日を何度も経ていたが、当事者の書面に数多くの専門用語が登場し、最初の頃は内容についていくのが大変であった。何とか争点整理も終盤に近づいてきたが、現在のところ私と部長とで事案の見方が大きく異なっており、判決起案までに、部長に対して説得的な見解を示したいと考えている。

(9) 残って判決起案

午後5時、終業のチャイムが鳴った。この日は、期日やその準備などで忙しかったため、判決の起案にとりかかれるのはこれからである。ロッカーから事件記録を引っ張り出し、昨夜までに書いたところの続きを書き始めていく。昨夜はある箇所で詰まってしまい、書き進めることができなかったが、今朝の電車の中で新たな視点を思いついたので、その観点から続きを書き進めていった。この日は、区切りのよいところまで判決を起案して、午後9時50分に庁舎を出た。

2 振り返って

こうした日々において、法科大学院時代の経験がどのように役立っているかと問われると、即答することは難しい。しかし、私の場合、法的思考というものを本当に身に付けたといえるのは、法科大学院に入学して以降のことであり、実務家がどのような枠組みで法律問題を考えているのかということを最初に認識したのも法科大学院時代である。これらを自分の中に土台として構築し、司法修習時代に実際に実務家の営みを間近にみることで、実務家

としての基礎をつくることができたのは間違いない。

　したがって、法科大学院での日々と司法修習生としての日々のいずれかが欠けていても、裁判官としての私は存在しなかっただろう。

vol.7 検察官になって
―法科大学院を振り返る

八十島絵理（やそじまえり）(62期)

略歴：平成17年一橋大学法学部卒。同年早稲田大学法科大学院（未修）入学。平成20年同修了。同年司法修習生。平成21年12月東京地方検察庁検事。平成23年4月さいたま地方検察庁検事。

新司法試験受験：平成20年（合格）

Ⅰ 検察官になって

　法曹となって約1年が経った。

　私は今、東京地方検察庁で勤務している。ここでは、前半の半年間を公判部で過ごし、本稿執筆時点である後半の半年は捜査部を経験している。捜査部では刑事部と公安部で3カ月ずつを過ごすことになる。

1　公判部

　公判部にいるときは配てんされた事件の公判立会いのほか、冒頭陳述・論告等の起案、証人テスト（証人尋問前に証人に事実を確かめる等の方法によって証人尋問の準備をすること。刑事訴訟規則191条の3）など裁判に向けた準備を行っていた。裁判の期日はあらかじめ決まっているため、それ以外の時間で立会以外の業務をこなすことになる。裁判当日はたいてい朝10時から午後

5時頃までの間、裁判期日が1～5件程度入ることになる。その場合は事件の記録を風呂敷で包み裁判所へ向かい、期日を終えると検察庁に戻り息つく間もなく次の裁判の準備に追われた。

2 捜査部

捜査部の場合は裁判所に足を運ぶ必要はなくなるが、一度に何件もの事件を1人で担当する点は公判部と変わらない。しかし、捜査部では被疑者を逮捕してから、起訴・不起訴の終局処分を法律で定められた期間内に決定しなければならないため（刑事訴訟法203条～208条の2参照）、非常にタイトなスケジュールの中で必要な場合には警察署まで足を運びながら、捜査を進めることになる。いずれにしても、決められた執務時間内で臨機応変に予定を組みながら日々を過ごしてきた。

3 振り返って

5年前、法科大学院に入学したとき、私は弁護士志望だった。今、検察官の道を選んだことを学生時代の自分が聞けば、間違いなく驚く選択であっただろう。だが現在では、検察官という仕事に奮闘している自分がいる。

司法試験に合格した後、弁護士・裁判官・検察官やその他の道が拓けていることはこの資格の特徴であると感じる。資格取得後に進路の選択が許されるということは、試験に合格するには、これらの職種に必要とされる法律の基礎をすべて習得しなければならないことを意味すると思う。それゆえに、司法試験に合格することは高いハードルとなっているといえる。

そのハードルを越えて私は検察官となったが、法科大学院在学中は刑事分野に特段重点をおいた勉強をしていたわけではなかった。検察官の道を志すようになったのは司法修習開始後のことだったが、仮に法科大学院時代に検察官志望であったとしても、法科大学院における勉強のスタイル、すなわち民事、刑事、行政をまんべんなく均等に学ぶことに変わりはなかったであろう。

以下においては、私が3年間という短期間で司法試験を突破するためにど

のような方法で勉強を進め、司法試験合格後の司法修習をどのように過ごしてきたか、それらの経験が現在の職務にどのように反映されているかを紹介したい。

Ⅱ 法科大学院での過ごし方

1　目標設定

　法科大学院での過ごし方の要諦をひと言にするならば「年次ごとにテーマを決めて計画的に学習する」ということに尽きる。3年間は決して長くはない。漫然と過ごすと何も身に付かず、無為に時間が過ぎることを覚悟すべきだ。時間を有効に使うには、各年次での目標設定は必須となる。

　私の場合は、1年次は「六法の基本を身に付ける」ことに専念した。2年次では「1年次の学習内容をベースにして応用力を身に付ける」「1年次で不足した部分について補う」、3年次では「応用力のブラッシュアップ」に加え、当時目標としていた弁護士活動に向けて民事の模擬裁判に時間を割くことで、合格後を見据えて、実務に即した勉強を心がけるようにしていた。

　なお、検察官となった今から思えば、刑事系の選択科目をとっていればと思うこともあるが、実務をこなすうえで特段不足を感じたことはない。

2　日々のスケジュール

　年次ごとの目標を設定した後は、半年単位でさらに詳細な目標を設定することにしていた。半年の目標を設定すれば月単位、月単位を設定すれば週単位というように、目標を細分化する。最終的には、日々のスケジュール表を作成して学習を進めていた。

　当然のことのように思われるかもしれないが、今、法科大学院時代の生活を振り返ると、この当然の作業をできている学生は思いのほか少なかったように思う。反対に、合格している同期生は必ずといってよいほど、それぞれスケジュールを作成して計画的に勉強をしていた。

　法科大学院に入学＝合格ではないことを肝に銘じてほしい。新司法試験制

度は（当初の想定よりも）合格率が低いことが指摘されているが、その指摘の一部は、法科大学院生の学ぶ姿勢にも向けられていることを認識すべきであろう。

3　1年次と3年次の過ごし方

(1)　1年次

特に重要と思われるのは、1年次の過ごし方である。法科大学院での生活のみならず、司法試験合格後の司法修習、そして実際の法曹として仕事をするうえで、すべての土台になるといっても過言ではない。詳しい勉強方法については後述するとして、ここでは生活の過ごし方を中心に述べたい。

1年次は午前中に授業があったため、午後が自主的な勉強の時間となる。大学院の自習室や図書館を活用し、次の授業の予習にあてた。ここで心がけていたのは、前日に予習を終わらせるのではなく、その日終了した授業について、次の週の予習を行うことであった。午前中に授業を受けているため、そこで得た新しい知識を使い早い段階で予習も済ませたほうが効率的であり、授業と授業の間に連続性が生まれるためである。法科大学院では課題の量が多く、効率的な予習をしなければ課題に追われるだけで時間が過ぎることになる。また自分で理解できることと、できないことを峻別したうえで授業に臨むことができることも大きなメリットだった。

授業の内容を身に付けるには、事前にどれだけ多くの文献や判例を読み込んで、自分の頭で思考していたかが左右する。授業内容のインプットだけでなく、授業内容を発展させた形で自らテーマを設定して文献を探すことや、同級生と勉強会などの形式をとって議論をすることも、知識を独りよがりなものにしないために重要な作業であろう。

(2)　3年次

3年次になると、1日1コマなど授業数は減少する。それに比例し、日々の勉強も授業に対応したものではなく、司法試験対策の色彩も帯び始める。

たとえば、午前9時からの授業前に旧司法試験問題や期末試験問題を使って同級生と1時間以内に論文を書くことや、午後の授業終了後に、判例百選

や重要判例解説を使い判例研究会を開くなどしていた。

Ⅲ 法科大学院での具体的勉強方法

1 基本は条文

　参考までに具体的な勉強方法を述べたい。まず把握する必要があるのは、法律の条文が何を規定していて、実務上どのように解釈されて運用されているのかである。法科大学院時代、検察庁から派遣されていた教官に「実務家が使うものはまずは条文である」と何度も指摘された。

2 授業の予習

　前述したとおり、1年次は予習と復習の繰返しであった。授業の位置づけは、予習で学習し考えた内容が正しいか否か、いわば「答合せ」の場であったように思う。

　予習では、課題が与えられることが多いが、課題に取り組む前に基本書を読み込むことが必要である。もちろん、この際に基本書の横に六法を置き、突合せをしながら読むことはいうまでもない。読んでいる部分が、条文の何条のどの部分に該当するのかを常に意識することで、漫然と読むことを防ぐことが重要である。

　基本書に引用されている判例は、原文と最高裁判所の判例解説を読むべきである。私の場合は、予習の段階で時間がなければ、空いた時間を利用して一度でも目を通すようにしていた。

　予習の際には、ノートのつくり方にも工夫を重ねた。授業範囲となる条文について、条文の趣旨や文言の意味、解釈をめぐる学説・判例を箇条書きにしてまとめたものを作成した。その後、授業でとったノートをその後ろに挟む形をとっていた。復習の段階で、授業を踏まえてもう一度、課題の解答を書くことにしていたが、その際に予習段階での自分の答案と比較し、どこに矛盾があるかを自分なりに再点検した。

　実務の上では、検察官は常に、自分が担当する事件について、その概要や

問題点と、それに対する自分の考えなどを上司や先輩検察官に口頭で説明することを求められる。事件の内容を関知していない上司に対し、わかりやすく説明する必要があり、法科大学院の予習で行っていた作業は無駄ではなかったと感じている。

3　授業の復習

　授業の復習は、予習段階でわからなかった部分をフォローする作業となる。色ペンやマーカー、付箋などを多用することで、一読してわかりやすい形を心がけるべきだろう。

　当たり前のように聞こえるかもしれないが、新任検察官となって以降も、捜査資料や証拠を捜査から公判に事件を引き継ぐ際などに、こうした情報や思考の整理は欠かせないと痛感している。新任検察官であれ、事件を配てんされた後に配られる関係資料の量は、法科大学院の学習で使う資料よりはるかに膨大となる。そのうえ、膨大な資料の中の紙一枚が実は重要な資料であることも多く、「どこに、何が書いてあるか」を把握する力が付くよう、今でも上司から常に指摘されている。翻って、学生時代からそうした情報の整理方法を身に付けていた学生が、実務に出てから有利となることはいうまでもないだろう。

4　勉強会

　授業の合間には、前述のとおり友人数人と勉強会を開き、授業の復習や次回の予習をしていた。復習では、授業で課題として出された問題について再度議論を交わし、自分が書いた答案を持ち寄り検討していた。わからない部分はできるだけ、1人で抱え込まないようにし、皆で問題点を共有することを心がけた。

　この姿勢を法科大学院時代から続けたことは、実務家になるにあたり大きな財産となった。検察官任官後は新任であっても、捜査主任を務めなければならない。そうしたとき、真相解明をめざす際にどのような捜査手法を採用すればよいのか、新任ではわからないことが多く、先輩検察官へ相談したり、

同期の新任検察官とのディスカッションを重ねることで、最善の選択肢に近づくことができている。

5　試験対策

定期試験前は、授業ノートと予習ノートを照らし合わせながら総復習をしていた。試験が近づいた状況では、論文や判例を熟読する時間はない。その際に、予習時にまとめていたノートは見直しにも役立っていた。

3年生になると、司法試験もだんだん近づき、試験対策が学生生活の多くを占め始めることは前述した。私は、論文式試験対策として前年度までの新司法試験、旧司法試験の過去問を、自習室を借りて友人数人で解き、終了後に個々の答案をコピーしてその内容について検討した。

目的は2つ。時間内に答案を書くことに慣れることと、答案を見せ合うことで互いの答案の問題点を指摘し合い、自分の答案にない良い点を取り入れることにあった。

試験は競争だが、切磋琢磨しながらともに励む同志がいることが、法科大学院の特徴だった。当然ながら法科大学院は法曹実務家の養成機関であり、本来は試験予備校ではない。その趣旨を考えれば、司法試験合格のための訓練を法科大学院に求めることはできないが、司法試験に合格しないことには法曹実務家になれないことも事実である。こうしたジレンマを抱えることは法科大学院生の宿命ともいえる。私の場合は、そのジレンマを同期生と共有し、助け合うことで打開策を探ってきた。

6　科目の履修

法曹の育成を目的とした法科大学院では、法律の基礎科目もさることながら、模擬裁判や専門分野に特化した先端科目の講義も多数用意されていた。そのほか、夏季休暇中の法律事務所へのエクスターン制度もあった。こうしたカリキュラムは、用意された科目数からも、弁護士の養成に主眼がおかれていることがわかる。私自身、法科大学院時代には弁護士志望だったため、エクスターンや民事の模擬裁判も履修していた。その中で準備書面の作成や

尋問演習も経験することができた。

　結果として、別の進路を歩んでいるが、その時の経験は無駄になっていないと感じている。検察官でも尋問はしなければならず、準備書面ではないにせよ、冒頭陳述や論告の形で裁判官に向けて説得的な主張を展開する必要があることは、弁護士と変わりない。

　一方、私は必ずしも先端科目は積極的に履修していたとはいえない。法科大学院では企業法務や租税法に関するカリキュラムが豊富に用意されていたが、当時はその分野に手を伸ばす余裕がなかったため履修はしなかった。しかし、検察官の実務を進めるうえで、不要な知識はないと痛感している。検察官であっても、事件の種類によっては、企業法務や租税法の知識が求められる場面はある。検察官には、刑事分野以外でも捜査を進めるうえで知っていなければならないことは多いため、刑事分野にだけ力を入れるのではなく、積極的にこうした先端科目を履修しておくことも必要であったと感じている。

7　事実認定

　法科大学院の位置づけについては、旧司法修習における前期修習を兼ねることも理念の1つであった。民事系の科目でいえば要件事実論、事実認定の基礎などの学習がこれにあたると考えられる。法科大学院のカリキュラムの中で要件事実についてはある程度充実した学習ができたため、司法修習に入っても成績はともかくとして戸惑いはなかった。一方で、刑事・民事の事実認定については、法科大学院で学習した経験はほとんどなかった。

　これは、司法試験は確定した事実をもとに、事案を検討する方式のため、事実認定そのものを学ぶことは後回しにされがちであることに起因する。しかし、実務の段階では、何を差し置いても事実が認定されなければすべてが始まらない。まず訓練される技術も、証拠の評価などの事実認定である。事実認定は、私が実務上最も苦労し、一層の努力が必要と感じている部分であって、司法修習でもより深く学習したいと感じたが、1年の短い修習期間では限界があった。ここは制度の改善が望まれる部分でもあると感じる。

8 教科書

　最後に、使用する教科書について補足をしておきたい。学習におけるつまづきはここで起きる。教科書に絶対的基準はないため、自分が読んでわかりやすいものを選び、司法試験が終わるまで使い続けることが効率の良い方法である。購入する前に図書館に行き、基本書を何冊か読み比べることをすすめたい。

Ⅳ 司法修習の過ごし方

1 「何でもみてやろう」の姿勢で

　修習期間の1年は短い。漫然と取り組むと、いつの間にか始まり、いつの間にか終わる。待ちの姿勢では何も学べずに終わる危険性が高いことを、反省の意味も込めて強調しておきたい。

　法曹三者の実態を各当事者の立場からみることができるのは、司法修習時代だけである。希望する進路に関連した修習以外を食わず嫌いすることなく、「何でもみてやろう」という姿勢で臨んだ。検察官として実務家になった今、弁護士や裁判官などがどのように考え、判断するかという過程をつぶさにみることができたことは、非常に大きな糧となっている。

2 検察官志望

　とはいえ、検察官や裁判官志望の場合と弁護士志望の場合とでは、司法修習への臨み方もおのずと異なってくる。私は東京修習であったが、東京修習の場合は、修習生の数が他地域に比べ圧倒的に多い。民事裁判、刑事裁判、弁護、検察の各クールに分けた段階でも、各グループの修習生は80人以上の大規模になる。とりわけ、検察修習の場合は、数人の指導官が80人以上を指導することになる。

　そのため、2カ月の間に、何もしないでいると、顔も名前も覚えられないまま終わってしまうのではないかという不安があった。そこで、司法修習を通じて検察官任官への思いが強くなった以降は、指導官に自らその意思を伝

え、積極的に事件を担当させてもらえるようアピールも行った。当然のことながら、出来不出来は別として、起案にも力が入った。就職活動がある弁護士とは異なり、検察官・裁判官は、司法修習自体が就職活動・選考の場なのである。

3 選択型実務修習

　分野別修習終了後、さらに充実した検察修習を行いたいと考え、選択型実務修習の期間内に検察プログラムの中から捜査と公判の両方を選択し、約1カ月の間、検察庁の修習を受けた。選択型実務修習時は分野別修習とは異なり少人数制で密度の濃い修習を受けることができた。

　分野別修習では、3人1組で1件の事件を担当していたが、選択型実務修習の捜査では、1人で1件の事件を担当する形がとられた。指導官とも1対1でのやりとりとなり、取り調べなども1人で行うことになる。負担は大きかったが、非常に実務に近い形で修習を進めることができ、検察修習は他の修習に比べ充実していたと感じている。

　修習期間が短くなった今は、法曹三者の実態をみることと両立させる形で、選択型実務修習のプログラムを有効活用し、希望進路に即した「オーダーメイド型修習」を組み立てることを心がけ、短期間でバランスのとれた修習を進める工夫が重要となる。

V　おわりに

　これまで書いてきたことは、反省も含めた一個人の体験談であるため、すでに勉強方法や将来の目標を確立している方には不十分な内容であったかもしれない。そうした方々は、私の体験談に左右されることなく、自らの信じる方法で努力を続けていってほしい。

　ただ、法科大学院時代の経験から、そうしたものを確立できている学生は意外なほど少ないことも事実であると感じる。私の場合は、前述の生活スタイルや勉強方法を法科大学院に入る前から確立できていたというよりは、入

学後に日々生活を送る中で工夫を重ねてつくり上げていったように思う。

　目標や計画を立ててもうまくいかなかったことや、論点などをすぐに理解できなかったことも多々あった。ただ、法科大学院はその繰返しであるといえる。そうした試行錯誤を繰り返していくことが、遠回りのようで近道であることもまた事実だ。

　実務家になり、法科大学院・司法修習で学んだことだけでは知識・経験ともに足りず、実務では太刀打ちできないことは痛感している。しかしその一方で、法科大学院・司法修習の経験がなければこうして検察官として職務に就くこともできなかった。司法修習も含めて計4年間、法曹になることをめざして勉強し、経験を積んできたことは、何にも代えがたい時間であった。

　法科大学院では裁判官や弁護士、検察官など実務家を教員に迎えて授業を進めるため、モチベーションの維持・向上につながり、常に実務から逆算して勉強を進めることができた。そして、この制度のもとで学んだことから検察官になった。今の制度について批判があることは承知のうえで、それでもなおその理念や教育の内容については、時代に即した実務家養成に資するものであると感じている。検察官になって以降も、学ばなければならないことは今まで以上に多くなっているが、そこに至る土台となった知識や経験はいずれも法科大学院と司法修習での経験なしでは得ることはできなかった。学生の皆さんには、現行制度の趣旨を自分なりに考えたうえで、将来に向けた土台づくりに主体的に取り組んでいただければと思う。

言葉で伝えられない感情を大切に
——弁護士と僧侶の両立

三澤信吾（みさわしんご）（61期）

略歴：平成10年東京大学教育学部卒。平成17年神戸大学法科大学院（既修）入学。平成19年同修了。同年司法修習生。平成20年12月弁護士。
新司法試験受験：平成19年（合格）

I 弁護士をめざした動機

1 僧侶でありながら弁護士をめざした動機

　私の母方の祖父は、臨済宗の禅宗寺院で住職をしていた。私が平成10年に大学を卒業するとき、すでに祖父や父は他界し、僧侶の道に進むか、寺を出て就職をするか選択を迫られた。当時は、いくつか希望するところから内定ももらっていた。また、人生経験をある程度積んでから僧侶になるのであれば、それもよいかもしれないが、まずは社会で働いて人間関係や視野を広げたいと考えていた。そのため、僧侶の道に進むことにはかなり消極的であった。

　ところで、臨済宗の場合、独特の宗門教育がある。原則として世襲制ではないので、禅僧の徒弟として、僧堂とよばれる専門道場に入門し、少なくとも3年半は修行に取り組まなければならない。この修行がなかなか厳しい。

僧侶になる道を選択するうえで最初の障害となるのが、この修行の存在といってよい。20代の何年かをすべて捨て去ったつもりで修行にあてなければならない。

私は、就職して寺を出るか、僧堂に入るか、踏ん切りがつかなかった。頭で考えていても、やってみないことにはわからない。覚悟を決めてどちらかに決断するほかなかったが、あるとき、私が尊敬する和尚から、この先どんな進路をとるにしても、若いうちの僧堂体験は大きな糧になると言われた。それ以来、僧堂生活にも関心が出てきた。自分に合わなかったら、そのときに考えて変えたらいいか、と軽く考えることにした。

他方で、住職になったら、社会と接点のある仕事と兼職をしようとも考えた。そして、社会と接点のある仕事として、弁護士という職業が最適だと考えた。理由としては、次のとおりである。

① 寺院にもさまざまな問題があるので、住職が法律の専門家であることは、有用である。
② 僧侶は世間知らずになりやすい環境にある。これに対し、弁護士の業務の範囲は極めて多岐にわたり、広く社会をみる機会があるとともに、人間のさまざまな感情が交錯する中で仕事をする。これによって、表面的でない人間観を形成することができ、自分の人生修養の大きな糧となる。
③ 裕福な寺ではないので、別口での収入によって生活ができれば、寺院からの給与に頼らずにすみ、寺院の財産の維持に貢献できる。先住職であった祖父も、教員その他の職業をいくつも兼ねていた。その精神も受け継ぐことができる。

そこで、僧堂での修行を終えて、住職になったときには、空いた時間を利用して司法試験の勉強をしようと考えた。

私は平成10年僧堂に入門した。臨済宗の場合、自ら、公案、座禅、作務、托鉢等の体験を通じて真の自己をみつけることを旨とする。僧堂生活は、基本的に電気、ガスはなく、食事はごく粗末で、睡眠時間も極端に短い。しかし、1、2年すると身体も慣れてくる。1つひとつの行為が厳格な秩序の中

で、意味をもっており、僧堂生活が静と動の調和の中で極めて合理的で美しいものと気づいて、心地よくなってくる。今、振り返ると、貴重な体験をして本当によかったと思う。

2　司法試験への挑戦

私は、3年半ほど僧堂で修行生活をした後、平成14年5月に僧堂を辞して、同年秋住職になった。そして、住職としての仕事の合間の空いた時間を利用して、自分なりに司法試験の勉強を開始した。

しかし、法学部出身でないこともあって、法律の学習の仕方を全く知らなかった。そこで、貯金を使って、司法試験受験予備校のビデオ講座を受講することにした。予備校の講師の話は実に興味深く、わかりやすかった。もっとも、使える程度の知識として定着させ、定められた時間内で司法試験問題に回答できるようなレベルに達するのは、かなりの努力が必要であった。学習を開始して約1年目の平成15年に、初めて旧司法試験の短答式試験を受けてみたが惨敗であった。

3　法科大学院へ

(1) 入学の決意

私は、平成16年の秋に神戸大学法科大学院（以下、「神戸LS」という）（既修者コース）を受験した。もともと、法科大学院への進学を考えていたわけではない。経済的な事情もあり、また住職として自坊（自分が住職をしている寺のこと）や本山の仕事もあり、あくまで旧司法試験で弁護士をめざす予定であった。ただ、当時、神戸LSの既修者コースは、入学試験科目が六法に行政法を加えた7科目あり、旧司法試験の論文式試験の腕だめしにちょうどよかった。自分の学習方法で通じるのかどうか達成度をみるために、1校だけを挑戦してみることにしたのである。そこで、適性試験はぶっつけ本番で受け、11月に論文式試験を受験した。

平成16年の年末、神戸大学から合格通知がきていた。自分なりの勉強でもある程度通じたことが、純粋にうれしかった。

あらためてじっくりと神戸LSの案内リーフレットをみると、神戸LSは、めざす目的をはっきり打ち出し、実に周到に法科大学院制度の準備をしていることがわかり、魅力的にみえた。当時、私の勉強は、自学自習で、切磋琢磨する友人もおらず、マンネリ化して非常に能率の悪いものになっており、自分の勉強方法に大きな改善が必要であると感じていた。それが法科大学院への入学をきっかけに実現できるように思えた。他方で、法科大学院制度の2年目ということで、旧司法試験だけを念頭に受験勉強している人の中には、いまだに法科大学院制度に懐疑的な人も多いと聞いていた。制度の移行期であり、新司法試験の合格率はまだ高く、今なら自分でも新司法試験に合格できるチャンスがあるのではないかという打算も働いた。神戸という街にも魅力があった。そこで、神戸LSへの入学を決意したのである。

(2) 周囲の理解

私は、旧司法試験の合格率が極めて低いこともあり、それまで本山や周りの寺院の方々には内緒で司法試験の勉強をしていた。しかし、神戸に通学するとなると、平日の本山行事や各寺院行事の当番や出頭を欠礼するなど、本山や周辺寺院に迷惑をかけることになる。私は、正直に、神戸に通っていずれ弁護士と僧侶とを兼業したい旨を説明し、本山や周辺寺院に理解を求めた。幸い、本山や周辺寺院の住職は、皆賛同され私の負担が減るように便宜を図ってもらうなど、理解と協力を得た。

また、私が神戸に通うと、母が1人でずっと留守を預かり、毎日の掃除や維持管理などをすることになる。目の不自由な母には、自坊の留守番、毎日の内外の掃除管理、法要等の準備など、本来住職が行うべき業務につきかなり負担をかけることになった。

II 法科大学院生時代

1 経済的負担

私は、平成17年4月神戸LS既修者コースの2期生として入学した。住職としての仕事は、できる限り土日休日にまとめて行うようにした。学費につ

いては、経済的な事情から、入学金は半額免除、授業料については2年間全額免除の決定を得た。いずれ実務家になった暁には、母校に対し貢献をしなければならないと思った。

　経済的事情などで法科大学院への進学を躊躇されている方もいると思うが、学費の減免等の制度が設けられていることも多い。また、神戸LSのように、免除の要件が学業成績と必ずしも関連しないこともあるので検討の参考としていただきたい。

2　授　業

　既修者1年目は、すでに基本六法の基礎知識は習得している前提で授業が進められた。開講された授業は、いずれも各学期開始前に配布された教材をもとに行われ、問答形式で行われるものが多かった。基本六法科目は、主として重要な最高裁判例や意義のある下級審裁判例をもとに、基礎知識を確認したうえで、判例の射程や他判例との関係を検討し、そのうえで発展的事項について考察するという授業形式であった。

　法科大学院には、熱心な教員と優秀な学生が大勢いた。授業中や授業時間後のさまざまなやりとりを聞き、また、他の人の問題意識や考え方にふれる機会をもつことができ、その中で切磋琢磨して学習する機会に恵まれた。

　たとえば、学生の中には、研究者はあまり議論していなかったような目新しい視点から鋭い質問をして、教員をうならせてしまう者が何人もいた。学生側の指摘によって、教員が修正や訂正をすることも何度もあった。このような刺激的な環境が、自分の水準がまだまだであることを自覚させ、さらなる学習意欲を抱かせてくれた。

　また、ある研究者教員は、学生からの鋭く厳しい質問に備えるため、自分の研究のための時間がなかなかとれないほど準備に時間をかけているとのことだった。どうやら、どの教員も同様であったらしい。それほどまでして、準備された授業に参加できることにも、大きな喜びを感じた。

　さらに、教員や学生間で議論しているうちに、判例や学説に対する自分の理解がいかに表層にとどまり、あいまいであったかに気づかされた。判例に

ついていえば、教科書等に載っている要約された表面的な字句だけを記憶することに意を注ぎ、判例の事案、理由、従前の判例群との整合性等を意識して検討し、理解しようという態度が全くなかった。判例の射程という概念を用いて、事案ごとにその判例の影響の及ぶ範囲を論じるという基本態度が欠落していたことを知った。学説についていえば、各学説を断片的な知識として平板に記憶していただけで、学説が分かれる理論的根拠にまで注意していなかった。

3 実務家教員の授業

法科大学院の特色の1つに、実務家教員の存在がある。実務家教員の先生方から受けたインパクトははかりしれない。

(1) 事実の軽視

実務家教員の先生方は、異口同音に、学生の事実の見方やあてはめ方がずさんであり、抽象的な法理論だけで結論を導き出そうとする態度について厳しい指摘をされた。確かに、学生や受験生のうちは、なかなか生の事案に接する機会がなく、条文や判例や基本書を主体として学習することが中心となるため、理論先行になるのはやむを得ない部分もあると思う。しかし、実務家教員の先生方は、それを差し引いても、いかに学生が事実を疎かにしているかを指摘された。実務に出ると、理論も大切だが、それ以上に事実の的確な把握が重要となる。まず法律ではなく、まず事実ありきである。

(2) 根拠条文

実務家教員の先生方は、根拠条文についても、丁寧に確認された。抽象的な法理ばかりで学習していると、理論や中間概念に慣れて、条文上の根拠に立ち返ることをつい怠ることが出てくるが、出発点はまずは条文であることを再認識させられた。

(3) 法曹倫理、総合演習

法科大学院では、法曹倫理という授業がある。法曹倫理は興味深い授業であった。たとえば、弁護士には、弁護士法のほかに、弁護士職務基本規程とこれを担保する懲戒制度がある。弁護士は他人間の紛争の中に身をおくこと

が多く、その中での身の処し方にはかなり神経を使わなければならない。また、さまざまな誘惑や危険と隣り合わせでもある。具体的なエピソードを伴った授業は、法理面を学習することが日常となっている法科大学院生活の中で、リアリティとインパクトがあり、弁護士業の光と闇の部分を知らせてくれるとともに、リアルな目標として弁護士という職業をとらえるようになった。

　また、総合演習のように、研究者教員と実務家教員のコラボレーションで行われる授業があれば、ぜひとも参加されることをすすめたい。実務家の発想、学者の発想、直接司法試験に関係なくても事実の見方や法的センスを養うのに絶好の機会である。教員間でも熱い議論が交わされる。学生からも意見や質問が出される。このようなエキサイティングなやりとりに遭遇すると、無味乾燥にみえていた法律の学習が、たちまちエキサイティングなものにみえてくる。1つの事案でもいろいろな見方ができるものだ。

　実務家教員の先生は、教科書や市販書に書いていないような話をたくさんする。それは、成功談であったり、失敗談であったり、貴重なノウハウであったり、ヒヤリハットであったり、そのような話を聞いて考える機会というのは、机上の学習では得られないものである。

　　⑷　**法律文書の書き方**

　実務家教員によっては、法理にまつわる討論のみならず、法律文書の書き方についても懇切丁寧な指導をされた。

　たとえば、まず結論、次に理由を書くこと、一文に一内容、一文は短くして、接続詞を的確に使用して文章を作成すること、また必ず主語を入れて誤解を生じさせないような文章にするように細心の注意を払うことなどを、常々いわれた。

　レポートを提出すると、赤が入らないところはないほど真っ赤に添削されて、返却された。学生、受験生は、あまりにも法律文書の書き方について無頓着である。また、それを的確に指導してもらえる機会もほとんどない。しかし、実務家になれば、法律文書を書くのは基本かつ必須の能力である。必要十分な内容を盛り込みながら、誤解を生まない的確な文章を書けるようで

なければならない。弁護士となった現在において、いつも書面を書くときは、神戸LSでの指導を思い出さないときはない。

(5) **理論学習と実務学習**

在学中は、過度に実務を意識するより、まずは基本的な法理論や法的思考の涵養を重視するべきである。実務家になれば、実務的能力・技法はいくらでも学ぶことができる。しかし、法理論の体系的な修得や法的思考を意識してトレーニングする機会は少なくなってくるからである。法科大学院での判例・学説の整理・演習等を通じた日々の学習を大事にすべきである。

ただ、手続法は極めて実務的な法分野であるから、実際の運用がどのようになされているのかについて、まず把握しておく必要がある。手続法における新しい最高裁判例は、通常はほとんど問題にならないレアケースについてのものであることも往々にしてある。刑事訴訟法の論点は、学者と実務家との理論的対立が激しく、それぞれ興味深いものではあるが、そればかりに目を奪われていると、実際の刑事手続がどのように行われているのかを見過ごしやすい。

手続全体の理解は、判例や学説の理解にも大きな影響を及ぼす。したがって、わからないことがあれば、実務家教員に質問するなどして実際の手続の運用は押さえておきたい。

(6) **特別法**

実務家になると、特別法について体系的に学習する機会は乏しい。事案に出くわすたびに必死で必要な部分を勉強するほかない。

そこで、法科大学院在学中には、新司法試験での選択科目だけに限定することなく、将来実務家になったときに備えて幅広く受講し、基礎知識や体系ぐらいは頭に入れておくとよい。倒産法、労働法の体系くらいは学習しておくとよいだろう。私は、在学中に、倒産法、労働法、経済法、特許・著作権法を受講した。

(7) **法科大学院雑感**

法科大学院では、受験した当初には想像もしていなかったようなさまざまな恩恵にあずかった。何よりも大きいのは、人との出会いである。いっしょ

に切磋琢磨して学習する仲間との出会いであり、教員との出会いである。法律学の学力向上のためには、記憶に終始するだけでなく、議論する仲間や適切なアドバイスを与えてくれる指導者が必要である。新司法試験前は、よく友人とゼミを開いたり、討論したりした。そのときの仲間とは、進路は違えども、今でも3カ月に1回くらい、実務家教員だった先生もいっしょに飲み会を開いて、情報交換をしたり、愚痴をこぼしたり、悩みを相談したりしている。

　実際に実務家になると、わからないことばかりで、いろいろ思い悩むことが少なくない。そのようなときに、相談できる人が多いほど、上手な解決策をみつけたり、失敗から立ち直ったりすることができるのではないかと思う。法科大学院で学んだ細かいことは忘れても、いっしょに法律学の習得に向けて苦労を分かち合った仲間や恩師は、かけがえのない大きな財産である。

　⑻　司法試験の成績

　平成19年3月に法科大学院を修了し、5月に新司法試験に挑戦し、幸い合格した。

　ところで、司法試験の成績は、特に弁護士志望の場合、就職活動に大きな影響を与える。毎年2000人を超える大量の司法試験合格者が生まれ、司法修習生の質の低下を公然と主張する実務家も少なくない。そのような中、公募により多くの就職希望者が殺到する中規模大規模事務所では、まず、司法試験の成績の提出を求め、成績で足切りにしてしまうケースも多いと聞く。裁判官志望であれば、司法修習や二回試験の成績が最優秀でなければならないが、司法試験の成績や法科大学院の期末考査もよいに越したことはない。検察官志望も同様であろう。

　確かに、司法試験や学業の成績と実務能力の間に強い相関があるかといえるのかはやや疑わしい。しかし、司法試験合格者が多い現在、外見的にわかりやすい成績が1つの尺度にされてしまうのは、ある意味やむを得ない。合格者が多いということは、それ以外のところで競争が生じることになるのだから、少しでもよい成績をとれるようにしたい。

Ⅲ 司法修習生時代

1 司法修習生として

　司法修習生の間は兼職禁止とされている。住職の地位をどうするか。司法研修所に問い合わせたところ、住職と宗教法人の代表者をいったん辞任することが必要とのことであった。そこで、本山、周辺寺院、家族の理解と協力を得て、隣接寺院の住職に兼務住職になってもらい、いったん住職を辞して宗教法人の代表役員も辞任した。

　修習生活については多くを語る余裕がないが、事実認定の基本的な技法のほかに、実定法の基本的な理解が重要である。民事系、特に要件事実については、民法の基本知識、刑事系については刑法各論および刑事訴訟法（および規則）を何度も確認しておきたい。

2 就職活動

(1) 大阪での就職活動

　私の場合は、就職活動が難航し、最終的に決まったのは、いわゆる二回試験直前の11月初め頃だった。

　当初は、大阪で弁護士をすることを希望していた。大阪は人口が多く、また企業も多いことから、多種多様な事件にふれる機会が多いだろうと考えたからである。もっとも、コネも知り合いもないので、公募されている事務所を中心に就職活動をした。

　5月、6月ともなると、弁護士志望の仲間たちは就職先が決まってきて、就職先の決まっていない人は、少数派になってきた。

　私の場合は、採用面接で、住職と兼業で弁護士をしたい旨を伝えなければならなかった。事務所によっては、兼業で弁護士はできないなどとはっきり言うところもあった。確かに、弁護士の仕事はそれだけで十分ハードな仕事である。事務所によっては、仕事時間がかなり長く、そのような事務所に兼業で勤務することが無理なことは明白であった。大規模事務所において、僧

侶でありつつ、弁護士をされていた弁護士もいたが、実際はほとんど専業で弁護士業務をされているようであった。しかし、私の場合は、お寺の仕事と弁護士の仕事を、両立することが目標であったので、そのようにはいかない。そのうち新規採用を募集している事務所もほとんど聞かなくなり、焦りを感じていた。

(2) 京都での就職活動

集合修習が始まる直前の7月頃、切羽詰ってきて、法科大学院で弁護士の実務家教員であった先生に、住職をしながら弁護士をしたいが就職先が決まらない旨を相談した。

すると、先生は、私の意思を尊重されたうえで、まず、就職先は自坊のある京都で探すべきことを強くすすめられた、京都から大阪に通うとなると、毎日3時間もの時間を通勤にあてなければならない。その時間を自坊の寺務のために使ったり、休息にあてたりできる、また京都にはお寺が多く、寺院関係の事情がわかるとの理由で、仕事依頼も多いだろうから、私の専門(?)が活かせる機会も多いだろう、と温かい励ましの言葉をいただいた。そのうえで、いくつかの京都の事務所を紹介され、とにかく手紙を書いて連絡をとってみるように助言された。

手紙を書いてみたところ、すでに採用を打ち切ったか、採用予定がないとの返事ばかりであった。やはり現実はなかなか厳しい。ただ、そのうち、ある大ベテランの弁護士から連絡があった。面識がないにもかかわらず、住職をしながら弁護士をしたいという私の手紙をみて、何とか協力したいと思ったとのことだった。その先生の事務所では採用予定がないものの、京都で採用見込みがありそうな事務所について、見当をつけて教えてくださった。

その先生の紹介で、十数の事務所に新たに手紙を出して、採用予定の有無について尋ねた。結局、時機すでに遅し、残念ながら募集しているところはなかった。しかし、各事務所の弁護士から温かい言葉がつづられた手紙などをいただいた。全く見ず知らずの一修習生の、突然のぶしつけな手紙にもかかわらず、多くの先生方の心の温かさにふれたことがとてもうれしかった。そのおかげで、引き続き、明るい気持ちで就職活動を続けることができた。

私は、人のつながりを頼るほかなく、少しでも心あたりがあれば、あつかましいと思いつつも、弁護士の紹介を受けて相談に乗ってもらったり、さらに別の事務所を紹介してもらったりした。そして、二回試験が近づいた11月の初めの頃、ようやく現在の事務所に就職が決まった。

　採用面接は、不思議な面接だった。最初の質問は禅についてであった。知り合いを通じて紹介されたボス弁は禅に強い関心をもっていて、面接の半分くらいは禅の話であった。後から聞いたところでは、私の採用の決め手になったのは、「何で弁護士を志望するのか」との質問に対し、わたしが即座に「修行のため」と答えたからだったらしい。

(3) さまざまなネットワークで

　就職に至る道筋は、公募だけではない。むしろ、純粋に公募で採用される人は少数派ではないだろうか。修習担当の弁護士やその紹介によって採用されることも多い。そもそも、採用については検討しながら、公募しない事務所も多い。公募すると応募が殺到し、事務の負担が増大して通常業務に支障を来すかららしい。

　なかなか就職先が決まらないで焦っている人も、さまざまなネットワークを駆使してほしい。要はいっしょに働きたいと思ってもらえるかどうかである。なぜ法律家をめざすのか、そしてどのような仕事をしたいのか、自分のそれまでの生き方をベースに自分の将来を熱意をもって語れるかどうかである。あきらめないで頑張ってほしい。

Ⅳ　弁護士となって

1　弁護士となって

　平成20年12月に弁護士登録し、すでに弁護士として執務を始めてから2年以上が経過した。法科大学院では、法的知識や思考方法のほか、文章の書き方、法曹倫理等を学び、今も大きくその恩恵にあずかっている。それでも、現場に出ると、本当にわからないことだらけである。現場や依頼者から学ぶことのほうが圧倒的に多い。

事件の対処の仕方は、弁護士によってさまざまである。同じ事務所の先輩弁護士や事務員から学ぶだけでなく、相手方代理人のやり方から学ぶことも多い。私は現在、京都敷金・保証金弁護団に参加しているが、研究会、弁護団等に参加し、自分の事務所とは全く異なるやり方を学んだ。

　また、弁護士になると、事件の対処のみならず、さまざまなことについて疑問や悩みが尽きない。そのようなときに、相談できる弁護士が多くいると心強い。また、大規模でない単位会であれば、顔見知りの弁護士が相手方代理人になることもある。そのようなとき、相手方の代理人についた弁護士が勝手の知った人であれば、場合によっては、交渉ごとも進めやすくなる。弁護士として、タテとヨコのつながりを大事にしたい。

2　住職と弁護士の兼業

　寺院の業務は、自坊や墓地の清掃、剪定、修繕等の維持管理、来客の接待のほか自坊や本山・他寺院の行事の準備や当番およびその手伝い等である。

　行事の関係で寺務が忙しいのは、早朝、土日、お盆・お彼岸、年末年始であることが多く、ちょうど事務所が休みの時期である。そのうえ、私の事務所ではボス弁の理解があり、また本山や周辺寺院の理解もあって、緊急の用事でない限り、何とかそれぞれの業務がうまく空いたところにおさまり両立できる状態にある。

　しかし、身体は1つしかないので、1日ゆっくり休める日はほとんどない。仕事を複数抱えれば、休みが十分とれないため、結局抱えている仕事以上の負担となってしまう。

3　修行体験と弁護士業務

　僧侶の僧堂在籍中忘れ得ない経験がある。托鉢していたとき、女性から唐突に「不立文字とは何ですか」と聞かれ、答えることができなかった。そのことを8年くらい修行していた僧侶の先輩に報告すると、先輩は、「どう答えたらよいか、知りたいか」と聞き、私がうなずくと、突然、私の頬を思いっきりひっぱたいた。呆然としていると、「この痛さ、悔しさが言葉で伝え

られるか。どうだ」と聞いた。

　私は、ハッとした。自分の感覚・感情や体験のほとんどは、言葉では伝えられない。このようなあまりにも当たり前のことすら普段は忘れている。それをまさに言葉ではなく一撃で気づかされたのである（なお、不立文字（ふりゅうもんじ）とは、「文字を立てず」と訓読し、悟りは言葉で書けるものではないから、言葉によらず心で悟るべきであるという禅宗の基本的立場を示した語である）。

　法曹は、基本的な能力として、言葉で説明する能力が必要である。われわれは、言葉のおかげで、ものを考えることができるし、自分の考えを他人に伝えることができる。

　しかし、言葉には限界もある。言葉があることによって、かえって言葉では伝えられない感覚・感情までもわかったつもりになってしまう危険がある。

　相談者や依頼者には、言葉ではとうてい表現できないような、苦しみ、悲しみ、苛立ちなどの感情をもっている。弁護士として仕事をしていく中で、このことは常に留意しなければならないと考えている。

4　最後に

　僧侶や法曹などの専門職においては、それぞれに確立された基本的な知識や技法というものがある。私の経験に沿っていえば、法科大学院は、禅僧にとっての専門道場のように、法曹志望者にとって、法律学の基本的な知識や正統な学習方法・思考方法にふれることのできる恵まれた環境であった。加えて、実務家の思考方法にふれることができ、何より多くの仲間ができた。私は、当初、必ずしも法科大学院制度を歓迎していたわけではなかったが、今振り返ると、法科大学院でお世話になる機会がなければ、現在の私はない。そのような機会に恵まれたことを心より感謝している。

　私は、弁護士をめざしてから弁護士としてスタートラインにつくまでに、約10年かかった。今は、多忙ではあるが、自分がおかれた状況に、おおいに満足して毎日を送っている。他の人と比べると、ずいぶん回り道をしたが、他の人にない経験もした。恥ずかしながら、禅僧としても、弁護士としても、

まだまだ半人前であり、毎日のことに懸命で、いまだ公言できるような自分独自のスタンスは確立できていない。ただ、短い弁護士経験でもいえることは、法律家は人間への関心と洞察が不可欠ということだ。たとえば、和解による解決が望ましい事件では、事件の収まりどころを押さえ、相手にも納得してもらいやすい解決を考えなくてはならない。そうすると、相手の真の利益は、何なのか。そもそもこの紛争の本当の原因はどこにあるのか、突きつめればどうして紛争は起きてしまうのか、を考えざるを得ない。もとより、僧侶としての立場と、弁護士としての立場を混同させることは慎しまなければならないが、努力と経験を積み重ねていく中で、自分なりの特色が出せればよいと思っている。

　私が現在僧侶と兼職しながら弁護士として活動できるのは、法科大学院でお世話になった教員や関係者のみならず、家族、所属事務所の先生方や職員、周辺寺院など多くの方の有形無形の支援があってのことである。そのことのありがたみをかみしめて、今後とも禅僧と弁護士としての活動を継続し、その恩に報いて何らかの形で社会に還元していきたいと思っている。

vol 9 裁判官に魅せられた司法修習生

杉山文洋（すぎやまふみひろ）(63期)

略歴：平成18年龍谷大学法学部卒。同年龍谷大学法科大学院（未修）入学。平成21年同修了。同年司法修習生。平成23年1月徳島地方裁判所判事補。

新司法試験受験：平成21年（合格）

I はじめに

　私は、当初は弁護士を志望していたが、司法修習を経て最終的に裁判官を進路として選択した。私が、どのように司法修習に取り組み、なぜ裁判官の進路を選択するに至ったかが皆さんの参考になればと思う。

II 司法修習の過ごし方

1　受験生から司法修習生へ

(1)　社会人としての未熟さ

　私が司法修習生となって最初に感じたことは、それまでの受験勉強と実務の違い、そして、自分の未熟さだった。社会人経験のない私は、法律に関する知識や理解の未熟さにとどまらず、挨拶の仕方や連絡のとり方、手紙の書

き方など多くの点で社会人としての未熟さを痛感したのである。

(2) 法律に関する未熟さ

　私の司法修習は、刑事裁判修習から始まった。刑事裁判修習では、修習の大半が裁判傍聴と起案に費やされる。

　まず、裁判傍聴は、事件記録にあらかじめ目を通したうえで公判前整理手続や公判期日などを傍聴し、多くの場合には裁判官室に戻った後に担当裁判官と当該事件や手続に関して意見や感想、問題点について議論を交わすこととなる。

　司法修習開始当初は、各手続において裁判官の訴訟指揮や、検察官、弁護士の活動のどのような点に着目すればいいかもわからず、裁判官から「あの場面でどのようなことをした？」「そのようにした根拠、理由は？」などと質問されても法廷で何が起こっていたかさえ把握できていないことも多かった。また、ある場面でどのようなことがされたか把握していても、それが法律の規定に基づいているとは思いもよらないことも多く、法律の根拠や理由について答えることができたのは稀であった。

　刑事裁判修習においては、自白事件、否認事件それぞれの模擬裁判を行ったが、実際に自分が手続を進めてみると、当然のように行わなければいけない冒頭手続さえ十分にできず、その難しさを痛感したことが強く印象に残っている。

　起案においては、私が配属された部では進行中の事件ではなく、すでに判決まで済んだ既済記録を素材に、判決主文および主要な争点に関する判断についての起案を行った。

　最初に渡された記録は100頁前後の薄い記録であった。しかし、司法修習開始当時は事件記録の構成も把握できておらず、また、検察官が、要証事実をいかなる証拠や事実に基づきどのように立証しようとしているのかという証拠構造の理解も十分でなかったことなどから、事実関係の整理や証拠の理解に過大な時間がかかった。また、最終的な判決起案内容も証拠構造や争点の把握を誤り、証拠や事実の意味の吟味も不十分で、内容的には過不足の多い不満の残るものが多かった。

以上のとおり、司法修習開始当時の私は、1年後に実務法曹とするには不安の大きい未熟な修習生だったと思う。それは法科大学院で学んだことであっても、実務においてそれらがどのように反映されているのかを具体的にイメージできていなかったことに起因していたと思う。また、受験生の間は与えられる事実は真実であり、実体法と訴訟法の横断的な思考は必ずしも要求されていないのに対し、実務では真実は明らかではなく事実は証拠によって認定しなければならない流動的なものであり、実体法と訴訟法双方を意識した思考、検討が要求されているなど、受験勉強と実務で行われていることの性格の違いも大きかったように思う。

2　司法修習への取組み

(1)　司法修習で意識したこと

　以上のとおり、司法修習開始当時の私は1年後に実務家になるにしては相当未熟であり、そのこと自体は私自身も認識していた。他方で、修習開始当時には就職先がまだ決まっておらず、昨今の報道などで知る限り就職状況も年々厳しくなっていたことから、当時は1年後にいわゆる即独をしなければならないかもしれないと考えていた。

　それゆえ、1年後に即独することとなっても何とかできるよう、①司法修習へは主体的かつ積極的に取り組むこと、②修習外においても法律、周辺分野についてできるだけ学習するようにすること、③人との交流を大切にすることを意識して修習へと取り組んだ。

(2)　司法修習への主体的かつ積極的な取組み

　司法修習への主体的かつ積極的な取組みとして意識したことは、自分の疑問や意見など感じたことは率直に指導担当の裁判官や検察官、弁護士に伝えることである。

　司法修習中は、指導担当の裁判官、検察官、弁護士が、さまざまな場面で、その時々の質問をしてくださることが多く、これをきっかけとして調べ、考えることによって自分の理解は格段に深まったと感じている。また、自分の理解が深まってくれば、面前で行われた行為の意味を把握できるようになる

とともに、把握できたことによって現実の活動や運用について疑問をもつに至ることも多くなっていた。

　この疑問や意見を率直にぶつけてやりとりをする中で、検討過程において欠落していた視点に気づき、あるいは、より深みのある批判的な考察ができるようになるなど自分の理解は非常に深まったと考えている。

　疑問や意見をぶつける際には、適切な時期に質問をすることと、単に正解を求めるのではなく、自分なりの調査、検討の結果を踏まえたうえで自分なりの見解をもって臨むということを心がけた。後者は、1年後には自分がその場その場で直面した問題について、その場で考え一定の判断を下さなければならない以上、単に正解を求めるのではなく、その場で考え判断できる能力が必要と考えていたためである。

　裁判官、検察官、弁護士とのやりとりを通じて強く感じたことは、適正な判断を下すために日々自己研鑽を重ねている方々ばかりであるということ、また、個々の場面において常に基本の原理、原則に立ち返り自らの頭で検討しているということである。ここであらためて基本の大切さと自分の頭で考えることの重要性を強く感じたことが司法修習を通じて印象に残っている。

　また、裁判官、検察官、弁護士とのやりとりの際には、考える素材として一定の文献が示唆されることも多い。最近では、文献も大量に存在するため、問題点にぶつかった時に何を参照すればよいかに迷うことも多かった。そのため、示唆された文献は基本的かつ重要なものであり、今後も参照する文献を考える際の有益な指針として役立つものが多いと考え、メモしたものも多い。

　以上の意味で裁判官、検察官、弁護士とのやりとりは、私のリーガルリサーチ能力を向上するうえでも有益だったと考えている。

(3) 司法修習外における学習

　司法修習において自ら調査、検討し、その結果について裁判官、検察官、弁護士と意見交流することの重要性は、前述のとおりであるが、個々の場面において問題点に気づき、あるいは、疑問や意見をもつ前提として自分の法律学や実務、社会に対する知識、経験を深めていくことも重要であると思う。

それゆえ、日々の学習を疎かにすることなく、自分自身の研鑽を重ねることも心がけた。

　1つ目は、各実務修習中に当該修習に対応するいわゆる白表紙(しらびょうし)に目を通すことである。各白表紙は、司法研修所の各教官室が修習を通じて身に付けてほしいと考えている基本的な知識や実務のあり方、考え方が示されているものであると思う。それゆえ、実務修習に臨むにあたっては各白表紙に示されていることを頭に入れておく必要があると考えた。そして、白表紙に従い、実務修習において事件や手続の検討、起案などを行い、疑問に感じた部分などについては再び白表紙に戻るということを繰り返した。特に、受験生の間は学ぶ機会の少ない事実認定の基本を学ぶうえでは、白表紙は極めて有用だったと思う。

　このことは集合修習に向けて、ひいてはいわゆる二回試験との関係でも極めて有益だったと思っている。なぜなら、記録の構成や事実認定の考え方の基本などをある程度身に付けて集合修習を迎えることができ、また選択修習となってからは集合修習で学んだことを踏まえて事件を検討することができたからである。

　もっとも、集合修習までにすべての白表紙に目を通して読み込むことができたわけではなく、二回試験を終えた現在でも読み込みや検討が不十分なものも少なくない。各白表紙に目を通して検討できていたならば、より実りある司法修習になったのではないかと思うとともに、これから実務に出ていくにあたってもう一度十分な検討を行う必要があると考えている。

　2つ目は、実務修習中にふれる事件は必ずしも今までに学んだ法分野のものに限られるわけではないので、今まで全く学んでいない法分野についても基本的なことを学習することである。

　私の場合は、弁護修習中には労働者の未払賃金請求事件、配偶者からの暴力の防止及び被害者の保護に関する法律に基づく保護命令事件を、また民事裁判修習は交通集中部への配属だったため交通事故に関する事件が多かったとともに、破産法上の否認権訴訟なども検討させてもらう機会があった。

　これらを機会として、各関係法規を学ぶ機会を得るとともに、新たな法律

について一から学ぶ大変さと事件処理にあたっての重要性を強く感じた。もっとも、これらの学習は事件検討のための前提として部分的にしか学ぶことができず、必ずしも体系的な学習をするには至らなかった。そのため、今後も研鑽を重ねる必要性が強い部分であると感じている。

3つ目は、法律以外の分野の学習である。裁判の対象が社会生活上の紛争である以上、社会の仕組みなどについても知らなければ事件の実態をつかむことはできないと考えたため、これらの学習を意識的に行うようにした。

私は電車で修習に通っていたため、基本的に、通勤時間は法律と無関係の本を読むことにあてた。本のジャンルは、小説から新書までさまざまであり、その時々に自分が関心をもっているものに関して読めばよいと思う。修習開始までは読書の習慣がなかったのであるが、通勤時間を読書にあてることで読書の習慣がつき、これは法曹として今後活動していくうえで非常に有益だったと考えている。

本来であれば、これに加えて新聞を読む習慣も取り入れるべきであったと感じているが、この点は携帯電話でのニュース検索程度にとどまってしまっているので今後改めていきたい。

　(4) 人との交流

法曹は、法曹三者いずれをみても人を相手にする仕事であることから、今後活動していくうえでコミュニケーション能力は重要であるし、前述のように、先輩法曹から学ぶことも多い。また、司法修習の同期との関係も、今後法曹として活動していくうえで公私ともに重要であると思う。そのような思いから、修習関係の集まりや同期での集まりは可能な限り参加して、タテ、ヨコの良好な関係をつくるよう心がけた。

以上のような集まりでは、たいていお酒の席となることが多いが、その席では楽しい話ばかりではなく、先輩法曹や同期の率直な意見、考え方を知ることができることも多く、非常に勉強になることが多かったと思っている。

3 その他実務修習
(1) 広がる交流

　以上のような意識で実務修習の期間を過ごしたことを通じて、私自身は修習生としても一社会人としても成長できたのではないかと考えている。
　司法修習が進むにつれて修習生同士の交流も深まり、また京都法曹サッカー部の活動や弁護士会の活動、各種弁護団などを通じ弁護士の方との交流も広がり、充実した修習生活を送ることができた。

(2) 弁護修習

　弁護修習では民事事件にふれることが多かったが、裁判修習とは違った視点で事件や手続を検討することができた。
　自分の主張を基礎づけるための証拠収集をどのように行うか、あるいは、証拠収集の手続としてはどのようなものがあるかという視点は、当事者の主張、証拠に基づき判断を下す裁判修習では考えることの乏しかった視点であり、極めて有益であった。また、弁護修習中の起案は、証拠関係に照らして自分の主張上弱い部分をどのように主張していくか、あるいは、手続の進行状況に応じて何をどこまで主張するかなどを検討する必要があり、裁判官と弁護士の立場の違いを感じるとともにそれぞれの難しさを実感した。
　法律相談などでは、弁護士は、当事者と最も近い立場で、当事者の思いを実現するため尽力する。あらためて、その仕事の魅力を感じたものである。当事者の負担を避けて裁判所を介さずに紛争を解決できること、紛争解決以外も職務内容として広げていけることも魅力的だった。紛争解決の中で弁護士がいかなる手続、方法を最良と考え選択するかの視点も、非常に勉強になった。

(3) 民事裁判修習

　民事裁判修習では、弁護修習で学んだことを踏まえ、当事者の主張や証拠提出の意図をも意識して事件、手続を検討することができ、それゆえに訴訟指揮や争点整理のあり方も批判的に検討できたことが大きかったと思う。
　配属された部の裁判官は、問題に直面した場合には基本的なところに立ち返って検討し、また、修習生の前でもざっくばらんに意見交流をするととも

に、私たちにも意見を求めてくれた。いっしょに検討する中で、問題に対する検討の視点のもち方や検討の方法、考え方などを学ぶことができ、大変参考になった。

(4) 検察修習

検察修習は、実務家に最も近い形での修習であり、事件の配てんを受け、記録の検討を行ったうえ被疑者その他関係者の取調べを行い、決裁を受けて終局処分を下すことになる。

取調べを通じて感じたことは、検察庁が市民の生活とは遠いところにあり、また任意であるとはいえ取調べは権力性の強いものであることから、多くの被疑者は素直に取調べに応じてくれるということである。それは、自分の背後に存在する公権力の大きさゆえであり、この点を錯覚しないよう常に留意することが必要であると感じた。検察官が自分たちの活動の権力性を自覚し、常にその点を意識して注意深く活動していることは印象的であった。

また、取調べにおいて法律要件を常に念頭におき、その立証のため必要なことを聞き出していくことは大変難しく、よい勉強になったと考えている。

III 法曹としての進路選択

これまでに述べてきた修習生活を通じて、これから進むべき道として私は、裁判官と弁護士とを悩んだ結果、裁判官としての進路を選択することとした。

1 司法修習開始当時の志望

私は、高校生の頃にテレビドラマでみた弁護士に漠然と憧れ、法曹をめざし、大学、そして法科大学院へと進学した。

裁判官という進路は、法科大学院時代にお世話になった教員の中に裁判官経験者がいたこともあり関心が全くなかったわけではない。ただ、物静かそうな裁判官のイメージと裁判官の仕事が自分からは遠く漠然としていたことから、実際はほとんど考えていなかった。また、私の場合には学歴も、司法試験の成績もよいとはいえないこともあり、裁判官を志望しても実際には無

理だろうと考えていた。

　以上のような理由から当初の志望調査においては、弁護士の欄と裁判官の欄にチェックをしていたものの、実際には弁護士以外の進路はあまり考えていなかった。裁判官欄へのチェックは、自ら進路選択の幅をあえて狭めるようなことはしたくないという思い、また、裁判官の欄にチェックしていると熱心に面倒をみてもらえるらしいとの噂を聞いて司法修習を実りあるものにしたいとの思いからにすぎなかった。

2　弁護士か、裁判官か
(1)　刑事裁判修習にて

　実際には裁判官という進路を考えていなかったものの、刑事裁判修習を通じて裁判官に興味をもち、裁判官という進路も意識するようになった。

　その理由の1つは、司法修習前に抱いていた裁判官のイメージと実際の裁判官のギャップである。裁判官には物静かな人が多いというイメージをもっていたが、実際には個性豊かで話も面白い方が多かった。特に、合議事件での意見交流のあり方も司法修習の期に関係なく、各自が自分の意見をぶつけ合って議論しており、その自由な雰囲気や様子は魅力的に感じた。

　また、修習生指導担当の右陪席の裁判官は、非常に指導熱心な方で、夜遅くまで修習生の指導につきあってくださり、証拠や事実の見方、手続の運用に対する考え方などの多くの点で学ぶことも多かった。

　左陪席の裁判官は、とても明るい方で日々とても楽しそうに仕事をしているのが印象的であり、修習生に対しても優しく接してくれ、日々楽しい修習を送らせてもらった。私は、民事裁判修習においても、この方にお世話になることになるのだが、年齢も修習の期も近かったために、この方の仕事ぶりは数年後の自分のめざすべき姿として強く印象に残り、いっしょに仕事をしたいと思うようになった。

　もう1つの理由は、裁判官という仕事の魅力である。訴訟において最終的な決断を下すのは裁判官である。その判断は事件の当事者の人生を左右しかねない責任の重いものであるものの、当事者の主張と証拠を基礎として事件

の当事者にとって最良の結果は何かと頭を悩ませ、責任をもって最終的な判断を下すことは、まさに目の前の事件や人と最後まで真摯に向き合うもので非常に魅力的に感じた。

　修習開始までに感じていた弁護士の魅力は、目の前の依頼者の利益のために尽力できるところにあると考えていたところ、前述のような裁判官の仕事は、私が考える弁護士の魅力と通じるものがあった。

　このように裁判官という進路を意識し始めた一方で、この頃は学歴や司法試験の成績などが裁判官任官のうえで影響するものと考えていたため、聞かれれば裁判官も考えているとは答えるものの、声を大にして裁判官も考えているとはいえない状態であった。

(2) 弁護修習、民事裁判修習、検察修習

　弁護修習を通じて依頼者と近い距離で依頼者のために活動できる弁護士にも魅力を感じながら、民事裁判修習に入り、中立公正な立場で最終的な判断を下す裁判官の魅力もあらためて強く感じた。また、この頃になると、事務所経営のために自分の信念に反する事件でも行う必要がある弁護士に対し、裁判官であれば立場上経済的な不安をもたずに自分の考えを貫けることについても魅力を強く感じるようになっていた。

　さらに、民事裁判修習で配属された部の裁判官は、皆、明るく活動的な方が多く、多くのことを教えてもらいながらも楽しく修習を行うことができた。裁判所は、私にとって大変魅力的な職場となっていた。

　そして、裁判官の進路については、民事裁判教官から、集合修習での頑張り次第で可能性があるとの言葉をもらった。そのため、民事裁判修習以降は、裁判官の進路も現実的なものとして意識し始め、弁護士と裁判官のどちらを選択するか決めかねていた。この頃は、残りの修習期間で自分の適性なども考えながら、どちらも選択可能な状況となるように修習、就職活動を頑張ろうという思いであった。

(3) 裁判官への進路選択

　以上のように、裁判官と弁護士の間で進路を迷いながら、法律事務所の内定も実務修習中にもらい、集合修習に臨むこととなった。

裁判官志望者は、集合修習中の各起案において、おおよそ上位3分の1に入ることを要求される。修習期間を通じ、集合修習中は一番プレッシャーが大きかった時期であった。

　また、この頃になると裁判官という進路が現実味を帯びてきて、裁判官になって自分は何をしたいのだろうかということを考え始めるようになる。というのも、それまでは裁判官になれるか否かという疑念が大きかったため、裁判官となった後の自分をそれまでの修習であまり意識できていなかった。そのため、集合修習はプレッシャーと進路選択に対する悩みが大きくつらい時期だった。

　進路を最終的に決定するにあたって最も大きかったことは、事件に対する最終決定権は裁判所にあり、救済の必要性が高い人を最終的に救済できるのは裁判官なのではないかと思うに至ったことだった。弁護士が依頼者に一番近い距離で活動できることは大きな魅力ではあるものの、この点については、中立公正な判断権者という制約の中でも、適切な訴訟指揮を通じて当事者に十分な主張をさせることで、可能な限り当事者に近い立場で活動することができるのではないかと考えた。

　以上のような理由で、私は裁判官を進路選択することを決め、裁判官採用願の出願をした。

Ⅳ　最後に

　平成22年12月24日、最高裁判所から、徳島地方裁判所判事補に内定した旨の電報が届いた。

　民事弁護教官は、最終講義において、人が何かを実現するうえで重要なことのうち、50％はめざすことであり、30％はそのために努力することであり、残りの20％は運であるとおっしゃっていた。私自身も、そのとおりだと思っている。

　私の出身大学から法曹をめざす人は少数であり、出身法科大学院でも裁判官を考えている人は聞いたことがない。私自身も裁判官は当初無理だろうと

考えていた。しかし、裁判官も視野に入れて修習に取り組むと決めたこと、そのための努力をしたことは、結果として報われている。

　思い返せば、集合修習中は寮生活であったことから、起床後に1時間程度その日の予習などをして修習に向かい、その日の修習終了後も6時間程度は勉強するという生活だった。起案の出来が悪く落ち込んでいる際には、教官や他の修習生、実務修習地の裁判官、弁護士など多くの方から励ましの言葉をいただき、おかげで集合修習を乗り切ることができたと感謝している。

　法科大学院進学を考えている人には自ら視野を狭めず、法曹になりたいかを基準に考えてほしいと思う。また、司法試験受験を考えている人は法曹をめざすと決めたのであるから、そのための努力を諦めないでほしい。日々の学習に努めるのではなく、日々の学習を好み、楽しんでいただければ、道は開けると思う。

vol 10 奮闘した就職活動
―― 厳しさ増す就職戦線を報告

徳田聖也（とくだまさや）（63期）

略歴：平成18年同志社大学文学部卒。同年立命館大学法科大学院（未修）入学。平成21年同修了。同年司法修習生。平成22年12月弁護士。
新司法試験受験：平成21年（合格）

I　はじめに

　私は、弁護士を志望し法科大学院（未修者コース）を経て司法試験を受験したため、もちろん法律事務所への就職を希望していた。しかし、本格的に就職活動を始めたのは多くの司法修習生と同様に修習開始直後であったにもかかわらず、就職が決まったのは、司法修習考試（いわゆる二回試験）の2週間前であった。

　司法修習生の中でも、就職活動に苦戦したほうであると思うが、私に限らず周囲の修習生の状況からも、法律事務所への就職については世間でいわれているとおり厳しくなっていることは確かである。

　就職活動で苦戦しながら多くの事務所訪問および面接を経験したが、面接の場で「これをすれば次の面接によばれるもしくは採用が決まる」といったテクニックはあまりないように思った。少なくとも、私は1年近くの就職活

動の中でみつけることはできなかった。結局は、自分と相性の合う事務所に出会うまで地道に就職活動に取り組むしかないと思う。

したがって、以下に述べる私の体験談は、今から就職活動を始める人や、合格後の就職について不安を抱いている人にとって、法律事務所の内定をとるための技術的なアドバイスとはならないであろう。

ただ、就職活動を振り返ってみると、私は苦労した分だけさまざまな人とのつながりができた。それは何にも代えがたい自分の財産になったのではないかと感じている。そのような就職活動に奮闘した姿を知ってもらうことによって、何かの参考になれば幸いである。

II 司法試験終了後から司法修習開始まで

法科大学院在籍時から先輩の話や講演会を通じて、現実として司法修習生の就職活動の状況が年々厳しくなっていることは知っていた。ただ、話には聞いていてもその実感がなく、漠然と就職活動も頑張らなければならないなあと考えているだけで何か積極的に行動することはなかった。

周囲にあわせて毎年夏に行われている法律事務所のサマークラークに参加もしたが、この時点では、まだ本格的に就職活動を始めなければならないという意識は低かった。

法科大学院でいく人かの弁護士の先生と知り合い、懇意にしていただいていたが、就職活動について積極的にアドバイスを求めるなどの相談をすることもしなかった。

今から振り返ってみると、この司法修習開始までの時間で就職活動について何の危機感ももたず漠然と過ごしていたことは失敗であったと思う。この時期の関西地方は東京と異なり法律事務所の求人は多くないため、実際の事務所訪問などの就職活動は困難ではある。しかし、どんな時期であっても自分がどのような弁護士像を抱いているのかを明確にし、懇意にしていただいていた弁護士から就職についてのアドバイスを積極的に聞くことは十分可能である。自分の周りに就職についてのアドバイスをもらえる人がいるならば、

早い時期から相談に乗ってもらうことが必要であると思う。

結局、私は、司法試験合格後も司法修習開始までは、明確な就職活動は行わなかった。

III 実務修習

1 開始直後

(1) 地域限定の失敗

現在の制度では、11月末から実務修習が開始する。その頃、私は大阪での就職を希望していた。懇意にしていただいていた先生が大阪で働いておられたことと、司法修習で大阪に配属されたため多くの知り合いができることから、今後の仕事にもつながるのではないかと考えたためである。つまり、強い動機があったわけではなかったが、なぜか私は大阪へのこだわりをもってしまっていた。しかし、このこだわりから、大阪以外の地域での就職活動をほとんど行わず、自分自身の視野を狭めてしまった。

(2) 事務所訪問の軽視

大阪では、12月頃から本格的に法律事務所による募集が始まる。私は、12月中旬に、大阪弁護士会主催の合同就職説明会に参加した。

この合同説明会には、多くの法律事務所がブースを設け、またブースを設けていない事務所であっても会場で配布される資料に求人を出していた。それにもかかわらず、私は自分の中でこだわりをもち、自分には合わないであろうと考えた事務所には応募すらしなかった。これは、就職活動の厳しさを肌で感じ切れていなかったゆえの、就職活動初期における大きな失敗であったと思う。

もっとも、弁護士を志望する司法修習生にとって、自分の理想とする弁護士像をもちその弁護士像に合った事務所を志望することは大切である。こだわりをもって就職活動をすること自体は、失敗ではないだろう。

しかし、私の失敗は、事務所訪問もしないまま、配布資料に記載された1ページほどの情報をみただけで、自分に合うか合わないかを判断してしまっ

たことにある。1年間で多くの事務所訪問を経験した感想からすれば、実際に事務所訪問をしてみないとその事務所の雰囲気はなかなかつかめない。事務所のホームページをみて、自分とは合わないかもしれないと思っても、実際に訪問をしてその事務所の弁護士と話をすると当初の印象が全く変わったりもする。当然、その逆のパターンもある。

　こだわりをもって就職活動をすることも大切であるが、はじめから範囲を絞ってしまうのではなく、多くの事務所を訪問できるように活動することが必要であると思う。

2　実務修習中盤

(1)　焦り

　4月に入り、周囲の修習生の就職も決まり出す。同時期の62期修習生に比べ、63期の就職状況は厳しいといわれており、私自身、就職活動についての手応えが感じられず焦り、就職活動に対する意識が変わり始めた。そして、これまでの就職活動について真剣にみつめ直すようになった。

　私は、事務所訪問や面接では、周りの修習生に合わせて当たり障りのない回答を選んでいたように思う。しかし、それでは、当然、自分をアピールできない。そこで、面接等でも自分が本当に思っていることを話し、その自分を評価してもらえる事務所を探すことに決めた。このことは当たり前のことではあるが、多数の事務所訪問を繰り返す中で、どのような答え方をすれば次の面接によんでもらえるかということにとらわれすぎ、自分を見失っていたと思う。

(2)　知合いの弁護士に相談

　ようやくこの時期に、法科大学院時代から懇意にしていただいていた弁護士に本格的に相談した。私の状況を正直に話し、自分自身の焦りやこれまでの就職活動についての反省点を聞いてもらった。そしてこれからの就職活動について具体的なアドバイスを求め、かつ事務所の紹介をお願いした。

　すでに63期修習生もだいぶ就職が決まった時期であり、相談するタイミングはずいぶん遅かったと思う。しかし、ようやく必死になった私に対し親身

に相談に乗ってくださり、ツテを使っていくつかの事務所を紹介していただいた。採用には至らなかったものの、紹介による公募ではない事務所訪問を通じて多くの弁護士と知り合い、個別にさまざまなアドバイスをもらうことができた。

　特に印象に残った就職活動についてのアドバイスは、多くの事務所を訪問し、ありのままの自分を出して話をしたほうがよいということであった。ありのままであったほうが採用する側としても評価しやすいし、また素の自分を評価してくれない事務所に入所しても、弁護士という仕事を好きになれない可能性が高く事務所にとっても弁護士にとっても不幸なことであるとのことであった。

　このアドバイスは、私が就職活動について考えていたことと一致し、自分の就職活動の方向性は間違っていないということを確認できた。

　また、この時期に同期の修習生に弁護士を紹介してもらうことも増えた。必ずしも新規の採用を考えていない事務所であっても、積極的に事務所訪問をさせてもらいさまざまな弁護士と知り合うことができた。

　この時期は、さまざまなルートから多くの弁護士との出会いがあった。そして就職についてのアドバイスに限らず、弁護士としての仕事の取組みについての心構えなど貴重な話を聞くことができた。

　今から振り返れば、この経験は私にとって非常に貴重な経験となった。修習を通じても、多くの弁護士と個人的に話をさせてもらう機会はなかなか恵まれない。就職活動で苦戦する中、周囲の厚意により多くの方を紹介してもらい、取り扱っている分野や価値観の異なる弁護士の話を聞くことができたことは私の今後の弁護士人生にとって貴重な経験となるだろう。

3　実務修習終盤

　初夏に入り、周囲の修習生の就職は、ほぼ決まり始める。私自身の就職活動については、司法修習中盤で意識を変えたことが影響してか、3次面接や最終面接に残るようにはなっていた。しかし、内定をもらうまでには至らず、焦りは継続していた。

8月から始まる司法研修所での集合修習までには決めたいという気持ちが強かったため、こだわっていた大阪だけではなく他の地域での就職活動を始めた。しかし、実務修習も終盤に入ったこの時期には、ほかの地域での募集は終わっており、採用枠自体がかなり減っていた。このとき、自分が大阪にこだわり出遅れたことを実感した。

　7月末になると大阪での公募はほとんどなくなった。この頃から即独の可能性を考え始める。同時に、就職活動をすることに疲れてしまい、活動を中断した。しかし、この時期も弁護修習先の先生や、修習中に出会い懇意にしていただいた弁護士からも励ましの声やアドバイスをいただいた。そのような励ましもあり、もう一度自分の就職活動について真剣にみつめ直した。

　そして、すでに就職の決まった同期の話などを参考にしながら、最終面接に残ってもなぜ、内定をもらえないのか、原因を探ってみた。しかし、今まであげてきた失敗以外に明確に何が悪くて、何がよいのかということは出てこなかった。当然ではあるが、ある事務所ではよかったような話でも、別の事務所になれば特に魅力的な話ではなかったということは多い。つまり、何かをすれば内定をもらえるというようなことはなく、自分なりの弁護士像をもち、地道に事務所訪問をして、自分を受け入れてくれるところを探すしかないと考えた。

　結局、集合修習までに就職が決まることはなかったが、この時期もさまざまな人からアドバイスを受けることができたことは精神的な支えにもなった。

IV 集合修習

　8月から埼玉県和光市の司法研修所で集合修習が始まり、寮生活となった。これまでの就職活動疲れと集合修習では勉強に集中したいということもあり、あまり就職活動は行わなかったものの、良い時間を過ごせたと思う。

　また、司法研修所では、大阪での修習の班がバラバラになったクラスで授業を受けるため、今まで交流のなかった修習生とも話す機会が増えた。そのため、すでに就職の決まった同期からアドバイスをもらったり、まだ決まっ

ていない修習生と情報交換をしたりできるのでとても貴重な機会になった。

V 選択型修習中の就職活動

　和光から大阪へ戻ると二回試験および修習終了が目前に迫り、修習終了までに就職が決まらないということが現実味を帯び、即独の道を本格的に考え始めるようになった。

　しかし、模擬裁判の履修中に、尋問の指導担当の先生から事件に沿った具体的なアドバイスを受けて、私を含めた周囲の修習生の尋問が短時間で上達していく姿を目の当たりにし、経験豊富な先輩からのアドバイスの重要性を痛感した。そこで、新人弁護士の時期には、仕事を通じて身近なアドバイスを受けられる環境にある法律事務所への就職を強く志望するようになった。

　そして、模擬裁判プログラム終了後には、修習終了までに事務所への就職が決まらない場合であっても、とりあえず自宅等で弁護士登録をして就職活動を続けることを決めた。

VI 就職内定

　選択修習も中盤にさしかかった頃、大阪修習で同じ班に所属していた同期の修習生から修習先の事務所が、公募ではないが採用募集をしているという話があった。そこで、その修習生に事務所を紹介してもらい、面接を受けた。

　面接の際は、以前に自分が考えたこと、また事務所訪問を通じていただいたアドバイスを思い出し、ありのままの自分で話をした。

　面接先の事務所は、偶然私が法科大学院時代から懇意にしていただいていた弁護士と関係が深く、また、弁護修習先の事務所の先生も懇意にされていた。そして、面接を受けたことを伝えると、それぞれの先生が、面接を受けた事務所に連絡をとってくださり、私を推薦してくださった。また、その事務所を紹介してくれた同期の修習生も私のことを推薦してくれたと聞いている。

その1週間後、内定の電話がかかってきた。二回試験が2週間後に迫っていた時期だった。今まで1年近くの就職活動で苦戦してきたことから、1度の面接かつ1週間という短期間で決まったことにとても驚いたが、「決まるときは急にあっさり決まるものなのだなあ」と思ったことを覚えている。

就職先の内定が出るまでの過程を振り返ってみると、私が就職活動に苦戦していることを知っていた同期の修習生に事務所を紹介してもらい、法科大学院時代からお世話になっていた先生や修習先の先生に推薦していただいたことがかなり大きな部分を占めている。つまり、法科大学院から司法修習にかけて、私が築くことができた人間関係が決め手となり就職が決まったといえると思う。

VII 就職活動についての総括

1　就職活動とは

以上、私の就職活動の体験を述べてきたが、冒頭で述べたとおり、私は修習生の中でも就職活動について苦労をした。採用申込みをした事務所は約100件、そのうち面接を受けたのは半数の約50件である。とても苦しい時期もあったし、具体的に述べることができないくらい、いく度となく就職活動を中断してしまったこともある。それでも、数多くの事務所訪問や紹介を通じて多くの弁護士と知り合い、かつさまざまなアドバイスをもらうことができた。人とのつながりが重要な世界であるので、そのことは大きな財産となったし、また自分自身を成長させることのできた良い機会になったと思う。

2　就職活動の反省点

就職活動について、技術的なアドバイスはできないが、私自身の就職活動の反省点をあげておきたいと思う。

(1) 事務所訪問の重要性

まずは、初期のうちから対象を絞りすぎないこと。対象とは、就職場所であったり、希望分野であったり、事務所形態など自ら就職をするにあたり検

討するさまざまなことである。

　ただし、それは就職のために自分の理想の弁護士像を捨て、はじめから妥協したほうがいいというわけではない。むしろ、自分の理想の弁護士像が確立されており、譲れない部分があるならば、こだわりをもって就職活動をするべきである。

　しかし、明確な理由も自分で説明できない部分については、はじめから対象を絞らず、広い視野をもって就職活動に臨むべきであろう。あいまいな部分までも対象を絞ってしまい、事務所訪問の機会を逃してしまうことは取り返しのつかない失敗につながるおそれがある。各事務所の雰囲気は実際に訪問してみなければわからないことが多いため、積極的に多くの事務所を訪問されることをおすすめする。

　(2) 人脈の活用

　次の反省点は、紹介してもらえる人脈（いわゆるコネ）があるならば早い段階から紹介してもらうべきである。ある程度就職活動に行き詰まってから頼んだとしても、その時期にはすでに紹介先がなくなってしまっていることも多く、頼まれた側もどうしようもなくなっていることが多い。

　(3) まとめ

　以上に述べた反省点は、一般的にもよく述べられていることであり、就職活動について、情報を集めている修習生や法科大学院生であれば、一度は聞いたことがあると思う。ただ、このように繰り返し述べられるのは、多くの修習生が体験したことであり、参考にしてもらいたい。

　本稿の体験談は、個人の体験に基づくものであり、もちろん、すべての修習生や法科大学院生に参考になるものではない。しかし、一定数の修習生や法科大学院生の就職活動についてのヒントになれば幸いである。

Ⅷ 最後に

　司法修習生の就職状況が厳しいのは現実である。修習が終了に近づいても就職が決まらない修習生は、これからも一定数生じることは間違いない。た

だ、それでも悲観的にならず、腐らずに地道に就職活動を続けるしかないと思う。また、情報収集を怠らないことも大切である。

　私は就職活動で苦戦する中、その過程で培ったさまざまな人とのつながりが大きな財産となった。最終的には自分が希望するとおり法律事務所への就職という形となったが、人脈をつくることができれば、即独等いかなる形にも対応できると思う。

　「人とのつながり」とは、さまざまな場面でよく使われる言葉であり、また多くの弁護士と話していても業務を行ううえで大切であると聞かされる機会も多い。そして私自身も就職活動を通してそれを実感することができた。

　就職活動初期から内定が出るまでの間、採用募集の最大の情報源となったのは、同期の修習生や先輩弁護士からの紹介であった。また、自分の就職活動について見直すきっかけをつくってくれたのも同期の修習生の体験談や叱咤であった。何度も中断した就職活動について再開することができたのも先輩弁護士や同期の修習生の励ましがあったからである。そして実際に内定が決まったことも、事務所を同期の修習生に紹介してもらい、今までに懇意にしていた弁護士に推薦していただいたことが大きな要因となっている。

　つまり、情報入手のツールとしても、就職活動中の精神的な支えとしても、実際に内定が決まったきっかけもすべて「人とのつながり」が大きな役割を果たしているといえる。

　しかし、実際の就職活動中には人とのつながりをあまり意識することはなかったし、就職活動に役立てるためだけに人とのつながりをつくろうと思っても、良い縁ができるとも思えない。就職活動に役立つからということだけを考えるのではなく、さまざまな意見や見識にふれることができると考えて、普段からいろいろな集まりやイベントに顔を出されることをおすすめしたい。そのようにして築きあげた縁が、何らかの形で就職活動に役立つこともきっとあると思う。

　以上の私の体験が、修習生の就職活動の一助となり、充実した修習生活を送ることに役立てることを祈っている。

山形修習から東京の法律事務所へ

水野　祐（みずのたすく）（62期）

略歴：平成16年慶応義塾大学法学部卒。平成17年神戸大学法科大学院（既修）入学。平成19年同修了。平成20年司法修習生。平成21年12月弁護士。
新司法試験受験：平成19年、20年（合格）

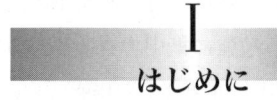

I　はじめに

　私は、平成20年に新司法試験に合格し、1年間の山形修習を終えた後、東京の法律事務所に就職して、弁護士（新62期）として活動している。
　司法試験に合格してから早2年が経過しており、試験の細かいしくみ等も移ろっていると考えられるため、試験対策のような細かい話はできない。
　そこで、本稿では、法科大学院を卒業してから新司法試験を2回受験した経験を踏まえ、法科大学院での過ごし方、1回目の試験の失敗、2回目の試験までの過ごし方等について、感じたことを書きたい。また、山形という小規模庁での司法修習、就職活動、弁護士として1年間実務に携わって感じたことその他についても、法科大学院での教育について私なりの見解を述べたい。

II 法科大学院での過ごし方

1 神戸大学法科大学院への入学

　私は、平成16年3月に大学を卒業する前後から、ようやく司法試験の勉強に本腰を入れ始めた。旧司法試験には2回挑戦したが、短答式試験がとにかく苦手で、受験した2回とも短答式試験で落ちた。私は、環境を全面的に変えて勉強したいと考え、父、そして祖父の故郷である神戸にある神戸大学の法科大学院に行くことにした。神戸大学の法科大学院を選択した理由は、法科大学院教育に力を入れていたことや、私が将来的に専門にしたいと考えていた知的財産法の単位数が多かったこともあった。

　当時の神戸大学法科大学院の2期生には、極めて有能で、かつ、非常に面白い人々が集まっていて、この神戸での2年間、勉強面においても、それ以外においても、本当に充実した時間を送ることができたと思っている。

　今振り返ってみて、神戸大学法科大学院の教育面でよかった点は、先生との距離が非常に近いこと、才能と熱意を有する若手の先生方が多いこと、少人数教育がなされていたこと、勉強に集中できる環境があったこと（神戸大学は六甲山の山奥の、いわば俗世間と隔離された場所にある）、等があげられる。

2 法科大学院を卒業し、新司法試験を受験することの意味

　私が法科大学院を受験した頃は、新司法試験の制度もまだできたてホヤホヤで、法科大学院を卒業し、新司法試験を受験することにまだまだ根強い抵抗感が司法試験受験界にはあった。

　それでも、私が新たな制度のもとで法曹となることを選択したのは、当時から重要なことは試験に合格することではなく、法曹となって何をやれるのか、という意識があったからである。そして、新たな法曹養成制度を選択し、従来の旧司法試験ではない新しいしくみで受験することによって、新しい知見を有した柔軟な思考ができる法曹になりたいとの思いがより強まったように思う。

そのような思いから、神戸での2年間においても、勉強だけでなく、さまざまな課外活動を行った。たとえば、京都大学前にある西部講堂で毎年行われる音楽フェスティバルのボランティア・スタッフとして企画・運営にかかわることや、友人を集めて自主上映会を開催する等、勉強の合間をぬって大阪、京都まで足繁く通ったものである。

私は、もともと音楽、映画、写真などのサブカルチャーやアートが大好きで、学生時代からそのような活動にかかわってきた中で、知的財産法を専門とする弁護士になりたいと考えるようになった。法科大学院に入学し、そのような活動を停止することなく、より拡大していく形で、勉学と両立させることで、より新しい法曹像がみえてくるのではないかと考えたわけである。

Ⅲ 新司法試験

1　1回目の新司法試験は不合格

私は、新司法試験を2回受験した。

法科大学院を卒業した翌々月に受験した1回目の新司法試験は、論文式試験が終わった瞬間、「まあ、大丈夫だろう」と思ったほど手応えは悪くなかったのだが、短答式試験の点数が非常に悪くて、あと10点届かず不合格となった。

不合格の通知は実家の横浜で受け取った。正直、合格しているだろうと思っていた私にとって、この通知は非常にショックで、もう法曹になることをやめようと思ったくらいだった。

しかし、法科大学院でお世話になった先生方の励ましで、翻意することができた。このとき、いただいた暖かい言葉のいくつかは、今でも時折反すうするほど、私の血肉となっている。

2　2回目の新司法試験までのつらい1年間

翻意してから、2回目の新司法試験までの日々は、本当につらい期間だった。大学卒業後の勉強は、親に迷惑をかけず、自分の費用と責任でやること

を約束していた私は、法科大学院に通う奨学金の借金を抱えていて、貯金なども皆無だったため、新司法試験1カ月前の3月までは、競技場での夜警のアルバイトと並行しながら勉強した。精神的にも限界にきており、2回目の新司法試験が自分にとって最後だと自分に言い聞かせて、必死に勉強した。

幸い、出身大学が東京にあったこともあり、いっしょに勉強をする仲間は東京にもいた。神戸大学の法科大学院の同期で、同じく1回目の新司法試験に失敗してしまった友人や、当時東京大学の法科大学院の3年生だった友人などと自主ゼミを組んで、モチベーションの維持や試験に関する最新情報も逃がさないよう努めた。

私は、母校の大学の司法研究室という場所に机を借りて、毎日そこで勉強しながら、友人と週1、2回ほど論文式試験の答案を時間を計ってその場で書き、それを添削し合うというゼミを行っていた。

自主ゼミについては、時間がとられるという点でデメリットも大きいが、モチベーションの維持や自分のレベルを知る装置として、私にとっては非常に重要なものだった。

ただ、自主ゼミを組む際に注意しなければならないのは、自分より優秀な人間をメンバーとすること、そして終了時間を決めておくことであると思っている。自分より優秀な人間とゼミを組まなければ、単なる時間の無駄になってしまう。また、自主ゼミは添削する時間など、ついつい時間をかけてしまうものなので、終了時間を決めておくことはメリハリをつける意味でも非常に重要である。私は、1回目の受験で無意味なゼミを繰り返していたことを反省し、ようやくこのことを悟った。

3　自分の弱点に向き合う

2回目の試験で私が最も意識したことは、自分の弱点に向き合うということだった。私は1回目の新司法試験においても、論文式試験自体の成績は、どちらかというと良い結果が出ていたので、弱点が短答式試験にあることは明白だった。自分の弱点が短答式試験にあるという点は以前から認識していたが、今から振り返ると、1回目の新司法試験を受験して不合格になるまで

は、そのことに本気で向き合えていなかったと思う。ただ、不得意の原因を自分の勉強量が不足しているだけだと決めつけ、勉強さえすれば点数は上がってくるものだと考えていた。

しかし、2回目の新司法試験の勉強を始めて、勉強量を増やしていっても、短答式模試の点数は一向に上がってこなかった。これに動揺した私は、ようやく自分の弱点に向き合った。向き合わざるを得なかった。恥をしのんで、友人で短答式が得意な合格者に、勉強法や問題の解き方等を細かい点まで聞いて回った。ある友人には、実際にいっしょに過去問を解いてもらい、なぜその選択肢を切ったのか、なぜその選択肢を正解として選んだのか、そのときどういう知識を使ったのか、ということをそれこそ一日中つき合ってもらい聞いたこともあった。すると、不思議なことに、知識自体にはそんなに差がないことがわかった。違いは、知識の量ではなく、知識の使い方や知識の精度や覚え方、それを正解に至るプロセスに反映していないことであることが次第にわかってきた。これが私にとって、自分の弱点と初めて向き合えた瞬間であり、ブレイクスルーの瞬間だった。

2回目の新司法試験は合格した。論文式試験より短答式試験の順位のほうが断然よかった。

IV 山形での司法修習

1 小規模庁での司法修習のメリット

修習地は、第6希望の山形だった。日本でも有数の小規模庁である山形修習の同期は12人であった。

修習同期が12人だと、裁判所修習では民事・刑事3人ずつ、検察修習では6人、弁護修習では1人が、裁判所、検察庁、法律事務所にそれぞれ配属され、非常に濃密な修習が行われることになる。裁判官、検察官、弁護士との距離も近く、昔ながらの司法修習の雰囲気を残す修習地といえると思う。

私の唯一の取り柄は、いつのときも仲間に恵まれるということであると思っているが、山形でも本当に良い仲間に恵まれた。修習同期が12人しかいな

いと非常に仲がよくなる。12人全員が非山形出身者であったから、全員が近距離に下宿しており、修習後に自主勉強会を行う際にも、夕食を食べる際にも、いつもいっしょに動いていた。司法研修所での集合修習においても、クラスの中で山形修習だけが圧倒的に仲がよく、他の修習地の人間にそのことを揶揄されたくらいであった。

　裁判官、検察官、弁護士との距離が近く、濃密な司法修習が経験できることと、修習同期とのつながりの強さは、小規模修習地の最大の醍醐味であると思う。

　濃密な修習という意味では、検察修習では、大規模庁においては現在では抽選制となっていると聞く検死を、2カ月で2回も見学することができたし、警察署で呼気検査を体験して、どのくらい飲めば飲酒検知されるのかを知ったり、事件の検証で始発前の電車に乗せてもらい、ブレーキ実験を体験させてもらったりもした。

　また、小規模庁の司法修習では、修習生から積極的に提案すれば、実務庁もフレキシブルに対応してくれることがある。これも少人数だからこそなせる技といえる。私も、検察修習では、大規模庁では扱わせてもらえない身柄事件を3件も担当させてもらえたり、裁判修習ではプログラムにない家庭裁判所調査官の特別講義を組んでもらったりしたが、これらはほんの一例にすぎない。民事裁判修習、刑事裁判修習、検察修習、弁護修習と、それぞれ2カ月しか与えられていない現在の修習システムにおいて、この小規模庁における濃密な経験というのは大規模庁の修習では得がたい最大の魅力になっていると思う。

2　小規模庁での司法修習のデメリット

　逆に、小規模庁での司法修習のデメリットとしては、就職活動の困難さ、二回試験の情報不足・対策不足があげられる。

　特に、小規模庁での司法修習の最大のデメリットは、就職活動における問題であろう。大都市圏においては、弁護士数の増加に伴い、弁護士の就職難が盛んにいわれている。就職活動といっても、地方での就職を希望する場合

には問題は少ない。問題は、大都市圏での就職を希望した場合である。

　たとえば、東京で就職活動をする場合、東京の法律事務所は平日の夜に面接等を行うことが多いので（休日まで面接していられないので当たり前の話であるが）、修習していた裁判所や検察庁や法律事務所を昼までで早退し、そこから新幹線に飛び乗る。金曜日なら夜は都内に宿泊する等ゆっくりできるのだが、平日の夜の場合には東京で面接を受けた後、あるいは面接後その事務所の先生方と食事に行った後、そのままその日の山形行きの夜行バスに飛び乗る。そして、翌早朝に山形に到着し、そのまま修習先に登庁する。結果として、私自身がそのように往復した回数は少なかったが、それを繰り返している山形修習の同期をみて、やりきれない感情を抱いたものである。

　このように小規模庁と東京の往復は、時間的な損失も大きいが、金銭的にもまた大きな負担となる。これが給与制から貸与制に変わった場合には、さらにその負担は大きなものとしてのしかかってくるはずである。ある法律事務所のパートナー弁護士は、地方修習の人はそもそも書類審査で落とすといっていた。理由は、「わざわざ交通費を払ってきてもらったにもかかわらず、落とすのは忍びない」からだそうである。確かに、１つの誠意あるやり方とはいえるが、このように小規模庁での司法修習には、大都市圏での就職活動において有形無形のデメリットを負うことになる。

　また、単に距離的な不利益だけではない。弁護士になる場合の就職活動として、実務修習先にそのまま内定するということや、その実務修習先の先生に紹介してもらうということはよくあることであるが、地方の小規模庁での修習ではそのようなことも期待できない。大都市圏で修習を行っている者と比較して歴然とした差がある。

　弁護士数の増加により就職活動が過熱化する中で、このような就職活動での圧倒的デメリットがあっては、小規模庁を希望する修習生も少なくなることは極めて自然なことである。弁護士数の増加は、小規模庁があるような地方においても、法的サービスを行き届かせるという理念・目的のもとに政策として行われているが、このような就職活動の現実がある中では、そのような理念・目的も絵に描いた餅になってしまうのではないか。

3 弁護修習での衝撃

弁護修習では、佐藤欣哉先生という素晴らしい先生にお世話になった。この先生のもとで修習できたことは、修習生活において最も幸運なことだった。

欣哉先生（山形の人は敬愛の情をもってこうよぶ）は、極めて明晰な頭脳と比類ない情熱をもった人権派の弁護士で、市民オンブズマン等の活動も積極的に行っていて、山形では裁判所や検察庁からも一目おかれている存在だった。

欣哉先生の事務所は、所属弁護士は3人。それでも所属弁護士数では山形最大の事務所の1つである。欣哉先生は、弁護士業に全人生を傾ける一方で、簡素清貧を貫いており、私は「こんな弁護士が本当にいるんだ」と文字どおり衝撃を受けた。弱い者を助け、強い者を挫く。映画や本で見知っていた「弁護士」という職業のイメージから一歩もはみ出ることなく、それをはるかに上回る人物だった。

私が弁護修習で行ったことは、毎日、欣哉先生といっしょに過ごすことであった。山形市内の本庁以外にも、日本海側の鶴岡支部、内陸の米沢支部、そして仙台の地方裁判所や高等裁判所でも裁判があり、欣哉先生の車であっちこっちについて回った。欣哉先生のご自宅に集合して、朝御飯をご馳走になってから、そのまま2人で裁判所へ、なんていうことも一度や二度ではなかった。

起案も積極的にやらせてもらったが、欣哉先生も「起案なんて弁護士なってからいくらでもできる。修習生の間は弁護士がどういう生活をして、どういう考え方をするのかを近くでみて感じるのが一番大切だ」という考え方をもっていた。その言葉のとおり、弁護士のイメージとして、一番私の脳裏に焼き付いているのは、欣哉先生のイメージそのものである。私は、弁護士としても、人間としても、今後の人生において、すべての基礎となる資質を、欣哉先生から学んだと感じている。

4 山形での課外活動

私は、山形での修習中においても、積極的に課外活動を行った。

山形には、映画愛好家には世界的にも有名な「山形国際ドキュメンタリー映画祭」があった。この映画祭には２年に１回、世界中から良質なドキュメンタリー映画が集まる。私は、平日のアフター５や休日を使って、映画祭の事務局やそのメンバーたちと交流し、地元の映画館の協力を得て、映画上映会を開催する等した。私が山形にいた年は、ちょうどこの２年に１回のドキュメンタリー映画祭が開催される年であり、その準備などで多くの方と交流できたことは貴重な体験となった。

修習期間が、２年から１年半へ、１年半から１年へと短縮され、現在の修習はかつての司法修習のようにのんびりした雰囲気はない。しかし、それでも実務についてからのことを考えれば、やはり圧倒的に時間に余裕がある１年ではあるわけで、この修習期間はやはり法律以外のさまざまな見聞を広めることに使うべきである。

V 就 職

1 専門性の高い法律事務所へ

前述のとおり、私は、将来的には著作権を専門にしたいと考えていたので、就職活動の際も、専門性が極めて高いいわゆるブティック系の法律事務所の門を叩いた。その法律事務所は、エンターテイメント界では有名な先生の事務所で、私は法科大学院入学当時からその事務所に入りたいと考えていた。そのため、就職難が叫ばれる昨今の状況にもかかわらず、当初その事務所にしか就職活動をしなかった。私はその事務所に行きたい熱意だけはあったので、何とか最終選考の２人まで残ることができたが、最終的にはその事務所への就職は叶わなかった。

2 スペシャリストかジェネラリストか

就職活動をする際、専門性の高い法律事務所に就職するのか、専門性は高くはないが幅広い分野を取り扱う法律事務所に就職するのかについては非常に迷った。

私の場合、ただ「著作権を専門にしたい」という思いだけがまず先にあったので、前述のように専門性の高い法律事務所をまず選択したわけだが、その希望が叶わなかったことによって、自分が就職する法律事務所としてどのような事務所が適切なのか、という点について考える機会を得た。
　そうしてたどり着いた結論としては、私は「著作権を専門にしたい」のではなく、音楽、映画などのエンターテイメント、アート業界に寄与したいということだった。そのような業界における企業や人たちは、何も著作権の問題だけを抱えているわけではなく、労務問題もあれば、離婚問題もあれば、相続問題も生じる。しかも、そのような業界は、中小規模の企業や個人で事業をやっている人が多い。もちろん最終的には専門性を磨くことは必要になってくるが、ひとまず労務、離婚、相続等、弁護士の仕事として必要な取扱分野については、しっかり経験を積んでおく必要がある。そのことに遅まきながらようやく気づき、私は弁護士として最初の経験を積む法律事務所としては、専門性の高い法律事務所ではなく、取扱分野が幅広い事務所で、いわばジェネラリストにまずはなろうと決意した。

3　検察官任官の誘い

　私は、第1希望の法律事務所からお断りの連絡を受けた直後くらいに、実務修習を行った検察庁から検察官任官の誘いを受けた。私は、前述の弁護士像しか描いてこなかったところがあったので、そこに断られて自分の法曹像の再考を迫られていた。ちょうどそんな時期に、検察官任官への誘いを受け、気持ちが揺れた。検察庁での実務修習において、その一端にふれた検察官の仕事の面白さも、そのことを助長した。
　悩んだが、実務庁で私を推薦してくれていた検察官の方にそのことを素直に吐露すると、弁護士の就職も継続してやってみて決めればよいという言葉をいただいたので、そうすることにした。

4　内定

　そのような状況の中で、東京で修習していた友人から、新人を募集してい

る法律事務所があるという話を聞き、訪問することにした。

　法科大学院の成績書や新司法試験の成績などを持参したが、その事務所のパートナー弁護士は、私の成績等に一切興味をみせず、趣味としていた映画、音楽や読書について、どんなものが好きなのか、その作品のどんなところが好きなのか、等について聞いたり、私がやっているNPO活動等に質問が集中した。

　そのパートナー弁護士は、面接の場で「弁護士の仕事は、突きつめれば人間関係をどう形成していくかということである。人とのつながり、人間関係を何よりも重視し、弁護士としてある前に、まず1人の人間として魅力的でなければならない」ということを真面目に言う人であった。そして、それは私の考えに合致するところであった。最終的には、ボスの人柄に魅かれ、その事務所に就職することを決めた。

　就職活動は、結局は「縁」であるとはよくいわれることであるが、私もそのことを強く実感した次第である。

VI 弁護士1年目を終えて

1　事務所の特徴

　就職した武藤綜合法律事務所は、東京の日比谷・有楽町にある、弁護士10人程度の中規模の事務所である。

　事務所は、企業法務を中心に、行政事件もあれば、相続、離婚、交通事故等の一般民事まで多様な分野の事件を扱っている。顧問会社も、中小企業が圧倒的に多いが、一部上場企業も数社あり、分野も多岐にわたる。専門性は高くないが、オールラウンドな事務所であり、まさしく私が先に述べた要望に合致する事務所であった。

2　弁護士1年目の仕事内容

　事務所では、新人弁護士が1人で事件を扱うことは少ないが、比較的に単純な事件は新人にも任せてもらえる。私が弁護士になって1年目の取扱い事

件は、平均して35〜40件程度であったが、そのうち10件程度が自分の裁量に任せられる事件で、それ以外は先輩弁護士かパートナー弁護士と組んで仕事をした。

　１年目の平成22年は、とにかく学ぶべきことだらけで、特に書面作成にはひたすら時間がかかってしまった。先輩弁護士やパートナー弁護士に何回書面を出しても、真っ赤に直されて返ってくる。そのように書面作成に時間がかかるから、どんどん仕事がずれ込み、時間がなくなっていく。結果、睡眠時間を削ったり、土日出勤が多くなったりして、率直にいって本当に大変な１年であった。

　特に、私の場合、事務所に入所後、すぐに所属の９年目の女性弁護士が産休に入り、その先輩弁護士の仕事を引き継ぐことになり、１年の前半は何が何だかわからず濁流にのみ込まれたかのごとき体験であった。１年目の弁護士も、長年やってきた弁護士も、事件という同じ土俵に上がれば、同じだけのクオリティを求められるという厳しさを思い知った。

　一方で、弁護士業は、日々同じ仕事はない。ドラマチックであるし、知的好奇心を満たしてくれるし、これ以上充実感を覚えることができる面白い職業（というと語弊があるかもしれないが）もないと感じた。９年目の弁護士からの引継ぎについても、これは自分を成長させる絶好の機会だと感じ、積極的に取り組んだつもりである。

3　NPO活動

　私は、本業以外にも、アーティストやクリエイターを支援する"Arts and Law"というNPOや、著作権をより柔軟に解するライセンス体系を提唱する"Creative Commons Japan（CCJP）"という２つのNPOの活動も行っている。

　Arts and Lawは、お金はないけれども面白いことをやろうとしているアーティスト、クリエイターや、クリエイティブな企業に対し、法的観点からの情報提供を無料で行う。また、行政や企業主催のイベントにおいて、芸術関連法の講義等も行っている。アメリカには、同じようなサービスを行って

いる VLA（Volunteer Lawyers for the Arts）という団体が存在し、登録している弁護士は1700人を超えている。一方で、Arts and Law は、所属弁護士が現時点で4人しかいない。アートマーケットの規模が違うとはいえ、日本におけるアートの社会的基盤の脆弱さを物語っていると私は思っている。

　もう1つの所属NPOであるCreative Commons Japan は、アメリカのローレンス・レッシグ教授が提唱したクリエイティブ・コモンズという概念を日本において普及させる活動をしている。クリエイティブ・コモンズは、情報化社会において、著作権という情報独占権をより柔軟に運用するために、簡易なライセンスのしくみを提供することによって、情報の流通を促進し、多様で豊かな文化を構築することを志向している。

　これらのNPOでの活動を、私は弁護士としてのプロボノ活動の1つと位置づけている。また、本業では経験できない仕事を経験することができ、自分の幅を広げてくれる場所でもある。私は、今後もライフワークの一環としてこれらの活動を継続していきたいと考えている。

4　実務について思うこと

　実務についてみて思うことは、合格が遅れることは決してデメリットだけではないということである。むしろ、デメリットを上回るだけのメリットがあるかもしれないとまで感じている。

　そのようなことをいっている先輩弁護士の話をみたり聞いたりしたことはあったが、正直なところ半信半疑だった。そして、本当にデメリットを上回るメリットがあるか否かはわからないのだが、「そのように思えること」のほうがより重要だと考えている。

　私は、社会人経験もなく、27歳で司法試験に合格した。これは全体としてみれば、平均的なのかもしれないが、私自身の感覚としては遅い合格だったように感じている。自分自身の感覚として、非常に苦しんで合格した人間だという認識をもっている。そして、そのことについて、実務につくまで負い目のようなものを感じていたことがあった。

　しかし、実務についてみて、その認識は一変した。それは苦しい時代に得

た友人や人間関係のかけがえのなさに思い至ったからである。

　弁護士が増えて、「仕事がない、仕事がない」と言っている弁護士もいるが、私に限っていえば、おかげさまで１年目から事務所以外の個人事件の依頼もたくさんいただいた。それが、不思議なことに、苦労した時代に培った人間関係からの仕事が多い。ここは、強調しておきたい点であるが、逆境から這い上がった人間というものには、その逆境を強みに変えるチャンスと強さがある。苦労した時期を知っている周りの人たちは、弁護士になった後もずっと応援してくれる。

　私なりに工夫して人脈づくりや（言葉は悪いが）営業活動もしている。NPO活動も、それ自体は完全にボランティアではあるが、その人間関係から仕事につながったこともある。私の感覚では、「仕事がない」という言葉の真意は、「以前と同じやり方では仕事がこない」ということだと思う。やり方次第では、弁護士の需要はまだまだ存在すると思っている。

　事務所のパートナー弁護士もよくいっていることであるが、弁護士はまず人として魅力がないといけない。まず、人として魅力がないと依頼者がこない。次に、弁護士として十分なスキルがないと依頼者が継続してついてこない。弁護士として必要な能力はこの２つに集約されるのではないかと考えている。

　勉学だけに特化して、人としての魅力を延ばすことを忘れてしまっては、肝心なものを置き忘れている可能性がある。私も、この２つの能力をバランスよく伸ばしていけたらと精進する毎日である。

VII
法科大学院教育について今思うこと

　法科大学院の教育についてはさまざまな問題点が存在し、弊害も多いというのが、法曹界や世論のとらえ方であるし、そのような面があることは否定できないと考えている。

　しかし、法科大学院教育の問題と、法曹人口増加の問題は厳密には別個であるにもかかわらず、法科大学院教育は発足当初から法曹人口増加の目的と

不可分一体に語られてきたため、法科大学院教育自体の評価について語られる機会は多くはないように思われる。現在いわれている問題点の多くは、法科大学院教育の問題点というよりは、法曹人口増加による問題だと感じることも多い。両者を厳密に切り分けて議論すべきではないか。

個人的には、前述のとおり、多様な人材の創出等という法科大学院教育の「理念」には酌むべき点が存在すると考えている。

もっとも、それは私自身がほかならぬ法科大学院教育の薫陶を受けた人間であるということも、多分に影響しているのだろう。

したがって、私自身は法科大学院教育の評価について、とやかくいう立場にない。私自身にとっては、法科大学院教育によって、法律の勉強をより深いレベルで行えたこと、それによって法律の面白さの一端にふれられたこと、そして、かけがえのない恩師や仲間を得たこと等、非常に得るものが多かったということは自信をもっていえる。

私たち法科大学院修了生には、法科大学院教育を受けた者として、従来の制度のもとで法曹になった諸先輩方にはできなかった、よりイノベーティブな仕事ができることを、私たち自身の仕事をもって証明していくしかないし、その責務があると思う。

法科大学院教育の賛否については、さまざまな議論がなされるべきではあるが、その評価については、そのような将来に語られるべきことである。

転校生、生まれ故郷長崎で弁護士になる

今井一成（いまいかずなり）（62期）

略歴：平成15年慶応義塾大学法学部卒。平成17年青山学院大学法科大学院（未修）入学。平成20年同修了。同年司法修習生。平成21年12月弁護士。
新司法試験受験：平成20年（合格）

I 地方就職を決めた理由

1 はじめに

　私は、生まれは長崎県であるが、中学校以降は主に埼玉県で過ごし、首都圏の大学、法科大学院に通った。そして、大学時代の同期生は、都内の企業や法律事務所に就職する者が多かったため、法科大学院在学中は、東京での就職を主に考えていた。

　その一方で、司法試験合格者大幅増により弁護士の就職活動が従来よりも厳しくなることは、法科大学院在学中から覚悟していた。特に、私の場合は、旧司法試験時代から多数の合格者を輩出しているいわゆる司法試験名門校の法科大学院に通っていたわけではなかったため、弁護士として自分のやりたい仕事をするためには、就職活動地域は東京に限定しないほうがよいだろうと考えていた。

また、私は、父の仕事の都合で小学校までは転校が多く、首都圏での生活に対するこだわりはあまりなかった。そのため、東京以外に就職活動地域を広げることにもあまり迷いはなかったといえる。

2　理由①——東京就職のイメージと現実とのギャップ

(1)　東京での事務所訪問

　司法試験の合格発表から司法修習開始までは、事務所訪問や事務所説明会を実施している事務所は、ほぼ東京都内の事務所に限られていた。その頃は、埼玉県の実家に住んでおり、勉強仲間が合格発表後より本格的に就職活動を始めるのにならって、東京で就職活動を始めた。

　当時、患者側での医療事件や著作権法に興味があり、どちらかの分野を取り扱っている法律事務所を選んで、6カ所ほど事務所訪問をさせてもらった。就職後長く勤務できるかは事務所との相性に比例するところが大きいと聞いていたため、事務所訪問の際には、主に事務所の雰囲気や勤務弁護士の様子をみて回った。そして、事務所訪問をしてみて特に印象、雰囲気がよかった事務所2カ所に個別訪問を申し込んで、個別面接をしてもらった。なお、この時期に東京都内で就職活動をしていた修習予定者としては、(就職活動開始後すぐに内定をもらった者を除けば、)私の訪問した法律事務所の数（6カ所）は少ないほうではないかと思う。

(2)　ビジネス法務の雰囲気

　この時期に就職活動を受け付けていた事務所は、中規模以上の法律事務所が多かったためか、ビジネス法務が業務の中心である事務所が多く、私が訪問した法律事務所も同様であった。もちろん、医療事件だけではなく著作権法関連業務も取り扱っている法律事務所も回ったことも一因とは思うが、東京の法律事務所における業務に占めるビジネス法務の割合は、それ以外の地域に比べて格段に高いと感じた。

　実際に事務所訪問をしてみると、私はビジネス法務の雰囲気になじみにくいように思えた。というのも、訪問させてもらった事務所の多くは、想像していた以上に企業オフィス的な色彩、ビジネス的な色彩が強く感じられたか

らだ。多くの修習予定者はこのような色彩を魅力的に感じるものであろうが、私には今一つ魅力的には映らなかった。そのため、個別訪問と面接を申し込む際は、そのような色彩があまり強くない点も重視した。

(3) やりたい仕事、働きたい事務所の明確化

こうして東京で就職活動を行っていく中で、自分のやりたい仕事や働いてみたいと思う事務所の雰囲気が少しずつ明確になっていった。すなわち、企業オフィス的な雰囲気の法律事務所ではなく、個人事務所的な雰囲気をもつ法律事務所が自分には合っているのではないかと感じるようになった。弁護士として仕事をしていく以上、これからの人生のほとんどの時間を事務所で過ごすことになるところ、仕事内容に加えて、よりストレスを感じずにリラックスして仕事ができる環境も私には重要であった。この点、企業オフィス的な事務所の洗練された雰囲気は、大雑把な性格の私にはなじみにくかった。

もちろん、事務所訪問を行う前から、どんな仕事がしたいか、どのような法律事務所で勤務したいかについては、ある程度イメージをもっていたつもりではあった。しかし、やはり事前のイメージと実際にみて回った印象は、大きく違っていた。さらに、一度事務所訪問しただけでも事前のイメージとの大きなギャップを感じた以上は、実際に弁護士として勤務した場合にはさらに大きなギャップが生じることを容易に想像することができた。

そのため、東京で就職活動をしていた期間の後半は、事務所訪問を申し込む段階から、取扱業務内容だけではなく、その法律事務所の色彩（企業オフィス的、ビジネス的な色彩が強いかどうか）も含めて検討することにした。また、個別訪問や面接についても、同様の観点から検討したうえで申込みをしたため、平均的な修習予定者、修習生と比べて、訪問した法律事務所の件数があまり増えなかったのであろうと思う。

修習開始後は、東京の法律事務所に新たに事務所訪問をすることはしなかった。修習地が大阪であったため、修習前と比べて気軽に事務所訪問をできる環境ではなくなっていたことに加えて、前述のとおり、東京の法律事務所に関しては、事前のイメージと事務所訪問をして感じた実際の印象とのギャップが大きかったことが主な理由である。

3　理由②──医療事件への強い興味

　私は、第1クールが民事裁判修習であり、たまたま医療集中部に配属された。そのため、一般事件だけではなく医療事件も傍聴させてもらい、裁判官から医療事件について話を聞かせてもらうことができた。また、同じく第1クールに、大阪弁護士会主催で、司法修習生向けの医療事件講座が設けられており、患者側代理人、医療機関側代理人双方の弁護士の話を聞く機会に恵まれた。こうした中で、医療事件で要求される医学的知見は一聞しただけでは今の私にはほとんど理解できないことを痛感する一方で、医学の世界には私の知らない世界が大きく広がっていることを知り、弁護士としてその一端にふれてみたいと感じた。このようにして、医療事件の新たな好奇心を刺激してくれる点に魅力を感じ、著作権法以上に患者側での医療事件に興味をもつようになった。

　また、医療事件は、出版社等が集中する東京、大阪等の大都市圏に偏在化する傾向の著作権法事件と異なり、日本全国どこでも発生しうるものである。そのため、弁護士として医療事件を取り扱っていくのであれば、必ずしも東京の法律事務所に就職する必要はない。加えて、地方の法律事務所であれば、自分の肌に合わないと感じた企業オフィス的な色彩、ビジネス的な色彩が弱まるかもしれない。

　こうして、私は、第1クールの後半頃から、ちらほらと地方単位会ごとの就職説明会開催の案内が届き始めたこともあり、東京以外の地方の単位会での就職を、具体的に考えるようになった。

II　地方就職のための活動

1　長崎での就職を考えた理由

　第1クールの前半まで、私は、修習地である大阪から電車で参加できる兵庫県弁護士会の就職説明会を除いて、地方単位会の就職説明会には参加しなかった。できれば自分の知っている土地、自分がお世話になった土地で弁護士をやりたいという気持ちがあったことが一番の理由ではあるが、同時に、

往復航空券等の就職説明会参加費用の問題も大きかった。そのため、地方での就職を考え始めた以降は、まずは生まれ故郷である長崎県弁護士会の就職説明会に参加してみたいと考えていた。

長崎県弁護士会の就職説明会開催の案内が届いたのは、第2クールの後半だったと記憶している。長崎県弁護士会の就職説明会は、土曜日に開催されたため、私は、説明会当日の朝に、新大阪駅から長崎に向かった。

2 就職説明会

就職説明会に参加した司法修習生は20人弱であり、法律事務所は6つ程度であったと記憶している。また、就職説明会に参加していないが書面で募集をしている事務所が、別に3つほどあった。

就職説明会は、最初に長崎県弁護士会の概括的な説明が行われた後、3人1組のグループごとに各法律事務所の個別説明を順番に受けるという形式で行われた。個別説明は、1事務所あたり20〜30分前後であった。

個別説明を聞いた結果、一般民事中心の法律事務所が4つ程度、企業法務中心の法律事務所が2つ程度であったと記憶している。ただ、どの法律事務所も、銀行法務や公害訴訟等の特色がある取扱分野をもつ一方で、取扱分野を限定することなく幅広い業務を取り扱っていた。もちろん、事件数の多寡が大きく影響しているのであろうが、取扱業務分野の専門化、細分化が進んでいた東京の法律事務所との違いを色濃く感じた。

3時間ほど説明会があった後は懇親会があり、そこで就職説明会に参加した修習生の自己紹介があった。自己紹介を聞いた限りでは、就職説明会に参加していた修習生は、約半分が長崎修習の修習生であったと記憶している。懇親会の際に私が話を聞かせてもらった弁護士は、若手、ベテランを問わず、皆親切で親しみをもつことができた。私は、就職活動を行うにあたり事務所の雰囲気を大きく重視していたため、この点は、長崎で就職を決めるにあたり、重要な要素になった。

3　就職説明会後の就職活動

　就職説明会に参加、あるいは書面で募集していた長崎の法律事務所のうち、3つの事務所が医療事件を取り扱っていた。そこで、まずこの3つの事務所に事務所訪問の申込みをし、事務所訪問を行った。

　事務所訪問や面接に関しては、東京と長崎の法律事務所とで、その様子が全く異なるというほどではなかったと思う。ただ、長崎では、私の肌に合わなかった企業オフィス的な色彩、ビジネス的な色彩を強く感じることはなかった。また、山のような履歴書、応募書類が全国から送られてくると聞く東京の法律事務所と異なり、長崎では事務所訪問を受ける事務所側にも修習生の相手をする余裕がある程度あり、その対応はとても親切に感じられた。

4　就職が決まるまでの経緯

　長崎では、医療事件を取り扱っている法律事務所に絞って就職活動をしていたところ、就職説明会に参加していなかったが書面で募集している中にも、医療事件を取り扱っている法律事務所があった。その所在地が長崎の中でも私の生まれ故郷の街であったため、早速事務所訪問を申し込み、業務内容やこれまでの仕事内容等について、さまざまな話を聞かせてもらった。

　しかし、その法律事務所は医療事件を取り扱っているものの医療機関側であったため、患者側で医療事件をやりたいという私の希望には必ずしも沿うものではなかった。通常であれば、この時点でご縁がなくなってしまうのであろうが、幸運なことに、代わりに患者側で医療事件を取り扱っている長崎の法律事務所を紹介してもらうことができた。紹介先の法律事務所は、就職説明会に参加していなかったうえ、書面でも募集をしていなかった。そのため、長崎修習でもなく長崎修習の友人もいない私には、その先生の紹介がなければ、その事務所が新人を募集していることをとうてい知り得なかったと思う。

　このような幸運に恵まれた結果、私は、紹介を受けた現在勤務している法律事務所に就職することができたのである。

5 地方就職のメリット・デメリット

(1) メリット——競争率、独立の可能性、公益活動等

地方の法律事務所は、東京、大阪等の大都市圏と比較した場合、就職活動の競争率は低くなりやすいため、自分のやりたい分野に携わりやすい点はメリットだと思う。私の場合は、医療事件がこれにあたる。自分がやりたい分野が明確に決まっていて、それが大都市圏にしか存在しないような事件でない限り、地方のほうが自分のやりたい分野を取り扱いやすいと思う。

また、将来的に独立したいと考えるのであれば、地方就職のほうが有利なのかもしれない。少なくとも平成22年現在、弁護士会や法テラス主催の市民法律相談の機会を、若手弁護士が先輩弁護士から譲ってもらうことがしばしばある。このように、若手が事件を受任できるように周囲の弁護士が協力してくれる慣習が現在も存在しており、このような慣習は若手が独立する際には大きな助けとなると思う。

加えて、国選事件や委員会活動等、弁護士としての通常業務以外にも興味があるのであれば、後述のとおり、これらについては地方のほうが行いやすいであろう。

(2) デメリット——多額の交通費、非公開募集情報の入手困難性

私は、地方就職のための活動において、大阪から長崎まで、合計4回ほど飛行機または新幹線で往復した。私の場合、祖母宅に泊まることができたため宿泊代はかからなかったが、格安チケットや株主優待券を利用したうえで、往復の交通費が10万円以上は費やしたと思う。就職が決まるまでにもっと多くの費用を費やしている修習生もいるとは思うが、修習地で就職する場合と比較すると、私の就職活動の交通費は多いといえるのではないだろうか。

また、私の場合は、たまたま非公開の募集情報にふれることができ、自分の就職につなげることができたが、通常であれば、地方単位会の非公開の募集情報は、地元の修習生でなければ容易には知り得ないであろう。

その意味で、多額の交通費と非公開募集情報の入手困難性が、都市部修習から地方に就職する際のデメリットといえるのではないか。もっとも、都市部での生活を重視する場合には、そもそも地方で生活することがデメリット

となることは間違いないであろう。

(3) デメリットの対処方法

交通費の点は、格安チケット等を利用して1回あたりの交通費を安くおさえることと、往復する回数をできるだけ少なくするしかないであろう。前者についてはすでに述べたが、後者については週末を利用して複数の事務所を訪問することで往復回数を減らすことができる。事務所側も修習生の金銭的事情は理解してくれているので、事務所訪問、面接の日程調整に際して修習生側の都合も考慮してくれることが多いと思う。少なくとも私の場合はそうであった。

非公開募集情報の点は、その地域の修習生とのパイプをつくることが1つの対処方法であろう。法科大学院の同期生を頼ったり、合同説明会で地元の修習生と連絡先を交換する等して、積極的に行動してほしい。また、事務所訪問等の際に自分の希望を明確に伝えることも、1つの方法となりうる。小規模単位会の弁護士は、委員会活動等を通じて、他の弁護士の近況をよく知っており、募集情報についても同様である。そのため、修習生の希望を聞いたうえで、自分の事務所では難しくても他の事務所でなら合うのではないかと思えば、その事務所を紹介してもらえる可能性もある。もっとも、これを過度に期待することはおすすめできないが、私が実際にこのような過程で就職していることからも明らかなようにあり得ない話というわけでもない。ただし、長崎県で就職した私の同期の弁護士は、その約8割が合同説明会で募集情報を公開していた事務所に就職しており、非公開の事務所への就職自体は、決して多いわけではない。

III 地方就職を選んで

1 勤務形態

(1) 長崎における一般的な勤務形態

長崎では、ほとんどの新人弁護士は、大都市圏と同様に、勤務弁護士として法律事務所に所属しており、毎月定額の給与を受け取っている。金額面に

ついても、長崎の新人弁護士の給与は、全国の平均水準と大きくは異ならないと思う。

(2) 私の勤務形態

これに対して、私が現在勤務する法律事務所は、複数の弁護士が在籍しており、事務所形態としては経費共同タイプの法律事務所である。そのため、基本的には個々の弁護士が独立して弁護士業務を行っており、いわゆる事務所事件という概念が基本的に存在しない。そして、私も勤務弁護士として事務所に雇用されているわけではなく、自分で処理した事件の報酬が収入となる。その意味では、イソ弁よりもノキ弁に近い業務形態といえる。

ただ、私の場合は、共同受任という形式で他の弁護士といっしょに仕事をして一定割合の報酬を得ているうえ、一定年数は最低保証があるため、平均的な新人弁護士の給与水準と同程度の収入は得ていることになる。そして、共同受任させてもらった事件を処理していく中で、さまざまなことを学ばせてもらっている。

また、勤務時間については、大都市圏の法律事務所の新人弁護士よりも自由であるかもしれない。私の場合は、期限間近な起案がない限りは、午後9時か10時過ぎには、仕事を終えて帰宅することが多い。週末についても、よほど仕事がたまっていない限りは、土日のどちらかは休みにしている。

2 取扱業務

(1) 全　般

業務内容に関しては、幅広く行っているというのが適当であろう。もちろん医療事件は常時複数抱えているが、債務整理、建物・土地明渡し、代金・貸金請求、交通事故、建築紛争等の一般民事事件、離婚、遺産分割等の家事事件、被疑者・被告人国選、少年等の刑事事件、行政処分取消し等の行政事件等を1年目は取り扱った。

(2) 医療事件

医療事件については、すべて共同で受任している。5件の相談を受けたうち、2件については、訴訟手続をとる前に和解で決着がつきそうな見込みで

あり、1件は提訴に及んだ。医療事件は、解決のためには多くの医学的知見、知識が必要である点において、私が取り扱っているその他の業務分野とは大きく異なっている。そのため、結論に至るまでの調査に何倍もの時間と労力が要求される一方で、これまでに勉強することがなかった分野であるため、好奇心が刺激されて面白く感じられる業務でもある。しかし、行き詰ってしまうと方向性を完全に見失ってしまうため、協力医には非常に助けられている。また、協力医の助言によって、全くの見込み違いであることに気づかされることも何度もあった。このように、医療事件は、協力医の助力によるところが大きく、助言をもらいながら事件処理を行っている。私自身も、信頼できる協力医をみつけるとともに、医学的知見を少しでも多く身に付けていきたいと考えている。

(3) ビジネス法務

ビジネス法務については、東京の法律事務所と比較した場合、私が取り扱っている業務範囲に占める割合は極端に小さいと思われる。取締役会決議の効力や新株発行について相談を受けた程度で、1年目ではほとんど取り扱う機会はなかった。もっとも、この点については、就職前から予想していたうえ、望んでいた部分でもある。

(4) 刑事事件

刑事事件については、成人の刑事事件が延べ7件、これに少年事件1件を加え、1年目は8件を受けもった。いずれも被疑者国選事件、被告人国選事件、もしくは少年付添援助事件ばかりであり、私選で受けた刑事事件はない。長崎の修習生の同期と比較した場合は少ないほうであるが、大都市圏の新人弁護士に比べれば多いのかもしれない。これについても、就職前から十分に予想していたため、特に驚きはない。

もっとも、刑事事件は、私が取り扱っている民事事件と比較してスケジュールが厳しいうえ、事前の打合せに関しても、警察署、拘置所まで接見に行かなければならないことが多く、依頼者のほうから来所してくれる民事事件よりも不便なことが多い。そのため、事件管理がまだまだ未熟な私の場合、刑事事件を複数抱えると、民事事件を含めた全体的な事件処理のペースが乱

れてしまうこともあった。ただ、個人的見解としては、国選事件は弁護士としての責務だと考えているので、今後も続けていきたいと考えている。

3　委員会活動

　委員会活動については、長崎の新人弁護士は、皆熱心に取り組んでいる。私も、現在、6つの委員会に所属しており、急な仕事が入らない限り、委員会には極力出席するようにしている。委員会は、別の法律事務所の弁護士と知り合うことができる機会であり、委員会を通じて多くの長崎県内の弁護士と知り合うことができた。

　長崎県弁護士会は、私が登録した時点で弁護士総数120人程度の小規模単位会であるため、弁護士同士は顔が見える範囲で日常の業務を行っている。そのため、新人弁護士も、他の弁護士に顔を覚えてもらう必要があるところ、私は長崎修習ではなかったため、特にその必要性が大きかった。その点、委員会には普段から精力的に弁護士業務をこなしている弁護士が多く出席しているため、委員会は他の弁護士に顔を覚えてもらう絶好の機会であるといえる。

　また、委員会として仕事をする際には、他の法律事務所所属の先輩弁護士から仕事の段取り等を学ぶことができ、とても参考になった。たとえば、消費者問題特別委員会の委員として参加したシンポジウムにおいては、シンポジウムの企画、準備や当日の段取り、シンポジウム資料としてのアンケートの作成等について指導を受けながら学ぶことができたし、県知事あてに提出する意見書案を作成した際には、細かに添削を入れてもらうこともあった。また、長崎県弁護士会が外部講師をよんで開催した、裁判員裁判用の法廷弁護技術研修の企画、運営を手伝わせてもらっており、その際にもさまざまな経験をさせてもらった。

　加えて、委員会は、日常業務から離れて別のことを考えることができるという意味で、私にとっては息抜きの場所にもなっている。たとえば、法教育委員会の委員として派遣された中学校での出前講義は、憲法14条を題材に、憲法の基本的な考え方を中学生に講義するという企画であり、中学生の素直

なものの見方、考え方にふれることで、気持ちをリフレッシュすることができた。さらに、委員会後の懇親会等では、別の法律事務所の先輩弁護士から経験談を聞かせてもらったり、事件処理について相談したりすることもあって、とても参考になっている。そのため、時間をとられることにはなるが、今後も委員会活動は積極的に続けていきたいと考えている。

4 同期との関係

　最後に、長崎県で新規登録した同期の修習生は全員で11人であり、人数が少ない分、結束が強いと感じている。長崎修習だった者は3人だけで、基本的に皆修習地がバラバラであるため、ニュートラルな状態でつき合えていることも関係しているのかもしれない。所属が同じ委員会の後にはよくいっしょに食事に行ったりお酒を飲みに行ったりしているし、休日もいっしょに遊びに行くこともある。県内の同期同士のつながりは修習生のそれに近い感じであり、とても仲良くつき合っている。同期たちといっしょに食事をしたりお酒を飲んだりした際には、手持ち事件について相談したり、事件処理について愚痴を言い合ったり、プライベートな相談を聞いてもらったりと、同期の存在にはとても助けられている。

海と子午線の街明石で即独弁護士

戎　卓一（えびすたくいち）（62期）

略歴：平成16年神戸大学法学部卒。平成17年大阪大学法科大学院（未修）入学。平成20年同修了。同年司法修習生。平成21年12月弁護士。

新司法試験受験：平成20年（合格）

I　法科大学院での過ごし方

1　時間は有限

　限られた時間をどう活用するか。これから法科大学院で学ばれる方にまず心得てほしいことである。

　現行の制度では、未修者は1年間で既修者に追いつくことが求められ、既修者もわずか2年で司法試験に臨まなければならない。司法試験は3回まで受験チャンスがあるとはいえ、さまざまな事情を考えれば実質的には一発勝負だという心構えで挑みたい。そして、初受験で「合格レベル」ではなく確実な合格をめざすには、やはり試験までの時間は厳しく限られているといえる。

　他方で、多くの合格者がそのスケジュールの中で合格しているのであるから、必要な時間は与えられており、受験回数を重ねなければ合格できない試

験というわけではない。

　司法試験の科目は選択科目を合わせて8科目あり、それ以外にも法科大学院の授業科目があることから、入学当初は、何から手をつけてよいのかわからない、あるいは、目の前のことで手がいっぱいであると感じる方がいるかもしれない。しかし、貴重な時間を活用していってほしい。

　では、法科大学院での勉強方法を確立するためのポイントを3つに分けて述べていきたい。

2　学習計画

　1つ目は、自分なりの学習計画をもつことである。計画といっても、自分の頭の中で、今月はこれをやるといった程度の目標をもつだけでもかまわない。ただ、授業の予習や課題に追われてそれをこなすだけで終わってしまうのではいけない。短い授業の中だけで法律を学ぶことは不可能である。法律の学習の大半は自主勉強で行われるものであるから、主体性を失ってはいけない。

　授業の予習と復習のどちらを重視するべきかという質問を受けることがあるが、私は予習が9割でよいと考える。基本的には、授業とは知識の確認の場であって、足りない知識を補う場である。予習が不十分であれば貴重な授業の時間も無駄になってしまうので、予習には全力であたってほしい。あえて誤解を恐れずにいえば、復習は授業の中で行ってしまえばよいのである。わかったつもりでいたが、実はわかっていなかったと気づくくらいがちょうどよいと思う。

　残りの時間は、授業と離れて一度学習した科目をもう一度全体を通して学習することを心がけてほしい。司法試験の勉強は、記憶と忘却の繰返しである。法律の勉強は、よく螺旋階段に例えられるように、ぐるぐると全体を通して何度も勉強していくうちに少しずつ見晴らしがよくなっていき、理解が深まっていく性質のものである。したがって、記憶が薄れかかってくる頃合いに、繰り返して1つの科目を通して復習してほしい。最初のうちは、なかなか記憶は定着せずに、まともな答案も書けずに悩むことも多いだろうが、

まずは記憶することよりも、覚えるべきことを知ることで十分だと思う。

3　答案作成

2つ目は、答案作成を意識した勉強方法を確立することである。限られた時間の中で、基本書の隅から隅までをシラミ潰しに覚えるのは不可能である。受験生に求められているのは知識の骨格となる部分であり、骨格さえできれば、その他の部分は自然と身に付いていくものであると思う。したがって、メリハリのある学習が必要であるということになるのだが、初学者にとっては、どこが重要でどこが重要でないかを見分けることは難しい。

そこで、考えてみてほしいのが、答案には何を書かなければならないか、答案を書くためにはどのような知識が必要であるかということである。民法の答案であれば、おおむね、①設問に対する解答となる法律構成、②根拠となる条文、③文言の解釈など要件の整理、④要件に該当する事実の摘示、という形になるだろう。

こうした答案に書くべきことを大きく分けると、当然の前提として書く部分と、争点について自論を書く部分になる。前者には、条文そのものや概念の定義、制度の趣旨、社会通念があたる。後者には、条文の文言の解釈、論点となる要件や効果の問題、設問に対する答えがあたる。後者は、前者から論理的な思考過程を経て導き出されなければならない。前者については、これを正しく「記憶」している必要があり、後者についてはその結論に至る過程を「理解」することが求められる。前者の記憶が曖昧で、後者を記憶に頼って書こうとすると、いわゆる予備校答案とよばれる不自然な答案になるのだろう。

この点、よく話題となるのが判例の扱いである。判例は争点についての1つの見解であって、前者ではなく後者である。判例がこうであるからという理由で結論を導いてはならず、判例がその結論に至った思考過程を答案上に再現することが必要となるのである。両者の違いを意識すれば、法律の勉強も、暗記すべき部分は案外少ないとわかってくるはずである。

4　第三者のチェック

　最後に、3つ目のポイントは、勉強方法が誤っていないか、第三者に答案などをチェックしてもらう機会を設けることである。一番よいのは、合格者や修了生など先輩に頼ることである。

　仲間内で答案をお互いに読むことも効果的である。ただ、この場合に気をつけたいのは、学説などの対立に深入りしないこと、内容の良し悪しの評価には限界があることである。ゼミなどでは、自分の実力よりかなり上の人がいないと、無駄な議論で時間を浪費してしまうことがしばしばある。同級生同士でゼミをする場合には、多くの人間の答案をみる機会を設けることに意義があり、他人に読みやすい答案であるか、論理に飛躍や矛盾のある答案を書いていないかに主眼をおくべきだろう。

5　その他

　ここまで司法試験対策に重点をおいた話になったが、法科大学院の利点の1つは教員らとの距離の近さである。試験科目から離れたことについても好奇心を発揮して、教員らと議論し、刺激を受けることも忘れないでほしい。私の場合、特に実務家教員の授業は、司法修習生になってからもっと真面目に聞いておいたらよかったと後悔することが多かった。学部時代ではなかなか教員らと話す機会もなかったと思うが、法科大学院においては、研究者や実務家と話す機会には恵まれており、この機会を見逃すのはもったいない。

　また、エクスターンシップのある法科大学院も多いと思う。時間的な制約もあって躊躇する方も多いかもしれないが、早い時期に実務にふれることは刺激にもなるし、進路を考える材料にもなる。私自身、2週間のエクスターンシップで学んだことが、現在の実務家としての仕事に大いに役立っていると実感している。

II 司法試験に向けて

1 試験対策開始時期

　具体的に司法試験に向けて対策を始めるのは、3年の夏休み頃でよいだろう。私の場合は、3年前期に単位を取得し、後期のスケジュールに余裕をもたせた。法科大学院ごとの事情は違ってくると思うが、まとまった時間をとれるのはこの頃からであると思う。それまでの基礎的な勉強を経て、各科目について覚えるべきことの整理はついていると思う。ここからは、実際にそれを1つずつ埋めていく時間である。この時点で、答案を書けなかったり、短答式試験の点数が伸びなかったりしても心配することはない。むしろ、ほとんどの受験生がそういう状態だろう。それまでの勉強は、試験までの最後の9カ月間何をすべきかを決めるための準備期間だと思ってよい。

　ただ、1つ忘れてはならないのが、司法試験当日に完璧な答案を書ける必要はないということである。すべての受験生が勉強の途中で司法試験を受けることになるのである。早い時期に上位合格者の答案を確認する等して、この程度のことが書ければよいという到達点を知っておくことも大切だろう。

2 12月まで

　計画を立てるにあたってまず必要なことは、司法試験の前日、試験の1週間前、試験の1カ月前、試験の3カ月前、試験の6カ月前と逆算していき、その時点で自分が何をしているのかを考えることである。自分が1日、1週間、1カ月でできることはどの程度の分量であるかを把握しておきたい。

　たとえば、まとまった勉強には、2カ月ほしいと考えると、司法試験の3カ月前は最後の方向転換のチャンスである。そうだとすれば、この時点を目標にひととおり一応の仕上げをしておきたい。3カ月前に仕上げをするならば8科目を一周するのに3カ月かかると考え、試験の6カ月前には各科目について自分なりのまとめの作業に入る時期ということになる。そう決まったのであればその前の3カ月は苦手な科目の補充を重点的に行うことにすると

いった感じである。

　私の場合は、論文に苦手意識があったので、8月から10月にかけてはとにかく論文の演習を繰り返した。それから徐々に、本試験に向けて短答式演習、論文演習、基本書通読を均等に行うようにシフトした。当初、直前期には短答式を中心に勉強しようと思っていたが、実際にはインプットは控え、上位答案などを読みながら、過去問の検討や出題趣旨や試験委員の採点雑感等などの分析に重点をおいた。結果的に正解であったと思う。

3　1月以降

　法科大学院の授業もひと段落し、まとまった時間がとれるようになると自習が毎日の日課となる。こうなると司法試験までに使うことのできる勉強の時間は決まってくる。

　私の場合は週50時間をノルマとしていた。1日の勉強時間が増えるほどに勉強の効率は落ちてくるので、1日にできる勉強の量には限りがあるといえる。ノルマをこなせれば、それ以上の勉強は効率が悪いので、きっぱりと勉強のことは忘れてしまったほうがいいだろう（ただし、この時間は自分が集中して勉強できている時間を厳密に計ったほうがよい。1日の一番集中力がある時間を勉強に使うようにしたい）。このように計算すれば、司法試験までに使える時間は、具体的な数字として出るので、科目ごとに使える時間も計算できることになる。どの受験生も、そこから大きくはずれて勉強ができるわけではないので、焦ることなく毎日勉強を続けてほしい。大切なのは毎日欠かさずに勉強をするということである。どんなに忙しい日でも、何とか2時間勉強すれば、次の日4時間余分に勉強するよりも効率がよいはずである。

4　司法試験直前期

　司法試験直前期になってがむしゃらに勉強したいと思うのが人情ではあるが、実際、それは難しい。試験が近づくにつれ、自分の勉強方法が正しいのだろうかという迷いが生じるし、焦燥感も生まれてくる。また、直前模試等もあって、体力的にも消耗することになる。したがって、試験が近づくほど

に生活と勉強のリズムを整えていくほうがいいだろう。

　私は特にプレッシャーに弱い性格だからかもしれないが、試験前になれば勉強が手につかなくなる日も出てきた。私の対処法は、自分が過度に落ち込んでいることを自覚して、試験直前であるから勉強しなければいけないと焦るより、試験直前であれば勉強のできない日もあると割り切ることであった。それで不安がなくなることはないが、自分で自分を追い込んで焦燥感から空回りしてしまうよりはずっとよいだろう。

　司法試験では、体力と集中力、記憶力が求められる。こういったものには、睡眠不足や栄養欠如が直接に影響が出る。試験直前期は、無理をせず、心と体の健康に気をつけたい。

III 法曹となって

1　即独

　ここからは、私が法曹となって1年間を過ごし、何を感じたかについて述べていきたい。その前に、まず略歴から自己紹介をさせてもらおう。

　私は、大学は法学部に入学し、若干の休学期間を経て、法科大学院に進学、修了の年に司法試験に合格し、司法修習生を経て、弁護士登録した。そういうわけで、修習生を除いて社会人経験はない。生まれてからほとんどの時間を地元で過ごし、事務所も地元で開業することになった。兵庫県では初の「即独」弁護士ということである（戦前戦後も含めてなのかは興味のあるところだが、残念ながらわからない）。

2　即独を選んだ理由

　では、私が、即独という道を選んだ理由について述べる。

　私が進路について考えることになったのは、司法修習も残すところ3カ月となった9月のことであった。この時点では、希望していた進路の可能性がなくなったのでさてどうしたものだろうかと、漠然と法律事務所への就職を考えており、自分が即独するなどは夢にも思っていなかった。

Ⅲ　法曹となって　　*183*

　きっかけとなったのは、10月の中旬、まだ就職の決まっていない同期修習生らと飲みに行った際に、即独をするという選択肢が話題に上がったことだった。周囲には即独を考えている人間は多かったが、私の素直な感想は自分には即独は無理だろうというものだった。

　しかし、その日から、なぜ即独が無理なのか、その理由についてあれこれ考え始めることになったのである。私が考えた理由は3つあり、①資金がないこと、②収入が確保できないこと、③実際に事件が処理できないことであった。しかし、情報収集を進めていくうちに、その問題はクリアできるのではないかという思いが強くなっていったのである。

　①については案外と簡単に解決できた。借入れをするなら金利の低い公的な制度を利用しようと市や県の貸付制度がないかなどを調べたが、結局、政策金融公庫からの融資にいき着いた。法律事務所は「中小企業」に該当するかなど全くわからないところから始まったが、どうやら必要な資金の融資は受けられそうだった。必要な資金を計算すると月々5万円程度の返済となった。法科大学院時代の奨学金が600万円ほど残っており、合わせると借金は1000万円を超えることになってしまったが、独立に失敗したとしても真面目に働けば返せない額ではないだろうと考えた。事業計画の作成は、弁護士登録後になった。売上げの見込みなどは、弁護士白書や市販の書籍の統計データなどを利用した。

　②についても統計データをもとに検討した。弁護士1人あたりの人口、訴訟件数、破産申立件数などから、いくつかの候補地をあげ、最終的には、勝手をよく知った地元での開業に絞った。修習生時代に、弁護士事務所は、個人事務所が多く、新人の採用にはかなりのハードルがあって、就職が厳しいほどには仕事がないわけではないという話を聞いていたことから、仕事自体はあるだろうと考えていた。ランニング・コストを何度か計算したところ、何とか事務所自体を維持することは可能であるという結論となった。そこから顧客を得られるかどうかは個人の才覚と努力の問題であって、即独に限らず、弁護士であればいずれ突きあたる。そうであれば、とりあえず2年間事務所を維持して見極めてみようという結論に至った。

最後まで悩んだのが③である。何かの確信を得られたわけではないが、先輩から、勤務弁護士であろうと事件というものは自分で調べて処理していくものであると聞き、少なくとも自分で気づく範囲であれば本で調べればよく、他人に聞くことができる点は変わらないと考えた。問題なのは、自分自身全く気づかないことである。その対処としては、とにかく幅広く知識を蓄え、事件については無理をせず、自分にこなせる範囲で受けていくことを心がけることであると考えた。

以上のとおり、即独は無理であるという私の考えは、独立は多少の困難はあるが、試してみる価値のある挑戦であると変化していった。

3　即独の決意

最後の選択修習が終わる頃になると、私は即独する決意を固めていた。その理由は次のようなものである。

まず、合格者が増員された現行制度のもとでは、毎年、即独弁護士が相当数生まれることは必然であって、全員が就職できることをよしとする流れには違和感を感じた。60期頃から翌年の採用を前倒して就職を確保する状況が続いており、それも62期で限界だろうといわれていた。即独を前提とした制度でありながら、即独という選択肢の整備は不十分といわざるを得なかった。今後毎年供給される合格者を受け入れるにはいち早く即独支援を形にする必要があるのではないかと考えた。そして、私個人ができることとして、率先して即独することでノウハウを蓄積し、即独という選択肢を開拓することは非常にやりがいのあることに感じられたのである（前述のように、弁護士事務所の求人と弁護士の需要とは必ずしも一致しておらず、即独弁護士自体の必要性は存在すると思う）。

また、当時、私は30歳で、冒険できる最後の年に思えた。就職はいつでもできるが、即独は人生で1回しかできないのである。前述のように今後相当数の即独弁護士が誕生する可能性が見込まれており、即独の先駆者となるということは、やりがいが感じられることであった（実際、何人か即独を考えている方が事務所に訪れてくれている。当時思っていたほどにはきちんとノウハウ

として蓄積できてはいないが、自分の体験から即独に関する情報を提供できていると思う）。独立というのは、弁護士としての仕事だけでなく、それまで経験したことのない経営者としての仕事をもこなすことである。そう考えると、1歳でも若いうちに独立するほうが、気力・体力の面でも絶対に有利であると考えた。

　最後に、自分が最初に法曹になりたいと思った時の気持ちを思い出し、やりたいことを「いつか」やるのではなく、「今」することも時には必要ではないかと思ったことである。就職活動の努力も大事だと思うが、地域に根を張って少しずつ顧客の信頼を積み重ねていく、そういう努力のほうが楽しそうではないかと、当時の私は考えたのである。

4　即独へ

　気がつけば二回試験も終わり、12月になっていた。この時点では、融資の申込みもしておらず、事務所の場所も決まっていなかったが、弁護士登録は間に合った（修習地は大阪であったので、兵庫県の弁護士会には所縁（ゆかり）はなかった。それにもかかわらず、突然やってきた私のために尽力していただいた兵庫県弁護士会の皆様には、ただ感謝あるのみである）。そうして、司法修習終了の翌日、私はとりあえず自宅を事務所として弁護士になった。

5　即独を始めて

　それからの1年は毎日が新しいことへの挑戦だった。弁護士としても、経営者としても、全くのゼロからのスタートであった。幸いにも、現在では、法律事務所の開業に関する書籍もいくつか出版され、独立開業の顛末を掲載した先輩方のブログなども参考にさせてもらった。ToDoリストは積み重なっていき、融資の申込みから事務所開きまでは2カ月半、しなければならないことは山ほどあった。開業の準備が終わった後も、経理、労務すべて自分がしなければならない。事務員も未経験者であったから、まず自分が勉強して、教えていかなければならなかった。もちろん、それまで個人事業に携わったこともなくすべてが初めての経験だった。将来の開業に備えて学部時代

にかじった簿記が多少役に立ったくらいである。もちろん、これらをこなせたのも友人や先輩方の助力があったおかげであることも間違いない。

　弁護士としての仕事については、法科大学院でのエクスターンシップと司法修習での経験を思い出し、こなしていった部分が大きい。その当時は、自分として何かが身に付いたようには思っていなかったが、記憶の端々に思い出すことがすべて役立った。また、民事裁判修習は、多くの弁護士の書面をみる貴重な機会であって、その時の記憶も貴重な財産である。また、実際に何か質問をする機会は少なかったけれども、法科大学院時代にお世話になった実務家の先輩方がいたことは、精神的な支えになったと思う。

　思い返すと、好奇心からかじっていた知識が何かのときに足がかりになることが多かった。修習生時代は、司法修習の制度の中だけでなく、それ以外の場所でもいろいろな経験を積むことのできるチャンスである。自分はそれほど活発ではなかったけれども、これから修習を迎える方は、いろいろな場所に顔を出したり、多少の無理をいってでもさまざまなことに挑戦してほしい。

　最初の1年を振り返ってみると、2つの側面のうち経営者としての仕事の比重が大きかったように思う。弁護士としての勉強は、他の同期と比べると全くかなわないだろう。2年目は起案等を中心に、法律家としての実力を磨いていきたいと思っている。

6　3カ月目から黒字

　仕事のほうは順調というわけでもないが、3カ月目からは何とか黒字で続けられている。現在、私が受けている仕事は、債務整理、家事事件、交通事故が中心である。家族関係、学校関係の相談も多い。ほとんどが広告を見てこられる新規の顧客で、法律相談は月に15件程度。債務整理以外だと示談交渉が主で訴訟事件となるのは月1件程度である。加えて、国選弁護が月に2〜3件である。それ以外に、自治体の法律相談や弁護士会からの紹介事件がある。事務所から独立する先生は、事前に広告を準備しておき、タイミングを合わせて開業されるようであるが、即独の場合準備期間があまりない。当

初は事務所の看板とホームページが主な広告だったが、タウンページに広告が載ってからは、相談にこられる方も増えたように思う。

　どういった点が評価されているのかを考えると、相談者からは、「相談しやすそうだったから」という理由で事務所を選んでくれていると聞く。やはり、まだ弁護士というのは敷居が高い存在であると思われているのだろう。ホームページ等に顔写真を載せていることがよかったようである。地元密着型の法律事務所をめざすには、相談者に開かれた事務所であることが大切だろう。一般個人の方は、夜間や土日の相談を希望する方も多い。そういったニーズにどこまで応えていくかが今後の課題である。

　自分自身として心がけているのは時間をかけて話を聞くことである。弁護士に対する不満として、話を聞いてもらえなかった、ずっと下を向いて書類を見ていて相談者を見ていなかったといったものが多いと聞いていたことから、その点は特に注意して法律相談にはあたった。弁護士の仕事は、依頼者の重荷を預かり、安心して帰ってもらうことにあると思う。事件を処理することばかりを考えてその点を疎かにしないよう常に注意しているつもりである。

　まだまだ慣れないせいもあって、深夜まで家に帰れないことが多い。将来的には、どんな事件でもこなせるようになりたいところではあるが、今はとりあえず自分のできる範囲で実力を磨いて、少しずつ守備範囲を広げていきたい。事件の処理能力が向上すれば、もう少し時間にも余裕ができるだろうと思っている。

7　1年を振り返って

　1年を振り返って一番苦労したのは破産事件である。破産事件には六法には書いてない決まりごとがいくつもあり、さまざまな日常生活の知識が必要となってくる。最初は十分に時間を割いてあたることが必要だろう。見積もり・下取り等さまざまな業者の協力が必要なこともあるが、インターネットを使えばたいていはどうにかなるものである。

　1年目であれば法律相談等に不安もあると思う。私の場合、対処法として

事前に内容を聞き取り、予習を十分にしておくこと、相談では法的な判断よりも事実を聞くことを中心にすること、判断に自信がないときは回答を保留することを心がけた。実際に法的な判断よりも、依頼者の意思や事実の整理のほうが重要なことが多かったと思う。自治体の法律相談では、債務整理、相続、離婚、交通事故など典型的な事件については事前によく勉強しておくとよい。自信のない対応は相手を不安にするだけなので、とにかく自分にできる範囲で、自信をもって対応するようにしていた。

最後に、即独にあたっては事務員の採用が問題になるかと思う。経験者であれば心強いけれど、大都市でない限り経験者というのはなかなかいないだろう。未経験者を採用する場合、法律用語は特殊なので地道にレクチャーをする必要がある。弁護士が常識的に使っている言葉も事務員がわからないことも多いと思う。事務員に仕事を覚えてもらうにも時間がかかるので、本格的に忙しくなる前から先行投資として採用しておくほうがいい。1人で事務をやっているときから地道にマニュアルづくりをしておくとよいと思う。1人で事務所を開く場合でも、事件の管理や書類の整理などについて事務所のルールづくりをきちんとしておかないと将来的に人が増えた場合に困ることになるだろう。幸い私の事務所には未経験者だが優秀な事務員がきてもらえたので非常に助かっている。

8　これから

最後に、この1年間の感想を総じていえば、充実した1年を過ごせたと思う一方で、弁護士としての実力不足に思い悩んでいるというところである。

しかし、時間をかけて調べれば足りない部分は補えると思う。今できることは時間をかけて丁寧に事件をこなすことだろう。3年後、5年後その結果としてもう少し実力がついていればよいと思うが、どうなるだろうか。

vol 14 課長補佐は、弁護士2年生

―― 大手法律事務所から経済産業省へ出向

田端公美（たばたくみ）（60期）

略歴：平成16年京都大学法学部卒。同年京都大学法科大学院（既修）入学。平成18年同修了。同年司法修習生。平成19年12月弁護士。平成21年4月経済産業省経済産業政策局産業組織課課長補佐。

新司法試験受験：平成18年（合格）

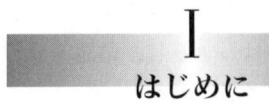

I はじめに

　この原稿を執筆している平成22年の暮れ、私は、経済産業省経済産業政策局産業組織課において、「産業活力の再生及び産業活動の革新に関する特別措置法」の改正案の立案作業や、法制審議会の会社法部会や民法（債権法）部会の議論への対応等に関与している。

　私は、平成18年3月に京都大学法科大学院を修了後、新60期司法修習生を経て、西村あさひ法律事務所に入所した。そして、平成21年4月から、一般職の任期付職員の採用及び給与の特例に関する法律に基づく任期付職員として、前述の経済産業省経済産業政策局産業組織課の課長補佐を務めている。

　法科大学院修了生の進路は多様化している。司法試験および司法修習を経て裁判官、検察官、弁護士という法曹三者に進む者がやはり多数派であるが、弁護士とひと口にいっても、大手事務所と個人事務所では仕事内容が全く異

なるし、企業内弁護士になる人もいる。さらに、法曹三者以外の道もある。私の知っている限りでも、法科大学院修了後にそのまま国家公務員として中央省庁で活躍する人や、大学に残って研究者の道を進む人がいる。

本稿は、法科大学院修了生のうち、大手法律事務所の勤務および中央省庁への出向を経験した１人として、私個人がそのようなキャリアに至った経緯、そこでの体験と感想を率直に綴ろうと思う。読み進めていただければわかるとおり、いきあたりばったりでこのようなキャリアに至ったわけなので、どうすれば就職できるかという方法論を導くことはできない。もっとも、それらの場所で私が実際に体験したことが、これから法科大学院へ進もうと考えている方、現在法科大学院で学んでいる方等で進路を決めかねている方の参考になればと思い、本稿を執筆する次第である。

II 進路の決定に至るまで

1　法科大学院在学中

法科大学院へ進む理由は人によってさまざまであるが、大まかに２種類に分けられるだろう。すなわち、はっきりした進路を意識して法科大学院に進む人と、何となくそうしたという人である。

大手法律事務所に入所する人はだいたい前者である。法科大学院に在学中から、大手法律事務所のパートナー弁護士が実務家教員を務める発展的・先端的な実務科目を積極的に履修し、長期休暇中は、法律事務所が募集する「サマークラーク」とか「サマーアソシエイト」と称される法律事務補助のアルバイトに参加する。これらは、就職活動の前哨戦なのである。

私の在学中はまだ就職問題が現在ほど騒がれておらず、さらに、法科大学院が京都にあり、大手法律事務所の集中する東京と比べて情報が少なかったこともあって、このような行動パターンが確立していたわけではなかった。それでも、一部のクラスメイトは着々とこのような活動を行っていた。また、後に、私は、大手弁護士事務所の採用担当の一員を務めることになったが、そのとき出会った多くの志望者も実際にそうであった。このような活動は、

法律事務所に自分を印象づける機会になることは間違いないし、他の志望者と競争になる以上は、そうするのが得策であろう。

　しかし、私は後者のカテゴリーに属していた。だから、大手法律事務所に入所したことはクラスメイトから意外に思われただろう。私は、弁護士になるというイメージすらもっていなかった。特に秀でたところや興味もなく、ただ、法学部でゼミが楽しく、法律の勉強も嫌いというわけではなかったので、法律関係の仕事ができれば、と何となく思っており、そこにちょうど法科大学院制度が始まったため進学してみた、という感じであった。

　そして、入学後は、とにかく司法試験に合格しなければ、という気持ちで、選択科目も司法試験科目に関係するものを履修し、長期休暇中は自分のペースで勉強したかったため、「サマークラーク」はもちろん、法科大学院の単位となるエクスターンシップも履修しなかった。法科大学院で大手法律事務所のパートナーの講演会があったり、人数調整で他の大手法律事務所のパートナーによる講義を1つだけ受講したりもしたが、あまりにも自分の生活とかけ離れていて興味が湧かなかったうえ、自己アピールに必死なクラスメイトの姿に辟易としただけであった。

　クラスメイトとのおしゃべりで、世の中には「渉外弁護士」という職業があり、都心の小綺麗なオフィスで「M&A」や「ファイナンス」といった横文字の仕事を行い、初年度から高い報酬が約束されている一方、労働は長時間にわたり、パートナー弁護士への昇進争いも激烈である、という情報を教えてもらったが、自分と全く関係のない遠い世界の話にしか思えなかった。

　私には、原理的・理論的な科目について法科大学院でより深めていくことのほうが面白く感じられた。結局、法科大学院在学中に具体的な進路を決めることはできず、とりあえず司法試験合格だけを考えることにした。

2　法科大学院修了後

　司法試験が5月下旬に終了すると、私は実家でぼんやりと過ごしていた。ある日、法科大学院のクラスメイトから、大阪の大手法律事務所が修了生向けのアルバイトをウェブサイト上で公募しているという案内をもらった。

また、法科大学院の実務家教員である裁判官主催の裁判傍聴イベントもあって、そろそろ進路を真剣に考えなければならないと思い始めた。そこで、法律事務所のウェブサイトを片っ端からチェックした。その中で、東京の大手法律事務所は、事務所説明会と個別訪問をすでに募集していることにたまたま気づいたのであった。

　法律に携わる仕事で身を立てていくことだけが目標で、志望は全く固まっていなかったが、「まずは経験から」と思い、事務所説明会・個別訪問にも片っ端から応募しようと、履歴書を書くことにした。

　しかし、志望動機の欄を埋めようにも、各事務所の仕事の内容もよく知らないし、法科大学院で実務的な関心を深めてきたわけではない。ここでどんなに取り繕っても、見抜かれてしまうだろう。そこで、正直に、法科大学院では自分が理論面への関心をもち、これからも深めていきたいこと、理論的な知見は発展的・先端的な案件にも取り組む際に役立つのではないか、ということを記載した。

　今思い返せば、大手法律事務所の志望者の多くが履歴書で実務的な関心をアピールしてくるから、このような履歴書の記載内容が珍しかったのかもしれない。幸い、書類選考にひっかかることができた。個別訪問は、先方から事務所の業務内容の説明を受けた後、こちらから志望動機を説明して、質問をするという形式だった。私は個別訪問でも履歴書に記載したようなことを話した。最初に行った西村あさひ法律事務所は、たまたま論文や書籍を積極的に発表している事務所であったこともあり、私の話を好意的に受け止めてもらえたようだった。そして、幸運にも１回面談しただけで採用のオファーを受け取った。言いたいことを言ったところ、運よく成功したのである。オファーを受けても、じっくり考えるためにさらに事務所訪問を重ねる人もいるようだが、私は棚ぼたであることを自覚していたので、さっさと受諾することにした。

　大手法律事務所の場合、採用内定は９月の司法試験合格発表前に出てしまう。そのため、司法修習中に任官・任検や、他の弁護士事務所に転向する人がいる。私も、いざ内定をもらってみると、噂で聞いた「仕事がきつい」と

いう話に不安が募った。司法修習中に、このままでいいのか悩んだが、だからといってほかに行きたいところがあるわけではない。法科大学院でお世話になった教員にも相談したところ、名の知れた事務所で弁護士のキャリアをスタートすることはさまざまな将来の可能性につながること、大手法律事務所の仕事がきついのは事実であるが、だからこそ若いうちに飛び込むことが必要であり、キャリアの途中からそのような仕事につくのは事実上難しいこと、という話を聞いた。決め手になったのはこの話であった。自分は幼い頃、楽器やバレエを習っていたが、そういった芸ごとは年齢を経てから頑張り始めてももう遅い。大手法律事務所の弁護士という仕事も同じかもしれない。ほかに確たる目標があるのならともかく、ただ単に怖いというだけで挑戦から逃げたのでは、後で後悔するかもしれない、と思い、入所を決めた。

　このような経緯で私は大手法律事務所に入所した。たまたま合格発表前に法律事務所のウェブサイトを見て個別訪問の案内に気づいたことが幸運だった。大手法律事務所の就職活動は、法科大学院在学中から始まって、司法試験の合格発表前には終わってしまう。実力と関係ないところで希望する進路に進めない、という不運なことがないように、早め早めの情報収集と行動に努めてほしい。

Ⅲ 大手法律事務所に勤務して

1　1年生弁護士の生活

(1)　新人研修

　平成19年12月にいわゆる二回試験の発表があり、平成20年の1月から働き始めることになった。最初の1カ月強ほどは、新人研修であった。事務所で取り扱っているさまざまな業務分野について、それぞれを専門とする弁護士による講義が連日行われた。1分野につき1コマ2時間程度が割かれており、内容は、具体的なケースを1つ2つ扱うとか、リサーチするときに参照すべき文献の紹介といったガイダンス的なものであった。1年生弁護士は指導担当のパートナー弁護士のもとで、彼の専門とする分野の仕事を中心にやるこ

とになるのだが、自分の裁量で業務分野を開拓することも自由なので、事務所の業務分野を一覧させるという目的があるのだろう。

　(2)　パートナー弁護士のもとで

　新人研修をこなした後、私は、コーポレートを中心的な業務分野としているパートナー弁護士のチームに加わった。

　初めての案件は買収防衛の相談であった。大手法律事務所のクライアントは、法務部をもつような大企業が多い。そのため、書籍に書かれてあるような基本的な法律事項については社内ですでに整理・解決しており、それでもなおわからないような問題について相談を受ける。

　1年生弁護士も、チームの一員として、クライアントとの会議の末席には一応連なることが許されるが、法律問題だって、大体においてクライアントのほうがはるかに知識において上回っている。法科大学院で私が履修を避けていた金融商品取引法や独占禁止法、法人税法といった先端的な科目が、しかも横断的に問題となるから、太刀打ちできない。さらに法律だけでなく、会計・税務の処理、ビジネス上の配慮からマスコミ対応まで、およそ企業が抱えるありとあらゆる事項が検討対象になるため、最初は話についていき、議事録をとるのも大変であった。

　1年生弁護士は、先輩弁護士が論点を特定してくれたうえでのリサーチを担当するといった配慮がされる。しかし、全く勉強したことのない法律分野では、まず始めにどういう書籍を読めばよいのかということすらよくわからない。そして、クライアントの依頼事項はたいていの場合は書籍に書いていない問題であるため、望むようなリサーチ結果を得られなくて夜を徹するということもしばしばあった。大変であったが、このようなときも法科大学院時代に法律的な物の考え方・立論の仕方を鍛えられていたおかげで、臆することなく自分の意見を述べられたことは自信になった。

　(3)　感　想

　1つひとつの仕事は新鮮であり、クライアントは誰もが知っている有名企業、案件が日本経済新聞を飾る、という日々はとても刺激的であり、大手法律事務所ならではの醍醐味であった。

しかし、法科大学院時代のように法律を先生に体系的に教えてもらうことはもうできない。案件をこなす中で、必要な論点にぶつかるたびに虫食い的に勉強せざるを得ず、深夜であっても電子メールや電話でどんどん仕事が前に進んでいくというスピード感の中で、このままでいいのか、上滑りしているのではないかという不安があった。また、同期の仲間や身近な先輩弁護士が睡眠時間を削って案件数を重ねていっているのをみて、遅れをとっているのではないかと焦った。真似してはみたものの、自分の体力の限界でミスをしたりして、自分のやり方を見失っている状況だった。

ただ、それでも仕事を続けられたのは、日々の不安や悩みを共有できる同期の仲間がいたおかげである。日本最大の事務所だけあって、同期は40人ほどもいた。同期のメーリングリストを作成し、定期的に飲み会を開いて愚痴を言い合ったり、仕事の資料を共有し合ったりするといった形で、同期の仲間の存在は心の支えとなってくれた。事務所内で同期の仲間がたくさんできるという点は、大手法律事務所ならではのメリットだろう。

また、人間が集まって仕事をやる以上、チームでウマが合わないという悩みも生じうる。幸い私に関してはそのようなことはなかったが、同期の1人はそのような問題を他のチームへの移籍で解決していた。これも、大勢の弁護士が所属する大手法律事務所ならではのメリットといえるかもしれない。

2　2年生へ

(1) アソシエイト・レビュー

このように仕事と格闘している中、年に一度のアソシエイト・レビューの季節がやってきた。これはパートナー弁護士との面談で、1年間に関与してきた案件を振り返って、自分の業務処理能力や取組み姿勢に関する自己評価を提出したうえで、各案件に費やした時間のデータ（事務所ではタイムチャージ制をとっているため、各人は案件ごとの業務時間を記録するようになっている）と、いっしょに仕事をしたパートナーからの評価が示され、反省と今後の業務上の目標を立てるというものである。出向や留学の希望等もこの場で確認がある。

パートナー弁護士からは「1年目は順調に頑張ってくれればよいが、2年目、3年目のうちに、自分の専門性を確立するように」という話があった。先輩の弁護士からも、同じような話は聞かされていたので、折にふれて、他の弁護士にないような自分の特色とは何だろうか、と考えていた。そして思い至ったのは、事務所の個別訪問のときに話したこと、すなわち、自分は理論的な話が嫌いではない、ということだった。

そのような話をしたこともあってか、私の指導担当のパートナー弁護士は論文や書籍を発表したり、官庁や各種団体の審議会、研究会でも活躍したりしている人物であった。そして、通常の案件のほかにも、省庁の委託調査や、研究会の準備作業、論文作成といった学術的な仕事にも関与させてもらっていた。弁護士の中にはこういう仕事には全く興味が湧かないという人もいるのだが、私はそのような仕事は気に入っていた。

また、個別訪問のときに、「理論的な関心が強いのであれば、官庁に出向して立法に関与するのもいいだろう」という話を聞いたことを思い出した。そこで、前述の面談の際にも、留学のほかに官庁への出向も経験してみたい、という話をした。ただし、留学を終えた後に出向に行くというケースが多かったため、そのときは「いつかは行きたい」という先の目標のつもりであった。

(2) 中央省庁出向へ

ところが、それから数カ月経ったある日、急に、経済産業省産業政策局産業組織課に2年間の出向の話があるからどうか、という声がかかった。

産業組織課というのは、「企業価値・株主共同の利益の確保又は向上のための買収防衛策に関する指針」（平成17年）、「企業価値の向上及び公正な手続確保のための経営者による企業買収（MBO）に関する報告書」（平成19年）、「近時の諸環境の変化を踏まえた買収防衛策の在り方」（平成20年）といったM&A業界で重要な報告書を公表した企業価値研究会の事務局を務めている（いずれの報告書もインターネット上で公表されているので関心のある方は参照されたい）。また、自分自身の案件としても、海外の組織再編税制の委託調査に関与したことがあった。つまり、産業組織課は、経済産業省内で

M&A関連の制度整備を担当している部署である。弁護士がよく出向する官庁としては、金融庁と法務省が代表的であるが、金融庁の場合は金融商品取引法関連、法務省は弁護士が出向する場合には会社法関連に限定される。経済産業省の産業組織課はそういった法律を所管しているわけではないが、その代わり、法律による縦割りの棲み分けと関係なく、M&A制度全般のあり方について検討することができ、必要に応じて、企業価値研究会の報告書のような形でソフト・ローを形成したり、関係官庁に立法を促したりするのである。

　このような仕事内容に興味がないわけではなかった。しかし、他方で、弁護士になって1年半ほどにすぎず、まだまだ実務経験は足りない状態で行って大丈夫かという不安も当然あった。指導担当のパートナー弁護士に相談したところ、「弁護士業務に直接に関連するような部署への出向の話がいつもあるわけではない。長い目でみれば、若いうちに事務所の外の世界をみて勉強しておくのは有益である」というアドバイスをもらった。悩んだが、しかし、私個人に大事なクライアントがついていて仕事を離れられないといった外的な障害要因があるわけではない。出向すればそれが自分の個性になることは間違いない。そもそもこの事務所に入ったこと自体が流れに身を任せた結果であったのであるから、今回も流れに身を任せてもよいか、と考えた。

　当時、同期で出向したのは私が初めてであった。おそらく事務所全体でも最も期の若い出向になったのではないかと思う。その後、今のところ同じ事務所の同期の仲間のうち2人が金融機関へ出向し、他の事務所からも企業や中央省庁に出向しているようである。少し前までは出向は留学後というのが一般的なイメージだったが、もっと早いうちから出向して経験を積むという流れもできつつあるようである。

IV 経済産業省に出向して

1　いきなり課長補佐

　経済産業省では、いきなり産業組織課の課長補佐ということになった。自

分と同じ年に大学の学部を卒業した人が係長であって、ノン・キャリアであれば出世の最高位が課長補佐というのも一般的であるから、弁護士という資格の威力は恐ろしい。

2　仕事内容

仕事内容は多岐にわたる。

まず、企業買収のルールのあり方の検討ということで、金融庁と産業組織課が事務局を務めていた「英国M&A制度研究会」の報告書の取りまとめ作業に途中から加わった。その後、同研究会は「ヨーロッパM&A制度研究会」に衣替えしたので、これは最初から事務局を務め、最後は報告書を取りまとめた（これらの報告書もインターネット上で公表されているので、関心のある読者の方は、参照されたい）。この研究会は、米国と比べると詳細な研究の少ないヨーロッパの公開買付制度および買収防衛の制度と実態の調査・研究を行ったものである。私はヨーロッパM&A制度研究会の事務局として、委員である研究者の方々がドイツおよびフランスに現地調査を行うのにも同行した。ドイツおよびフランスの現地調査では、現地の公開買付規制の規制当局、研究者、弁護士、証券会社等へのヒアリングを行った。

次に、M&Aの増加に伴ってグループ法人の一体的運営が加速している状況を踏まえ、実態に即した課税を実現するという観点から、グループ法人税制制度創設の要望を行い、財務省・総務省と制度設計に関して折衝を行った。

また、平成21年8月に民主党政権への交代があり、「民主党政策集INDEX2009」の中に「公開会社法の制定」があげられていたことから、会社法改正が予想された。そこで、研究者および弁護士を招いて会社法のあり方についての勉強会を開催した。

平成22年2月には法制審議会に会社法改正が諮問され、産業組織課長が法制審議会の会社法部会の幹事として参加することとなった。そこで、「今後の企業法制の在り方について」と題する意見書をまとめて、法制審議会に提出した。その後も法制審議会の各回のテーマに応じて、各業界からの意見を吸い上げ、課内で検討したうえで、経済産業省意見をまとめるという作業を

行っている。

　そして、この意見書の一部の提案について、経済産業省の所管する産業活力の再生及び産業活動の革新に関する特別措置法における会社法の特例として先取り的に立法すべく、立案作業を現在行っており、日夜内閣法制局や法務省、金融庁等と折衝を行っている。

　その他、法制審議会に民法（債権法）改正も諮問され、産業組織課長が法制審議会の民法（債権法）部会に関係官として参加することになったため、会社法部会の対応と同様、業界の生の声を吸い上げたうえで意見をまとめる作業を行っている。

　また、平成24年度の税制改正要望に向けてのリサーチと証券会社、税専門の弁護士、税理士等の有識者へのヒアリングや企業に対するアンケート調査も行っている。

3　感　想

　経済産業省に出向して感じたのは、弁護士と官僚は制度へのアプローチの仕方が全く違うということである。

　弁護士は、現行制度の枠組みの中で法律の解釈・運用のアドバイスを行う。これに対して、官僚は先に政策的判断があり、そのために現行の制度に不都合な点があれば改正する、という考え方をする。そして、政策的判断の材料にするために、企業の生の声を拾うほかに、経済学やファイナンスの知見を援用することがしばしばある。このため、産業組織課には、現在、弁護士のほか、一般企業、会計士、証券会社から出向者がきている。

　このようなさまざまなバックグラウンドをもった人々といっしょに仕事をすることは新鮮で、法律以外の分野にも視野が広がった。このような経験は、弁護士としてクライアントやフィナンシャル・アドバイザーとコミュニケーションをとる際にも役に立つのではないかと思っている。

　それから、政策的判断をどう実現するか考えるにあたっては、現行制度の考え方を理解することが前提となり、そのうえで、制度の根本的な考え方自体を転換する必要があるのか、技術的な細かい修正で足りるのかを検討しな

ければならない。この作業により、弁護士時代に継ぎ接ぎだった知識を、体系的にとらえ直すことができた。このように、出向によってさまざまな収穫があった。

　なお、経済産業省には、私のような弁護士の出向者が複数いるほかに、法科大学院を修了してすぐにプロパーの職員として入省した人もいる。また、そのような道を考えている法科大学院の在学生のインターンも受け入れている。中央省庁の仕事はひと言でいえば政策を実現するための法律の立案作業であり、法的なバックグラウンドが不可欠であるから、法科大学院で研鑽を積んだ人が活躍できる場の1つである。国家の政策形成過程に関与することに興味がある法科大学院在学生の方は、ぜひチャレンジしてみてほしい。

V おわりに

　私の法科大学院から現在に至るまでの道のりは、流れに身を委ね、結果的にこうなったというものにすぎない。それでも、その流れの基点になったのは、法科大学院で過ごす中で何が自分にとって面白いと感じたか、ということだった。

　また、法科大学院で法律的な物の考え方を鍛えられたことが、弁護士として未知の案件を処理する際や、官僚として新しい制度を考えるときに生きていると思う。そういった意味で、法科大学院で過ごした2年間は私にとってかけがえのないもので、その後の人生を転換させるものであったといえるだろう。

　はっきりした進路を思い描いている法科大学院在学生の方は、その実現に向かって邁進してほしい。まだ具体的な進路を決めかねている方は、本書に収録された他の体験談もぜひ参考にして、自分にとって面白いと感じられるものが何かをつかみ、各人にふさわしいフィールドをみつけてほしい。

vol 15 議員秘書から、オバマ（小浜）の弁護士へ
——ひまわり基金法律事務所

上原千可子（うえはらちかこ）（62期）

略歴：平成17年関西大学法学部卒。同年関西大学法科大学院（既修）入学。平成19年同修了。平成20年司法修習生。平成21年12月弁護士。平成22年5月小浜ひまわり基金法律事務所。

新司法試験受験：平成19年、20年（合格）

I はじめに

　平成23年5月。私は、福井県小浜市の「小浜ひまわり基金法律事務所」に3代目の所長として赴任する。

　小浜市は、アメリカの「オバマ」大統領と読みが同じだということから話題になった町、といえば、思い出されるかもしれない。人口は、約3万人。小鯛の笹漬けと焼き鯖が美味しい漁師町である。

　弁護士は、私1人だけ。小浜を含む若狭地方は、弁護士のいない「弁護士過疎地」である。小浜には、簡易裁判所のみしかなく、一番近い支部は、敦賀市にある福井地方裁判所敦賀支部。車や電車では片道1時間ほどかかる。本庁（福井地方裁判所）ともなれば、車で3時間。確かに、弁護士をするには不便なところかもしれない。ただ、弁護士にとって不便でも、事件が一定数は存在する。若狭地域でたった1つだけでも、弁護士事務所があることの

意味は大きい。

　私が弁護士になって、まだ1年余りで、小浜の地に赴任することとなったのは、不思議な1本の糸に手繰り寄せられたようなものだと思っている。

II 法科大学院進学で意義のあったこと

1　人との出会い

(1)　さまざまな経歴をもった同級生

　私の通った法科大学院は、大阪府吹田市にある関西大学。もともと大学も同大学の出身であったので愛校心があったし、ゼミや大学の授業で学んだ教授が多くいる母校に通いたかったため、受験したのは同法科大学院のみであった。ちょうど法科大学院の制度が始まって2年目。私は、2期既修者として入学した。

　クラスには、さまざまな経験を経て進学した人がいた。化学製品の研究職を辞めて入学した人、10年間司法浪人を続けていた人、ふぐの調理師免許をもっている人、薬剤師、税理士、レントゲン技師……。社会人経験のなかった私は、これまでこんなに多くの社会人経験者とふれ合う機会がなかったし、皆学生に戻った気分で勉学に没頭したり、よく飲みに行ったりもしたので、いろいろな話を聞くことができた。今でも親交のある人も多く、相談に乗ってもらうこともある。法科大学院でのさまざまな人との出会いはとても意義あるものだったと思う。

(2)　友人との出会い

　中でも、私にとっては、弁護士となった現在の指針を決めるのに大きな出会いがあった。

　「彼」（便宜上、以下「K」という）は、もともと高校の教師で、実家のスーパーの倒産をきっかけに、田舎から家族とともに大阪の地にきた人だった。Kは、とても行動力のある人で、法科大学院在学中には、弁護士過疎問題解消の取組みとして、東京の事務所から単身岩手へ行き、活躍されていた田岡直博弁護士に直接会いに行ったり、米国弁護士資格をもった秋沢伸哉教授

（弁護士）を法科大学院に招いたり、政治家のインターンシップに行ったりと何かと精力的に活動していた。

　法科大学院にきたからには、司法試験に合格し法曹になることが目的だと考える教授陣の中には、Kが勉強よりも、課外活動（？）に力を注いでいることを煙たがる教授もいた。しかし、Kは、国の法曹制度を支える法科大学院では、もっと信念だとか夢だとかを語れる法曹の育成が大切だとのことから、ますます精力的に活動していた。

　Kは、何か企画をするたびに私にも声をかけてくれたので、私も弁護士過疎の問題にふれたり、第一線で活躍する弁護士の話を直接聞く機会ができた。そのような形で、さまざまな人との出会いがある環境の中で過ごすことができたことは、とても貴重な経験だった。

2　身に付いた「我慢強さ」と「集中力」

　法科大学院で学んだことのうち、何よりも司法試験受験に役立ったのは、「我慢強さ」と「集中力」。

　法科大学院では、予習の段階で判例を数十個も調べて読み込む必要のある授業が週にいくつもあった。大学の授業と比べて、予習の必要量は尋常ではなかったから、短時間で集中して多くの情報の中から効率的に必要な情報を見つけ出す能力は、否が応でも身に付いた。私は、法律の議論が苦手だったので、せめて事実を聞かれた時にはきちんと答えられるようにしようと思い、判例のもととなる事実については目を通すようにしていた。その結果、多くの文書を読むことに抵抗感がなくなったことは、法曹になった今、あらためて役立っていると感じている。

3　法科大学院卒業までに

　私は、法科大学院へ入学した当初は、検察官になりたいと思っていた。大学時代にやっていた法律討論サークルで、私の立論を褒めてくれた検察官のようになりたいという単純な憧れだった。検察官の仕事が具体的にどういうものであるのかは、テレビドラマでみるほかは知らなかったから、イメージ

だけでなりたいといっていたことが今となってはよくわかる。

　今、法曹をめざして勉強をしている方には、ぜひ、エクスターンシップなどで実際に法曹が働く姿をみたり、事務所に行ったり、法廷傍聴をしたりすることをおすすめする。単に格好がいいとか、お給料がたくさんもらえそうだとかでこの仕事を選ぶと、自分が法曹になる具体的なビジョンが思い浮かばなくて勉強にも身が入らないし、何より実際に法曹となってからのギャップの大きさを感じることになるかもしれない。華やかにみえる弁護士だって、思ったより地味な仕事が多いし、同世代の友人らよりも2倍お給料がもらえるのは、彼らより2倍の時間働いているからだということに気がついたりする。

　もっとも、そんなことに打ち勝つだけのやりがいを感じられるのも、法曹の仕事の素晴らしいところであることはいうまでもない。ただ、それは今だからいえること。もっと知っていれば、もっと勉強に真剣に取り組めたのかもしれない（後述のとおり、1年で司法試験には受からず、浪人をしてしまった）。できれば、試験対策に忙殺される卒業間近よりも前の時点で、いろいろな話を聞いたり見学に行ったりする機会をもっとつくるべきだったと思う。

III 精神的に強くなった司法浪人時代

1　議員秘書時代

　私が弁護士になろうと決意したのは、法科大学院卒業後の浪人時代に議員秘書をしていた頃のことである。

　議員秘書となったきっかけは、法科大学院で出会った友人Kが新司法試験を受験せず、卒業の翌月、統一地方選挙に立候補し、見事、市議会議員に当選したことにある。Kの選挙期間中、私は、少しばかりウグイス嬢を手伝った（ちなみに選挙は4月で司法試験が5月だったからほとんど勉強をしていなかったことがうかがえるが……）。Kと縁のあった私は、これまたKとの縁で出会った秋沢弁護士から、「君の弱いところは、精神面だね。政治家の手伝いでもして、たくましくなったら司法試験も簡単にクリアできるよ」とのアド

バイスを受け、二つ返事で議員となったKの仕事を手伝うことになった。

これが、私にとって弁護士になる前の貴重な「議員秘書」時代となる。

受験勉強のため机に向き合っていた日々とは異なり、毎日がとても刺激的だった。地元から地方、はては海外まで視察に同行し、それにまつわる政治、歴史や文化の勉強をすることで、今まで学校で習わなかった社会の問題点やひずみ、矛盾点を垣間みた気がした。私は、彼に同行していろいろな発見をすることが楽しくて、勉強そっちのけで、秘書業に没頭した（友人には、「ウエハラは馬車馬のように働いている」といわれていた）。

貴重であったのは、やはり人との出会いだった。政治は腐敗しているとか、期待できないという人は多いけれど、このままではいけないという危機感をもった若くて志の高い政治家もたくさんいる。彼らと話をしていると、考え方がとても前向きで、何だか無理だと思っていることもできる気がしてくる。「できない理由を考える」のではなく、「どうすればできるか」「どうすれば変えられるか」を考える。このことがとても重要だということに気がついた。

1度目の新司法試験受験では、勉強が予定どおり進まないと「もうだめだ」とか、「何とかして受からなければいけない」というプレッシャーを自分で自分に与えて八方塞がりになっていた。それが、多くの人の前向きでひたむきな生き方に接したことで、ろくに勉強もしていないのに、「試験ぐらい何とかなるだろう」という気持ちになってきていた。

今思うと、秋沢弁護士からアドバイスをもらい、Kの秘書をさせてもらったことは、当時の私には、大きな大きな転機となった。

2　弁護士の道へ

Kに同行する活動の中で、私の検察官になりたいとの従来の思いは、影をひそめ、弁護士になろうと思い始めていた。

若い世代の意識を変えて、政治や国のあり方を考えていかなくては、10年後、20年後の日本の将来は立ち行かなくなる。それを裏付けるかのように、今の若い世代の人たちは、政治に無関心といわれ、自分のやりたいことすらみつけられないといっている。

自分たちの国は、自分たちで何とかしなければならない。自分の利益や理想ばかり考えていても、「国」の形がなければ、その利益追求も、理想の実現も何もかもが達成できないのだ。

　Kの活動は、「自分たちで何とかしなければ」という危機感に裏打ちされたものだった。よいと聞けば、すぐに視察に行く。悪いと聞けば、何が根本原因なのかを考え、議会質問に上げる。

　すべてが自分の行動ひとつで何とかできる。

　しかも、それは、自分のためだけではない。自分の家族のため、地域のため、ひいては将来の自分たちの国のためだ。そう考えると、自分が新司法試験に受かるためだけに机に座っているのが馬鹿らしくなった。組織にいるより、弁護士になるほうが、Kのように自分の行動ひとつで物ごとが変えられる。そうであれば、私がめざすべきは、弁護士しかない。そう思うようになっていた。

3　ひまわり基金法律事務所との出会い

　司法試験浪人中の12月、私は、Kに同行して福井県に行った。Kに講演依頼があったのだ。場所は、小浜市にある若狭東高校。かつて、Kが教鞭をとっていた高校だ。そのときの講演のテーマは、「自分に自信を持つ〜十代で持つべき志〜」。Kは、自分の生い立ちや、夢を語れば必ず叶うことなどを熱弁した。

　この視察で、Kは、試験浪人中の私を気遣ってか、小浜にある「小浜ひまわり基金法律事務所」に連れて行ってくれた。その町にたった1つしかない法律事務所。そのとき、私は、初めて地方で働く弁護士の姿をみた。大伴孝一弁護士（初代所長）は、おおらかな雰囲気の方で、私を温かく迎え入れてくれた。私が司法浪人中ですと言うと、「秘書などという貴重なお仕事をなさっているのだから、それを活かせるような弁護士になってください」と言ってくださった。

　これが私の小浜ひまわり基金法律事務所との出会いだった。この時には、若い先生が田舎で活躍しているんだ、こういう働き方もあるんだというきっ

かけを得たのみではあったが……。

4　5カ月間の受験勉強
(1)　きっと、何とかなる

　私は、司法試験合格を目標とすることが自分のためだけのように思え、机に座ることが嫌になって、ろくに勉強をしなかった。周りからみると司法試験に合格するために法科大学院まで卒業したのに、何をしているのだと突拍子もなくみえていたようだ（実際に、いったい何が楽しくて政治家の下働きをしているのか、司法試験から逃げ出したのかと噂をされていたらしい）。

　しかし、仕事を通じてＫから叱咤され肝が据わったのか、さまざまなバックボーンをもつ人と出会い意識が高まったからなのか、今となってはわからないが、司法試験に対しては、根拠のない自信が生まれていた。12月までは、フルタイムでＫの秘書として活動し、翌年の1月から、判例百選を読み始めた。

　司法試験までは、半年を切っていた。

　時間があまりにも迫っていたので、正月にカレンダーを開き、試験直前の1週間を除いて、どれだけの時間を各科目に割けるかを逆算した。試験科目は、選択科目を入れて8法。最大各科目2週間。

　その中で、論文と短答式試験対策をひとしきりやりきらねばならない。半年以上勉強からは遠ざかっていたため、知識が全く抜け落ちてしまっている。頭を「法的思考」に戻す必要もあった。

　そこで、毎日、判例百選を20判例、短答式試験問題を1時間半、論文のブロックを書く練習を3時間、あとは、短答式試験や論文のノートをつくる時間にして、ローテーションを組んだ。愛犬チャッピーの散歩の時間には、定義や論証を書いた単語帳を利用した。

(2)　論文式試験対策

　論文の勉強は、予備校の出版していた論文対策用のテキストを使用した。旧司法試験対策用の本ではあったが、その分コンパクトにまとまっている。

　これを各科目2週間でこなすとすれば、1日7、8題。間違ったところや、

抜けている論証を、項目ごとにノートに書き綴った。気になるところは、基本書を引く。気をつけたところは、いわゆる「あてはめ」部分。「あてはめ」である程度の量を書く必要があるのは、旧試験と新試験の大きな違いだ。自分の立てた論証に対して、いかに正確に多視点からあてはめることができるか。これは、論文対策用のテキストだけではカバーできなかった。

そのため、「あてはめ」の訓練については、友人と組んだゼミの中で、いかにあてはめをするかということに焦点を絞り、あてはめをしやすいキーワードを使うことに気を使った。マジックキーワード（と自分では思っている）は、「～ことからすれば」。これを使うようにすれば、論証だけ立てて何となくごまかして終わることが少なくなった。自分なりのルールづくりをしておくと、試験本番に頭が真っ白になっても最低限のことができる。

　(3)　短答式試験対策

短答式試験の勉強は、択一六法と予備校の出版した肢別本を使用し、さらに、大学が提携していた法律データベースの会社がやっていた模試の間違え直しを行った。特に新司法試験の過去問の肢については、繰り返し解くことが効果的だった。間違えた肢をノートに書き、直前期に見直せるノートを作成。ポイントは、きれいにつくらないこと。間違えた項目は何度でも書く。こうして各科目2冊はノートをつくった。このときのノートは、直前期にバスルームやベッドで活躍した。

直前期に安心できるものをつくること。精神ケアのためには、重要なポイントだと思う。

　(4)　司法試験に向けての準備

模試は、1度だけ受験。某予備校の模試がよいという噂が立ち、友人らとこぞって受けに行った。どこの模試にしろ、試験の時間にどういう行動をとるかをシミュレーションするのに役立つ。たとえば、試験会場にはどうやって行くか、何分前に到着するのがよいか、試験前日や試験開始直前には何を復習するか、答案構成は何分くらいかけてするか、昼ごはんはどれくらいの量がちょうどよいか、今のままのペンを使用しても書き切れるか、替え芯は何本いるか、腱鞘炎にならないか、制限時間内に何枚書けるかなどなど。く

だらないようで案外本番に役立ったりもする。

　私は、シミュレーションの結果、電車に座って行ける少し早めの時間帯に出発、昼食は食べやすいおにぎりを2つ、飲み物には好みのリンゴ酢と水、おやつはGABAのチョコレート。2日目の終わりには、指圧マッサージに行くことにしていた。ボールペンの芯は、1科目半ごとに1本なくなるので同じペンを2本持参し、交替で使えるようにした。あとは、体温調節に羽織物、ブランケット、スリッパを持参。髪留めや目薬、ハンドクリームも便利アイテムだ。そのほか会場に持ち込むのは、これまで作成したノートと、皆からもらったお守り。それと、もちろん受験票。

　万全の態勢を整えていると、安心して試験当日を迎えられるし、少し遠足気分になって気分が和らぐ……のかもしれない。

　蛇足だが、司法試験がすべて終了すると、試験会場の外では、予備校の営業マンが多くのパンフレットを配っている。その中には、「まだ公務員がある！」「司法書士試験直前講座」など数々のもの。結局信じることができるのは自分のやってきたことだけ。予備校とは、上手にお付き合いすることが必要なようである。

5　司法試験合格

　平成20年、私は、司法試験に合格した。試験の後は、試験最終日から議員秘書の仕事に戻っており、合格発表の日は、K一行と、陸上自衛隊の1日体験入隊に参加していた。疑似戦闘訓練でどろどろになり、夜に事務所に帰ってきてから皆でインターネットの試験発表を見た。私は、受験番号を覚えていなくて、実家の母に電話して、受験票を探してもらった。自分の番号を確認したとき、電話口の母が誰よりも喜んでくれたことをよく覚えている。本当に、「何とかなった」と思った瞬間だった。

6　地方で活躍する弁護士になりたい

　合格してほどなく、Kが月1回勉強会を主催していた塾で、かつて岩手の弁護士過疎地で弁護士として活躍していた田岡弁護士を講師として招いて、

体験談をうかがおうということになった。

　田岡弁護士は、今の私の年齢よりも若い時に、岩手の宮古ひまわり基金法律事務所で3年間所長として赴任した、敏腕の弁護士である。田岡弁護士は、弁護士がいない地域である「司法過疎」＝「ゼロワン地域」をなくそうという活動を始められた東京の事務所に勤めておられたから、「ひまわり基金」から地方へ赴任する先駆けといってもよい弁護士だった。

　初代所長であるがゆえの苦労も多く、「弁護士がいない地域は、法律がないのも同然だ」といっておられたのが印象的だった。

　その解決策として田岡弁護士は、自治体等関係機関との連携を図り、自治体に相談にきた人が法的な窓口へアクセスする道筋をつくった。

　年間の相談件数は、500件。債務整理から家事事件、消費者被害案件、刑事事件、地元での法律問題の講演会や各種委員等、ありとあらゆる法的問題が事務所に持ち込まれる。ほかに法律事務所がない分、都会にいるよりもずっと幅広い分野を手がける必要がある。そのうえ、リーガルアクセスが容易でない人にもこちらから道筋をつくり、法の手を差し伸べなければならない。

　「実践を通じて組織を変え、制度を変える」。その想いで、自ら地方へ赴き、実際に「法」を宮古の土地に根づかせた田岡弁護士は、任期満了後、東京へ戻られ、現在は後進の指導をされている。

　私は、田岡弁護士からのお話を聞き、若い弁護士が地方で思い切り活躍のできる場があることを知った。と同時に、同じ世代の若い弁護士が志を高くもち、地方に赴任して、人の役に立っていることを知り、自分もそんな人材として役に立ちたいと思った。

　そんな思いで、私の司法修習はスタートした。

◆ *Comment* ── ひまわり基金と法テラス ◆

　ひまわり基金法律事務所とは、日本弁護士連合会のひまわり基金の資金援助を受けて、弁護士過疎の解消のために弁護士過疎地に設置される公設事務所である（都市型の公設事務所については214頁参照）。日本弁護士連合会や各弁護士会が関与して設立運営され、開設の費用や運営の費用を援助するほか、その運営を支援する。簡単にいうと、日本弁護士連合会が会員から特別会費を徴収

し、その資金で、事務所の開設資金や最低賃金保証をするしくみをもって各地に設立された公的な性質をもった事務所である。ゼロワン地域（弁護士が0人または1人しかいない地域）の解消、弁護士偏在解消を目的としており、基本的には、任期制で運営され、赴任した弁護士がその土地を気に入れば、その地に定着することもできる。現在、全国に80カ所近くに上るひまわり基金法律事務所が設立され、毎年多くの弁護士が地方に赴任している。

　弁護士過疎地域等に拠点事務所を設けているものとして、ほかに「法テラス（日本司法支援センター）」がある。法テラスは、平成18年4月に総合法律支援法に基づいて設立された独立行政法人に準じた法人である。同年10月から業務を開始し、全国各地の裁判所本庁所在地や弁護士過疎地域などに拠点事務所を設けて、法律サービスを提供している。法テラスにスタッフとして雇用された弁護士が地方へ赴任する場合には、法テラスの設置した地方事務所へ3年の任期で赴任することとなる（法曹経験10年以下の者は3年任期・2回更新により最長9年間スタッフ弁護士として雇用されることが可能）。弁護士には、同期の裁判官・検察官と同等の給与が支給される。

　こうした取組みによって、現在、ゼロワン地域の問題はほぼ解消したといえる。

IV　司法修習生からみた法曹養成制度

　司法修習では、これまでの議員秘書のようなフレックスタイム制ではなく、9時過ぎには裁判所等に行き、毎日、裁判を傍聴し手続の問題点を考えたり、判決書や裁判所に出す書類の「起案」をしたりして日々を過ごした。

　日本の司法修習制度はすごい。

　今の制度はやめて、法曹一元制度にすべきだ、法曹養成制度も変えるべきだとかいろいろな意見はあるが、現在の司法修習制度では、将来進まない職業の仕事も生でみられるのだ。

　それぞれの法曹は、自分たちが司法修習を受けてきた経験から、考えを隠したりせず、司法修習生に向かい、それぞれのプロフェッショナルの仕事をみせてくれる。

これにより、法曹の仕事が何もみえていなかった法曹の卵たちは、裁判官が判決を書くときに何を考えているのか、検察官がどんな状況で取調べを行うのか、弁護士がどんな思いで駆け引きをするのかを垣間みることができる。一度司法修習を終えてしまうと、再びこのような機会には恵まれないから、法曹になる人間にとっては最初で最後のとても貴重な機会だ。

　また、ここでも、司法修習担当の教官らとのご縁をいただいた。教官は、人格者が多い。勉強ももちろん大切だけれど、法曹としてどうあるべきかを考える期間としても司法修習は大切に過ごすべきだ。

V 「小浜ひまわり基金法律事務所」所長への道のり

1　就職先の絞り込み

　巷では、弁護士の就職難がいわれて久しい。苦労して、学費の借金までして、司法試験に合格したのに、就職先がないという話がある。実際に、以前までの就職状況と異なり、ここ数年、就職状況が年々厳しくなっているのは確かである。採用する側は多くの修習生がいるために、条件の良い人を優先する。

　もっとも、内定をもらう人はいくつも内定をとり、全くもらえない人は人のツテをたどって何とかする、というところは、大学生の就職状況と似ているように思う。

　私は、田岡弁護士の活躍ぶりをみて、ひまわり基金を利用して地方に行きたいとの思いがあり、地方に赴任した後は、議員秘書の経験から弁護士活動に活かせる行政との連携や、法教育の推進をしたいと思っていた。他方で、自分自身が関西育ちであり、少しでも両親の目の届くところにいようと思い、大阪で就職しようと決めた。

　しかし、調べてみると、大阪でひまわり基金による赴任を希望する弁護士を養成している事務所は、1つしかなかった。それが、私が就職することになる「大阪パブリック法律事務所」である。

　ひまわり基金での地方への赴任は、養成事務所に就職しなくても、一般の

事務所からでも可能である。にもかかわらず、養成事務所として名乗りをあげている事務所に入ることのメリットは、おおむね1年から2年ほどで事務所を卒業して地方に赴任することを前提としていることから、積極的に幅広い事件を経験させてもらえること（事務所もさまざまなので一概にはいえないが）や、日本弁護士連合会による月1回の研修があること、研修を通じて将来全国に赴任することになる志高い若手弁護士とのネットワークができることである。

2 「どうしてもここで働きたい」と粘った就職活動

(1) まずは、行動せよ

私の就職活動は、大阪パブリック法律事務所（以下、「大パブ」という）に自分をアピールすることから始めた。

まず、事務所の弁護士が出席する研修などに積極的に行き、どんなことに重点をおいて活動をしているのかを知ることにした。また、大パブでは、司法修習生を集めて「刑事こうせつ塾」という刑事弁護の勉強会を開いていたから、その勉強会にも参加した。さらに、縁とは不思議なもので、私が大パブに行きたいと方々で言っていたところ、司法修習で同じ班だった友人から法科大学院時代に懇意にしていた教授が大パブで弁護士をしているから、とのことで簡単な事務所訪問と教授との昼食会を設定してもらった。修習先の法律事務所の先輩弁護士からは、「その事務所に行きたいのなら、いつから募集をかけるのか聞き、自分も応募したい旨を直接会って伝えておきなさい」とのアドバイスを受け、研修で大パブの先生をみつけて、その旨を真摯に伝えた。

こうして、大パブの弁護士に会う機会が増えると、名前を覚えてもらえる。やり方としては、少々裏技的なところもあるのかもしれないが、自分をアピールして、「いっしょに働きたい」と思ってもらえること、これが一番重要だろうと思った。

(2) 知れば知るほど……

大パブは、「都市型公設事務所」として設立された、大阪でただ1つの公

設事務所である。

> ◆ *Comment*──都市型公設事務所◆
> ひまわり基金法律事務所には、過疎地型と都市型がある。都市型公設事務所は、国選弁護、法律扶助、法律相談等の一定の公益的な活動を行うこと、弁護士過疎地で活動する弁護士を育成することなどの目的のために、都市部に設置される公設事務所である。

　大パブは、その設立経緯から、刑事弁護の拠点という性格も持ち合わせていた。

　私は、当初、ひまわり基金法律事務所の弁護士として養成されることを主眼において大パブに就職したいと思っていたが、事務所の所属弁護士の活動にふれる中で、大パブには、刑事弁護に対して熱い思いをもっている弁護士がたくさん所属していることがわかった。どの先輩弁護士も仕事に対して強い熱意があり、意識が高い。知れば知るほど、ますます大パブで働きたくなった。

　また、当時の大パブ所長の下村忠利弁護士からは、「刑事弁護は、弁護士の活動のすべての基本、芯の部分だ」と教わり、弁護士としての素地が固まる早い段階で熱心に刑事弁護をしたいと思った。副所長の森下弘弁護士からは、「弁護士と検事は単なる役割論だと割り切ればよい。検事が有罪だと言えば、弁護士は被告人の主張どおり無罪を主張するだけのことだ」と教わり、今まで刑事弁護に対して抱いていた「なぜ弁護士は悪い人を助けるのか」という一般感覚的な違和感が目からうろこが落ちるようになくなり刑事弁護に対する偏見がなくなった。これらも、大パブで働きたいと思うようになった大きなきっかけであった。

　猛アピールの結果、無事、大パブに就職が決まった。後に、なぜ自分を選んでもらえたのかと聞くと、「上原さんはずいぶん前から、うちの事務所にきたいと言ってくれていたから」と兄弁が教えてくれた。きたいと思っている人を無碍にできない人の心理（!?）だったのかもしれない。

3　縁を感じた小浜ひまわりの後任募集

　弁護士として働き始めて半年。次の年度からの小浜ひまわり基金法律事務所3代目所長の公募が開始された。自分の養成期間がおわったちょうどよいタイミングで、自分が初めて訪れたひまわり基金法律事務所から後任の募集が出たことは、何かの縁だと思い、真っ先に応募をした。

　公募には、他の弁護士からの応募もあったが、小浜に対する自分の思いを伝え、所長として赴任することとなった。

VI　むすびに代えて

　法科大学院での人との出会いから、今の自分を振り返ると、1本の糸で手繰り寄せられるようにして進んできたように感じる。自分の進みたい方向が見定まり、「こうしたいんだ」という思いがあれば、自分の発想が「どうすればできるか」という視点にシフトする。行動しないで後悔するより、行動して失敗するほうが絶対に自分の糧になる。失敗して、悔しいという思いが次につながる。そうした思いで何ごとにも全力で取り組んできた結果、今日の自分がある。精神論は、役に立たないよ、と言われるかもしれない。けれど、自分の軸足が定まっていないと、法曹の仕事は自分自身に負けてしまうとよく感じる。

　今後、日本の司法制度も含め、国が大きく揺れ動く時期に差しかかっている。若く志高い弁護士が、事件を通して社会の問題点や歪みに気づき、声をあげることでそれが法制度として反映されるようなしくみをつくりたい。将来の日本を支える若い世代が自分の国に誇りをもち、希望がもてるようなしくみをつくりたい。それが私のもう1つ先の目標である。

　やりたいという思いさえあれば、進めない道はない。

佐渡へ佐渡へと草木もなびく
―― 法テラス佐渡法律事務所

水島俊彦（みずしまとしひこ）（61期）

略歴：平成16年早稲田大学政治経済学部卒。同年京都産業大学大学院法務研究科（未修）入学。平成19年同修了。同年司法修習生。平成20年12月弁護士（法テラス）。平成22年1月法テラス佐渡法律事務所。

新司法試験受験：平成19年（合格）

I はじめに

「ハア〜〜、佐渡へ佐渡へと草木もなびく、佐渡は居よいか住みよいか〜♪」。

佐渡に向かうフェリーの中で、必ず流れてくる民謡、それが佐渡おけさである。東京への出張帰りにフェリーに乗って波に揺られながら、この民謡が流れてくるのを聞くたび、故郷ではないのに、帰ってきたなあと感じる。

私は、日本司法支援センター（愛称：法テラス）のスタッフ弁護士として、平成22年1月から、法テラス佐渡法律事務所の2代目所長として赴任し、1年余りが経った。

本稿では、私がスタッフ弁護士を志望した経緯、佐渡の現状等を含めて、これまでの道のりを振り返ってみることとしたい。

Ⅱ 法曹をめざすことにした動機

1 母親の借金問題

　もともと私はマスコミ志望だった。ジャーナリズムやマスコミュニケーション理論に興味があり、早稲田大学政治経済学部に入学した当初は、法律は一般教養として学んでおけばよいという程度にしかとらえていなかった。

　そんな私が弁護士をめざすきっかけとなったのは、寮生活を始めた大学1年（平成12年）の春の出来ごとだった。

　故郷の石川県金沢市にいた母が、肺がんで亡くなった。小学1年生の時に父が亡くなってからというもの、母は1人で私を育て上げてくれた。月十数万円の給料でも、私が不自由をしないようにと、勉強に必要な物は自分の食費を削ってでも買ってくれるような母だった。

　母が苦労していたことは、亡くなってからあらためてわかった。実家のアパートに戻って遺品の整理をしていたら、大量の督促状が出てきたのである。母が多額の借金を背負っていたことを知った。督促状を目の当たりにしたとき、どうしてよいかわからず、目の前が真っ暗になった。大学はもう続けられないかもしれないとさえ思った。

2 弁護士との出会い

　そのような状況の私を救ってくれたのは弁護士であった。つてをたどってようやくたどり着いた弁護士が、相続放棄の手続をとってくれた。手続が無事終了し、弁護士から「これまで大変だったね」と声をかけられたとき、やっと肩の荷が下りた気がした。

　一方で、すっきりしない気持ちが残った。「もっと早く弁護士に相談できていたら、母はもう少し楽になれたのではないか」と思った。周りを見渡してみても、経済的な問題が解決できずに夢を諦めた人、借金のノイローゼで自ら死を選んだ人たちがいた。自分が弁護士になることができれば、少しは母親と同じ状況に陥っている人々の支援ができるのではないかと思った。

そこで、大学2年の秋、私は進路を変更し、司法試験の受験を始めることにした。

III 法科大学院

1 京都産業大学法科大学院への進学

大学3年生と4年生のとき、司法試験を2回受験したものの、不合格であった。

しかし、大学4年生の頃、司法制度改革により、翌年から法科大学院が創設されることになったことを知り、弁護士になるためのチャンスが広がったと感じた。そこで、平成16年4月、京都産業大学法科大学院の未修者コースに進学することを決めた。少人数教育と充実した奨学金制度が決め手の1つだった。

2 講義の内容

私は、法学部出身者ではなかったため、大学では法律科目の講義をほとんど受けたことがなかった。そのため、法科大学院でのあらゆる講義が、私にとっては新鮮だった。

講義の方法にも特色があった。特に、1問1答形式（ソクラテス・メソッド）での講義は、1クラスあたり20人前後であったことから、すぐに順番が回ってくる。緊張感を保ちながら講義に臨むことができた。

法科大学院では、未修者コースでも3年間という短いスケジュールでカリキュラムが進んでいく。毎回の予習の量が膨大（最高裁判例解説の読み込み等）で、かつ、講義のスピードも早いことから、自習室での予習・復習作業が深夜0時を超えることもしばしばであった

法科大学院および教員側も、自習室の環境を整えたり、補講を開いたり、講義時間を超えても学生の議論にとことんつきあってくれるなど、できる限りのサポートをしてくれたと感じている。

3 実務家養成のためのカリキュラム

　法科大学院の特徴として、実務家養成のための数々のカリキュラムが用意されていた。私は、フィールドワークや体験実習が好きだったことから、ロイヤリング（法科大学院主催の無料法律相談会を開き、実務家教員とペアになって、相談者との法律相談を行う）、エクスターンシップ（1つの法律事務所に2週間ほど通い、簡単な文書作成、判例調査、依頼者との打合せ等を体験する）、民事・刑事模擬裁判などの実務家養成カリキュラムにすべて参加した。

　ロイヤリングでは、一般市民の方々から主に消費者問題に関する相談が寄せられた。講義や試験では、すでに整理された事実をもとに、法的な処理を考えることで足りていたが、実際の事件では、まず相談者から「事実」を聴き取り、整理することが必要であり、その大変さを実感することができた。同時に、もてる知識をすべて活用して、内容証明のサンプルや少額訴訟の提案など、問題の解決に向けてアドバイスをすることの面白さも感じた。そして、何より、相談者からの「ありがとう」のひと言がとても嬉しかった。その後の勉強のモチベーションも向上した。

　エクスターンシップでは、相談や現場への立会い、裁判傍聴、起案等、実際の弁護士の仕事がどのようなものかを体感するとともに、守秘義務の厳守等、弁護士の責任の重さについても理解することができた。2週間という短期間ではあったが、大変貴重な経験をすることができた。

　民事・刑事模擬裁判では、弁護士や検察官などの実務家教員の指導のもと、裁判官、検察官、弁護士（弁護人）それぞれの立場に立って物ごとを考え、訴訟法の規定に沿った訴訟追行を行った。実際にやってみると、自分の訴訟行為がいかなる条文根拠に基づいているのか説明できないことも多々あり、自分が「わかったつもり」になっていたことを知ることができた。また、検察官や弁護士、それぞれの立場から物ごとを考えるという経験は、その後の新司法試験や司法修習においても活かすことができた。

4 その他の生活

　1学年あたり60人弱であったことから、法科大学院生同士の交流も密度が

濃かったように思う。毎日、顔を合わせて3年間、ゼミを組んでいっしょに勉強したり、飲み会をしたり、時には、他の法科大学院とのフットサル大会に出場したりすることを通じて、いつしか、私にとっては、同期の法科大学院生は「戦友」のような存在になっていた。

3年間、勉強のモチベーションを維持し、無事に法科大学院を修了することができたのは、同じ目標をもって頑張れる仲間がいたからだと強く感じる。

修了後の進路はさまざまであるが、ゼミを組んでいた元法科大学院生とは、今でもたまに飲み会等で近況を報告し合っている。法科大学院で3年間、濃密な時間を共に過ごした仲間は、おそらく一生涯、大切な友人になるだろう。

5　新司法試験の合格

あっという間に3年間は過ぎ、平成19年3月に法科大学院を修了した。その後、同年5月に新司法試験を受験し、運良く同年9月、合格することができた。掲示板で自分の名前を見つけたとき、信じられないという思いと、これから本当に法曹として活動することになるという身の引き締まる思いが交錯していた。

Ⅳ　司法修習──スタッフ弁護士になることを決めた理由

1　司法修習の日々

平成19年11月末から1年間、司法修習生として、故郷の金沢での実務修習（検察→刑事裁判→民事裁判→弁護→選択型）および司法研修所での集合修習を経験した。どの実務修習も、これまで経験したことがないような世界であり、充実した日々を過ごすことができた。

もっとも、新司法試験合格者の場合、司法研修所での前期集合修習は省略され、修習期間自体も1年に短縮されている。法科大学院で実務家養成カリキュラムが組まれていることがその理由の1つであるとされているが、個人的な意見としては、前期集合修習を復活させ、実務修習期間も延長することが望ましい。

というのは、司法修習が始まると、まず「修習起案」が行われる。司法修習における起案にはいわゆる「型」というものがあるが、本来、前期集合修習で学んでおくべき「型」を理解するための準備期間はほとんどないに等しいからである。法科大学院でも要件事実教育は行われるが、修習起案は要件事実の理解だけではとうてい対応できない。したがって、起案のための準備期間として前期集合修習をぜひ復活してもらいたい。

また、実務修習の期間は、選択型修習を除いて、それぞれ2カ月間に短縮されているが、2カ月ではどうしても1つの事件を消化するには足りない。ある事件を担当して起案をしても、その結果が出る前に次の修習に入ってしまうことになるため、消化不良になってしまうことが多かった。実務修習の期間は最低でも、連続して3カ月以上行うことが必要であると感じる。

2　進路の決定

実務修習の中で、特に興味深いと思ったのが検察修習であった。事件それ自体の興味深さはさることながら、時には怒り、時には涙するその人間味豊かな検察官その人に魅力を感じ、検察官に対する憧れを抱くようになった。その一方で、日本弁護士連合会の就職説明会で法テラスの存在を知り強い興味をもった。その後、何回も法テラスの説明会ブースで課長の説明を受けた末、最終的には法テラスのスタッフ弁護士になろうと決意した。

検察官かスタッフ弁護士かを選ぶ際、一番の決め手となったのは、「弁護士をめざした原点」であった。そもそも、弁護士をめざそうとしたのは、母と同じ状況に陥っている人々の支援をしたいという思いがあったからである。法律事務所は存在していたのに、母が弁護士に相談し、依頼することができなかったのは、弁護士のつてがない、何となく怖い、相談費用が高そう等、さまざまなマイナス要素があったからではなかろうか。このような弁護士のイメージを払拭し、少しでも市民が弁護士等を利用しやすい環境づくりが必要ではないかと、自分なりに考えていた。

法テラスは、国の支援を受けて設立された特殊法人であるが、「民事、刑事を問わず、全国において、法による紛争の解決に必要な情報やサービスの

提供が受けられる社会の実現」を、その理念として掲げている。

　法テラスであれば、全国規模での法的サービスを提供できることから、これまで適切な法的サービスを受けられなかった人々、あるいは受け控えてきた人々にも支援の手を伸ばすことができるのではないかと考えた。そして、自らが法テラス所属のスタッフ弁護士となって、そのような社会を実現する担い手になりたいと考えるに至った。

V　スタッフ弁護士1年目──養成時代

1　養成事務所での1年

　無事に司法修習を修了し、平成20年12月に弁護士登録をした。初めて自分の弁護士バッジを見たとき、思わず身震いしたことを覚えている。

　平成21年1月に法テラスのスタッフ弁護士として正式採用された私は、1年間、大阪の北浜法律事務所・外国法共同事業を養成事務所として、スタッフ弁護士としての養成を受けることとなった。

　1年後には、スタッフ弁護士として1人立ちしなければならないとのプレッシャーがあったため、とにかくいろいろな種類の事件をできる限り多く経験しておきたいという思いがあった。

　そこで、養成事務所の先生との共同受任をはじめ、法テラス大阪からの民事扶助、国選弁護事件を引き受け、さらに不足する種類の事件については大阪弁護士会の過疎地支援プロジェクトチームの先生との共同受任を行った。結果として、個人・会社両方の立場から、ひととおりの事件（借地借家、離婚、相続、債務整理、破産管財人、消費者問題、交通事故、医療過誤、労働、刑事・少年事件等）を経験することができた。毎日、朝から晩まで、仕事漬けの日々だったように思う。

　また、法テラス研修および日本弁護士連合会研修、養成事務所内研修、過疎地支援プロジェクトチーム研修、大阪弁護士会研修など、実に多くの研修を受けることができた。研修の中身も、弁護士としての心構えから裁判員裁判研修まで多岐にわたり、赴任後の職務にとって欠かせない内容となってい

た。

　1年という短期間であったものの、数多くの知識を習得し、幅広い経験を積むことができた。この場をお借りして、養成にかかわるすべての方々に感謝申し上げたい。

2　佐渡島への赴任が決定

　養成期間も中間に差しかかった頃、法テラス本部から電話がかかってきた。「次の赴任地として、法テラス佐渡はどうか」という内容だった。

　佐渡島といえば離島で過疎地。事件数も多いと聞いていた。はたして弁護士として1年の経験しかない自分がやっていけるのだろうかという思いもあった。しかし、妻とも相談したうえ、最終的には、法テラス佐渡への赴任を決めた。その理由は次のようなものである。

　法テラスの理念は、私なりに解釈すれば、いつでも、どこでも、誰でも弁護士等に気軽に相談できる社会の実現をめざすことにある。すなわち、

- ・「いつでも」：相談したいときにできる限り早く、
- ・「どこでも」：全国津々浦々、場所を選ばずに、
- ・「誰でも」：人種、貧富、性別、年齢、障がいの有無等に関係なく、弁護士等に相談できる社会である。

　特に、弁護士不足が深刻な司法過疎地であれば、法的支援を求めるニーズは高いはずである。そのような司法過疎地の現状を少しでも改善することが、自分のめざしたい社会の実現に近づいていくのではないかと考えた。それが、佐渡島へ赴任しようと思った一番の動機だった。

VI 法テラス佐渡法律事務所への赴任

1　佐渡島の様子

　佐渡島は、日本海の中央に位置する、カタカナの「エ」またはアルファベットの「S」の字形に似た特徴的な形をもつ島である。沖縄本島に次ぐ日本第2の島で、総面積約855平方キロメートル、周囲約280キロメートルの海岸

線を有している。夏は、周りが海のため、新潟県の本土側に比べ気温が１〜２度程度涼しく、冬は対馬暖流の影響を受けているため１〜２度程度高く、降雪量も比較的少ない。

　佐渡は、朱鷺(とき)の飼育施設や佐渡金山、佐渡おけさ、たらい舟、能などが有名であるが、特に自然が美しい。尖閣湾や七浦海岸に沈む夕日や、夏の海の透明度には、見る者を感動させる魅力がある。

　人口は６万3909人（平成22年12月１日現在）であり、65歳以上の高齢者は人口比で35％を超えている。そして、島内に常駐する弁護士は３人のみという司法過疎地である（人口比＝21303：１）。

　新潟港から佐渡の両津港までは、フェリーで２時間30分またはジェットフォイルで１時間を要する。冬場は波が荒れるため、ジェットフォイル（時にはフェリーまで）の欠航日が多く、移動に時間がかかることも頻繁にある。したがって、観光するには、夏がおすすめである。

　佐渡には、「来いっちゃ（＝来てください）」「旅のもん（＝島外の人）」「だちかん（＝どうしようもない）」等さまざまな方言がある。面談時に方言で話すと喜ばれる相談者も多いので、相談者にあわせて方言を適宜使うようにしている。

2　法テラス佐渡法律事務所の現状

(1)　法律事務所

　法テラス佐渡法律事務所は、平成18年10月２日に開設された。弁護士１人、事務員２名で事務所を運営しており、初代所長は冨田さとこ弁護士（現在は、法テラス沖縄法律事務所に所属）である。私は２代目所長として赴任することとなった。

　事務所は、佐渡市役所佐和田行政サービスセンターの２階を間借りしている。１階には市役所窓口、社会福祉協議会、地域包括支援センターがあり、２階には消費生活センターがある等、行政・福祉機関との距離が物理的・心理的に近い。

(2) 1カ月待ちの相談予約

　設立当初から相談が絶えず、新規相談は月平均30件以上（緊急相談を合わせるとさらに増加）で、常に1カ月待ち状態となっている。大阪にいた頃の感覚からすると、相談までに1カ月もかかってしまうのは異常事態である。市民が「いつでも」相談できる社会の実現には程遠い状態である。

　もっとも、消費生活センターの相談員の方によると、佐渡に法テラスの事務所がなかった頃は、佐渡の人々は、フェリーの往復料金や新潟での宿泊費を支払い、1日かけて、新潟市内の法律事務所に相談に行っていたようである。途中で相談を断念してしまう方も多く、泣き寝入りしていた人も多かったという。法テラスの事務所ができたことで、これまで相談できなかった人も相談できるようになったとのことである。

　実際、新規相談予約が入るたびに、佐渡の人々がどれだけ法的な支援を求めていたのかを痛感する。今後も、なるべく早く相談日を入れるよう努力し続けたい。

(3) 相談・受任件数、相談内容の特徴

　平成22年1月から12月までの新規相談件数は372件、新規受任件数は132件（引継ぎを含めると約180件）、同年12月時点での手持ち件数は98件であり、北浜法律事務所・外国法共同事業で養成を受けていた頃と比較すると、相談件数はおよそ5倍、受任件数はおよそ3倍となっている。養成時代においても、自分なりに一所懸命事件をこなしてきたつもりであったが、いざ佐渡に赴任してみると、その圧倒的な相談件数および事件の量に驚くばかりであった。

　相談内容は多岐にわたるが、借金に関する相談（クレサラ関係、ヤミ金、事業資金等）が3割、家族にかかわる相談（離婚、相続、成年後見）が3割、労働・消費者問題に関する相談が1割、その他（交通事故、近所トラブル、生活相談等）が3割程度である。

　実際に相談を受けてみると、「憲法は法の下の平等を定めているから、離婚したら子どもは夫婦で平等に分けなければいけない、と言われた」「破産法上、100万円の負債では絶対に破産できない、と聞かされた」等、弁護士からみれば明らかに誤った法的知識を吹き込まれている人が多いことにも気

づく。前述の理由等から人々が弁護士にアクセスすることが困難だったために、エセ法律家、暴力団関係者等が自己に都合のよいように法律を歪め、人々を苦しめていたことが容易に推測できた。法の担い手がいなければ、法律は絵に描いた餅であると実感させられた。

　一方、受任内容は、債務整理（任意整理、個人・会社破産、個人再生）が5.5割、一般民事（離婚、遺産分割、損害賠償請求等）が2割、成年後見人等（成年後見、後見監督人、補助人）が1割、刑事事件が1.5割となっている。債務整理の受任が比較的多くなっている。

　特に債務整理に関する相談を受けて感じることは、相談者が返済を頑張りすぎていること、また、個人間の借入れが大きいことである。地域での支え合いがある半面、周りの人に迷惑をかけることはできないと感じることから、なかなか弁護士に相談できなかったと話す相談者は何人もいた。そのような相談者に対しては、1時間、時には2時間かけて丁寧に債務整理の必要性を説明し、納得してもらったうえで受任につなげるようにしている。

　(4) 身近にある貧困

　法テラス佐渡では、事務員が相談予約を受け付ける際、相談者の資力等について簡単に聴取したうえで、法テラスの民事法律扶助制度を紹介している。相談者から「相談無料でいいのですか？」と驚かれることも多い。

　法テラスの民事法律扶助制度を利用すれば、一定の資力の範囲内の方であれば、通常30分5250円（税込）の相談料が3回無料となり、弁護士費用も分割払いが利用できる。また、生活保護を受けている方であれば、弁護士費用を免除し、破産申立ての際の裁判所への予納金を立て替えることも可能である。

　佐渡においては、感覚的には8割程度の相談者が、前述の資力要件に該当する。また、生活保護受給者も相当数存在する。貧困が常に身近にあることを感じる。

　無料相談から、必要な援助につながることも多い。今後も、弁護士に対する心理的な敷居を少しでも低くできるよう、民事法律扶助制度の普及活動を積極的に行っていきたいと考えている。

(5) 1日のスケジュール

　ここで、法テラス佐渡での、とある1日のスケジュールについて紹介したい。なお、相談内容については実例に基づいてはいるが、大幅な修正を加えている点はあらかじめご了承いただきたい。

・7：00〜8：30　書面作成・スケジュール調整
　事務所に行く前に、週末提出予定の準備書面を作成する。
　本日のスケジュールについて、予定表を確認する。

・9：00〜9：30　出勤・電話
　伝言メモを確認し、相手方に電話をかける。
　確認ボックスに入っている書類をチェックし、事務員に指示を出す。
　空き時間ができれば、同様の処理を行う。

・9：30〜10：30　成年後見相談
　地域包括支援センター職員から、金銭管理がうまくできず、借金を重ねてしまった高齢者に関する相談が寄せられる。まずは診断書の取得を助言し、将来の成年後見人の就任および債務整理を検討する。

・11：00〜12：00　刑事公判
　冒頭手続、証拠調手続（書証取調べ、情状証人尋問および被告人質問）を経て、弁論まで行う。

・12：00〜13：00　ランチ・書類整理
　時間があれば近くの定食屋へ行き、ランチを食べる。
　書類整理や電話で昼休みが終わることもしばしば。なお、以前は妻が弁当を用意してくれたこともあったが、食べる時間がなくそのまま持ち帰る日が続いたところ、つくってくれなくなった。

・13：00〜14：15　新規相談（債務整理）
　保証債務の支払いのため消費者金融からの借入れを重ねた方からの相談。費用の説明、今後の流れ等について説明し、受任する。

・14：30〜15：30　新規相談（交通事故）
　交通事故の被害者からの相談。事情聴取のうえ、今後の流れ、示談の際に注意すべきポイントについて説明。

・16：00～17：15　継続相談（労働関係）

賃金未払いに関する継続相談。内容証明のサンプルを相談中に作成して渡す。

・18：00～20：00　依頼者打合せ

離婚事件の依頼者から聴取りのうえ、陳述書を作成。

・20：00～21：30　書面作成・帰宅

交通事故事件に関する現地調査の報告書を作成。

途中まで仕上げて家に帰る。締切りが近ければ、夕食後に再度起案。

3　諸機関との連携

(1)　アウトリーチの連携手法

佐渡島は、総人口に対する高齢者の人口比率は35％を超えている。それに伴って、認知症等に罹患している人が消費者被害に遭ったり、債務超過に陥っていたりするケースも少なくない。

法テラス佐渡は、行政サービスセンターの2階を間借りしているため、同じ建物内にある消費生活センターや、市役所窓口、社会福祉協議会、地域包括支援センターと交流しやすい環境にある。その立地のよさに加えて、前所長の冨田さとこ弁護士が地域行政や福祉団体等と草の根の連携活動を重ね、ニーズの掘り起こしを行った結果、行政・福祉団体からさまざまな相談が法テラス佐渡に寄せられることとなった。

たとえば、高齢者や障がい者の方に日々接している職員が「生活保護を受けているおじいさんが借金をしているようなのですが……」「認知症のおばあちゃんが、近所の人から法外な利息をとられているみたいなのだけど……」と法テラスに相談にくることも日常茶飯事である。必要に応じて、相談に同席していただいて情報提供を受けたり、資料の収集を本人に代わって手伝っていただいたりもする。

このように、高齢や障がい等により弁護士へのアクセスが困難な方が適切に法的サービスを受けるためには、行政、福祉団体の職員の方々の協力を得て、支援が必要な方を見つけ出し、弁護士につないでいただくといった、い

わゆる「アウトリーチ」の考え方に近似した連携手法が極めて重要であると感じる。

　(2)　連携の一例

「1人暮らしの高齢者であるAさんが、最近徘徊をするようになった。心配になって保健師がAさんに話を聞いてみたところ、年金収入はすべて食べ物を買うお金に費やしてしまい、介護保険料や医療費、食費に回すお金がなくなっているとのことであった。何とかならないか」と地域包括支援センター（以下、「包括」という）職員から法テラスに情報提供がなされた。

相談時にはAさんおよび保健師、包括職員が同席した。弁護士である私は成年後見の申立てをすすめ、必要な場合には私が成年後見人となることを伝えた。そして、包括に対し成年後見に必要な書類の収集を依頼するとともに、保健師に対しAさんの健康状態も含め今後の見守りを依頼した。

成年後見申立書類が整い、包括が島外にいるAさんの兄弟に連絡をとって、Aさんの兄弟が申立人となり、私を成年後見人候補者として、成年後見申立てを行った。

Aさんは当時、糖尿病のため病院に入院していたが、「家に帰りてえっちゃ。畑仕事をせにゃあならん」と在宅を希望していた。そこで、成年後見人に就任した私は、Aさんが安心して在宅で暮らせるよう、Aさんの支援会議を開き、包括、ケアマネジャー、ヘルパー、保健師、病院関係者と情報共有したうえで、それぞれの役割分担を明確にした。

病院から退院後、Aさんは在宅に戻り、ヘルパーから毎日食事の提供等を受けながら生活している。私は、定期的にケアマネジャーから情報提供を受けながら、必要に応じて介護サービスの変更を行っている。保健師は、定期的にAさんを訪問してAさんの体調の変化をチェックするようにし、必要に応じて法テラスに連絡し、病院への受診につなげている。何か問題が生じた場合には、再び支援会議を開き、対応を協議できるような体制を整えている。

ひとまずAさんの在宅生活が落ち着きをみせた頃、ケアマネジャーから「最近、Aさんが畑に種を蒔いているようです。ヘルパーもいっしょに手伝いました」との連絡があった。そして、最近、清掃のためにAさん宅を訪問

したところ、畑には立派な野菜が育っていた。Aさんいわく「大根とキャベツを育てとるんだ」とのことであった。収穫時期がきたら手伝いたいといってみたところ、Aさんは「おう、春になるまで待っとれ」と言ってくれた。

少しずつだが確実に、Aさんは自分らしく生活できるようになってきている。そのお手伝いができたことに、少し嬉しくなった。

(3) 今後の課題

最近の相談においては、親族ではなく専門職等の第三者が成年後見人等となる必要性が高い事例も多く、裁判所や包括等から成年後見人等への就任を打診されることも多い。その結果、引継ぎも含めて、平成22年12月時点で7名の成年後見人等（後見監督人を含む）に就任しており、今後も増加する予定である。

佐渡では、近年、成年後見人等の選任申立てが増えてきており、このままだと、今後、成年後見人等のなり手がみつからずに適時に成年後見人等を選任することができなくなる可能性が高い。佐渡島における第三者成年後見人等の不足はまさに深刻であり、その解消のためには、島内における弁護士や司法書士、社会福祉士等専門職の増員や法人後見の事業化、成年後見制度利用支援事業の拡充が急務である。

また、貧困の連鎖を避けるためにも、子どもに対する法教育の必要性が高い。今後は、子どもの権利擁護のために、母子施設、教育機関等との連携も図っていきたいと考えている。

4 佐渡での生活

佐渡に赴任してから、地域の方とふれあう機会も多くなった。休日には、田植えや収穫の手伝いや、地域のお祭りに招かれることもある。

平成22年5月には、法テラス新潟の所長とともに、佐渡ロングライド210（130キロコース）にも出場した。自転車での長距離運転は体験したことがなく最後の30キロはアップダウンに苦しんだが、何とか完走することができた。自転車で大佐渡（佐渡の北側）をゆっくり回ると、七浦海岸や大野亀等ところどころに美しくて雄大な自然に出会うことができ、とても感動した。

また、同年11月には、佐渡ひまわり基金法律事務所の先生や裁判所職員、社会福祉協議会でチームを組み、南佐渡防火駅伝大会に参加した。駅伝では、練習不足がたたり、4.5キロ区間でも相当きつい思いをしたが、皆でいっしょに完走したことで、さらに絆を強くすることができたと感じている。
　今後は、チームでのトライアスロンやダイビング等にもぜひ挑戦したいと考えている。

5　1年間を振り返って

　周りに弁護士がいない環境の中で、これまでに経験したことのない膨大な事件数を本当にこなしていけるのか、不安に押しつぶされそうになった時期もあった。
　しかし、わからないことがあれば、前任の冨田先生や養成時代に知り合った弁護士、司法書士、税理士の先生に相談したり、弁護士会における委員会等のメーリングリストで質問をしたりすることで解決に至ることも多かった。また、自分1人ですべて抱え込まずに必要に応じて事務員や依頼者にできるところは分担してもらう、記憶に頼らずに、その場のやりとりをメモとして残しておく等の工夫により、多少事件数が増えても対処できるようになった。
　「なせばなる」という言葉の意味を実感した1年であった。同時に、さまざまな人に支えてもらったからこそやってこられたように思う。
　この1年間、相談者や依頼者に感謝される機会が多く、地域の方々とも多くの機会でふれあうことができた。これまでなかった講演や取材等も経験することができた。振り返ってみれば、大変充実した1年だった。
　今後も、多職種の方々と連携しながら、島民の人々の支援に努めていきたい。

VII　将来の展望

　スタッフ弁護士は養成時代を除き3年ごとの更新制であり、基本的には10年で雇止めとなる。良い意味で考えれば、更新ごとに事件の引き継ぎが行わ

れいったん手持ちの事件がほぼゼロとなるため、3年ごとに自分の進路について考えることができ、また、その制約も少ない。

　現在のところ、法テラス佐渡での任期が終了した後の進路は未定であるが、最終的には独立して（あるいは共同経営者となって）、循環型司法過疎地対応事務所をつくりたいと考えている。すなわち、定着した地域の本庁と過疎地にそれぞれ法人事務所を設け、所属弁護士を本庁事務所で養成した後、過疎地事務所に一定期間勤務させ、任期を終えて戻ってきた弁護士が後輩弁護士を育成して、後輩弁護士が過疎地事務所に次に赴任するという形式の事務所である。司法過疎地対策として、現在は法テラスやひまわり基金による事務所に頼っているが、市民が「いつでも」「どこでも」「誰でも」弁護士等に気軽に相談できる社会を実現するためには、それ以外にも地元の弁護士が持続的かつ継続的な過疎地対策を行う必要があると感じるからだ。

　また、機会があれば、発展途上国における法整備支援や実務家養成等もみてみたいと考えている。

　将来の展望はさまざまあるが、今は、目の前の仕事を1件1件やり遂げることに専念したい。

vol 17 なぜ企業内弁護士になったのですか？

野道裕絵（のみちひろえ）（62期）

略歴：平成17年神戸大学発達科学部卒。同年神戸学院大学法科大学院（未修）入学。平成20年同修了。同年司法修習生。平成22年1月株式会社リニカル入社。同年10月法律事務所入所。

新司法試験受験：平成20年（合格）

I 法曹をめざすことになった動機、きっかけ

「なぜ弁護士をめざしたのですか？」。
親が弁護士というわけでもない。
法学部卒でもない。
弁護士の世話になったという過去があるわけでもない。
そんな私が弁護士をめざしたというのは、世間的には奇妙なことらしい。
では逆に問いたい。
「あなたはなぜ会社員になろうと思ったのですか？」
「あなたはなぜ公務員になろうと思ったのですか？」
　どうだろう。他人を納得させられるだけの明確な回答をできる者はそう多くないと思う。私も同じ。
　思い起こせば大学3年生のあの時。

「司法試験8割合格」。

この文字を見て、就職活動のためのエントリーシートを書く手が止まった。

弁護士。それまで考えもしなかった、いや、正直に言うと全く考えなかったわけではなかったが、自分が司法試験に合格するなどということは非現実的であると思い選択肢にすることはなかった職業。それが、法科大学院に行けば8割の者はなることができるという夢のような話が目の前に転がっていたのだ。

その場で、法科大学院の進学を決めた。

これが私が弁護士をめざすこととなったきっかけである。

もっと高尚な動機を期待していた方がいたとしたら申しわけないが、私にとって「弁護士」というのは単に職業の1つであって、それ以外の何ものでもない。

ただ、あの頃の私は、青臭いかもしれないが、人の役に立てる職業、自分が誇りに思える職業を探していたのは事実だ。その探し求めていた職業像に、弁護士という職業がぴったりとハマったように思えた。あるいはそれは勘違いだったのかもしれないが、ともかく、私は法科大学院の門をくぐることになった。

II 法科大学院教育

思いつきとはいえ「弁護士になるのだ」と意気揚々と法科大学院への入学を果たした私。法律の「ほ」も知らない人間でもたった3年間で司法試験に合格できるという夢のような謳い文句に何の疑問を抱かなかった。今思えば若かった。しかし、「自分は合格するのだ」と疑問をもたずに突き進んだからこそ、法科大学院での生活も、司法試験も、乗り越えて行けたような気がする。

法科大学院での授業は、当初「？」の連続であった。「論点」という言葉の意味すらわからなかった。なぜ答えが1つじゃないの？、「善意の第三者」って「いい人」っていう意味じゃないの？、刑法の行為無価値と結果無価値

って何なの？……。

　しかも、未修者コースとは名ばかりで、周りの学生のほとんどは法学部出身で、ある程度の基礎はある者たちがほとんど。基本的な用語すら知らない私とは大違い。中には「(旧)司法試験の勉強を6年やっています」という者もいた。こんなクラスメイトたちと席を並べて講義を受けるというのは決して楽ではなかった。

　"知らないことは仕方がない。しかし、講義で学んだ範囲は、「知っている」のだから、いいわけできない。負けられない。"

　これは法科大学院時代に私が一貫して抱き続けていた思いだ。

　この思いと、周りの人の支えがあって私は無事法科大学院を卒業することができた。

　まずお世話になったのは教授陣。私の母校はいわゆる小規模校で、教授と学生との距離が近く、講義についての改善点など、学生の声を積極的に取り入れようとしてくれたのがメリットだったと思う。教授陣は、私のような純粋未修者に対しても目をかけてくれ、励ましの声をいただくこともたびたびあった。

　そしてもちろんクラスメイト。至らない私に対し、時に鋭い指摘をくれ、時に厳しい叱責をくれ、ハッとさせられることがしょっちゅうだった。彼や彼女らがいなければ私の司法試験合格はなかったと思う。

　その他、警備員のおじさんの「がんばりや」の応援、お掃除のおばさんの「お疲れさま」の挨拶。法科大学院の中の人間関係だけではなく、学生時代からの友人や、当時していたアルバイト先の人たちとのたわいのない会話も私をリラックスさせてくれ、また勉強しようという気持ちにさせてくれた。私の法科大学院生活は、その頃かかわったすべての人によって支えられていたのだ。

　合格した時、もちろん合格したという事実も嬉しかったが、何より、こういった人たちが私の合格を喜んでくれたことが嬉しかった。

　この人たちの支えがあって今の私がある。

　このことだけは何があっても忘れてはいけないと思った瞬間でもあった。

III 法曹となってからの職務、現状

1 企業内弁護士という選択肢

「なぜ企業内弁護士になったのですか？」

これは、「なぜ弁護士をめざしたのですか？」よりも尋ねられる質問だ。

私は法律事務所ではなく企業への就職を選んだ。

理由は、企業法務がやりたかったから。これだけ言って、上の期の弁護士に、「最近の若い弁護士はすぐ『企業法務がやりたい』という。一般民事をやって、依頼者にありがとうと言われることがどれだけ嬉しいことかわかっていないのではないか」と、非難めいたことを言われたことがある。

確かに、目の前の依頼者から感謝の言葉を受けることは非常に嬉しく、弁護士としてのやりがいを感じる瞬間でもあるし、尊いことだと思う。それ自体は否定しない。

けれど、私は、感謝の言葉を聞きたくて弁護士になったのではない。むしろ、依頼者が弁護士に感謝しなければならない状態に陥る前に、何らかの形でかかわって、何ごともなく彼や彼女らの日常を続けさせられることができたら、と思うのだ。

法科大学院時代に、「予防法務」という言葉を知った。

弁護士＝訴訟対応だと考えていた私にとって、目からうろこが落ちる思いだった。「企業」というと何か大きなもののような印象になるが、そこでは個々の人間が働き生活の糧を得ている。「企業」が法律問題を抱えることで、そこで働く人間の生活が危ぶまれることも少なくない。「企業」の法律問題を予防すれば、そこで働く個々の人間の生活を守ることができる。少なくとも彼や彼女らは仕事という日常を続けられる。一面的なものの見方かもしれないが、私が企業法務をやりたいと思った動機はそこにある。

ここまでいうと、「それなら別に顧問弁護士でもできるんじゃないの？ 企業に就職する理由ってあるの？」と尋ねられる。

顧問弁護士にはできなくて、企業内弁護士にできること。それは、会社員

としての経験。何を当たり前のことをいっているのだという声が聞こえそうだが、企業法務をやるうえで、私はこの経験が重要だと考えたのだ。

　社会人経験なくして弁護士資格を得た私は、「企業」で日々どのようなやりとりが交わされているのかを全く知らなかった。稟議書の位置づけ、決裁の意味、種々の規程の重要性、そこで働く人々の思い……。私にとって、それらはすべて未知の世界で、真新しいものばかりだった。企業内弁護士という道を選ばなければ、決して肌で感じることはなかった世界だ。

　私は器用な人間ではない。もしこの会社員としての経験がなければ、仮に顧問弁護士として企業とかかわったとしても、真に的確なアドバイスができる自信はない。どこか上滑りな意見しかいえない気がする。他の人が何といおうと、私にとっては、企業に就職した意味は大いにある。

2　企業内弁護士の業務

　では、企業内弁護士の業務とはいったいどのようなものなのか。企業内弁護士という道はまだまだ未開拓。その道を選んだ人間の中でも、携わっている業務はさまざまで、「型」というものはないと思う。

　私の場合、主な業務は、契約書審査、法的相談（契約締結に関するものや社内書式の作成に関するものなど）、社内規程の整備、コンプライアンス研修などである。かなりの優良企業に勤めているおかげか、業界的な関係か、法律問題らしい法律問題には遭遇したことはない。

　ただ1度、契約書の不備があり、担当部門に指摘は出したものの、修正しないという判断をしたとの報告を受けたのでそのままにしていたところ、後にそのことがちょっとした問題になったということはあった。社内ルール上は、担当部門の判断に対して私が何かいう権利というものは与えられてはいない。しかし、それで黙っていては企業内弁護士の意味がない。何より、その不備を修正しないことの意味を十分に理解していなかった自分が恥ずかしかった。初めて自分の立場に怖さを感じた瞬間でもあった。自分の仕事は100％できていて当然。1つでも見逃せば大きな事件を引き起こす可能性を秘めている。もっともっと会社の業務や取引慣行について学ばなければなら

ないと反省した出来ごとであった。

　私の会社は、企業内弁護士がいる企業の中では最も小規模な部類に入ると思う。だからこそ、自分の声や自分の判断が確実にトップに届く。それが醍醐味の1つかもしれない。トップの考えも直接聞くことができる。何をめざしているのか、いち早く察し、それを実現するために自分は何をしなくてはならないのかをリサーチし、準備しておく。それは単なる「考え」のレベルにすぎず、船出の声はあがらないかもしれない。それでも、ゴーサインが出てから準備をするのでは遅すぎる。それに、準備しておいたことは、自らの知識となり、決して無駄にはならない。これもまた、企業内弁護士の役割の1つだと思う。

3　日本の企業内弁護士に対するイメージ

　このように、企業内弁護士の魅力は多々あるが、立場上、思うところが全くないわけではない。

　私たち企業内弁護士は、事務所勤務の弁護士同様、新人研修を受け、特定公益活動の義務も等しく課され、弁護士会としては全く同一の扱いがなされている。しかし、企業内弁護士をどこか別モノ扱いしている方がいるように思う（特に事務所勤務の弁護士の中にそういう傾向がある方が多いように思う）。

　私はある弁護士に、「この子、『一応』弁護士やねん」と紹介されたことがある。

　弁護士にはどんな新人に対しても「先生」と敬称を付けてよび合うという、私にはどこかくすぐったくなるような慣行がある。これは傍からみれば奇妙な慣行に映るかもしれないが、新人であっても弁護士という資格を得た以上は対等だというある種敬意の表れなのだと聞いたことがあり、決して嫌いな慣行ではなかった。だから、こういう言われ方をして、正直驚いた。

　「一応」の意味を問うたところ、「企業内だから。法廷に立たないから」とのこと（念のため付言しておくが、企業内弁護士の中でも法廷に立つ者はいる。あくまで、その当時、私自身が法廷に立ったことがなかったというにすぎない）。別に何ていうことはない会話ではあったが、ああ、こういうふうに思ってい

る人はおそらく少なくないのだろうな、と感じた。

　業務拡大という外へのアピールも大切だが、内部的な価値観を変え多様性を受け入れられるような弁護士会そのものの組織づくりが先決問題のように思う。あるいは、弁護士資格を得る前の、法曹養成プロセスの中にこういった価値観を受け入れる土壌を築いておくべきなのかもしれない。海外では企業内弁護士など当たり前。むしろ法務担当者で弁護士資格を有しない者のほうが少ない。法律事務所で働く弁護士が、彼や彼女らを別モノ扱いしているという話（少なくとも事務所勤務よりも劣位に位置づけているという話）は聞いたことがない。

　日本の企業内弁護士に対するイメージの1つに、どうやら「事務所に就職できなかった者がいくところ」というものがあるようだ。司法修習生の就職難が叫ばれる昨今、望まずして企業へ就職する者もいることからそういうイメージができあがったのかもしれないが、とても悲しいことだと思う。

　企業内弁護士の知人は何人もいるが、魅力的な人間が多い。私のように、積極的に企業内弁護士という道を選んだ人も少なくない。もしこの本を読んでいるあなたが企業内弁護士に少しでも興味があるのなら、どうか、実際に企業内弁護士を経験したことのある人の声を聞いてほしい。事務所弁護士経験者の声だけを聞いて企業内弁護士の価値を判断しないことを切に願う。

4　法律事務所での勤務

　さて、ここまで企業内弁護士の話をしておいて水を差すような気もするが、私は今、法律事務所に所属している。弁護士としてより多角的な視野を獲得するための修行に出させてもらっているのだ。

　事務所には、ボス弁（弁護士の間では、事務所経営者の弁護士を「ボス弁」という）と事務局の女性2人と私の合計4人。

　主なクライアントは企業で、契約締結段階での法律相談が多数を占める。ひと口に契約といっても、その種類は多岐にわたるし、注意しなければならない法規制も実にさまざまである。外国の法規制の知識が必要な場合も少なくない。これを、ボス弁はいとも簡単に的確なアドバイスをして片づけてい

く。何の知識もない私の出る幕など当然存在しない。

　壁は言葉にもある。企業から送られてくる契約書には、英語のものが多い。「読めない」ことほど無力さを痛感することはない。正直悔しい。ボス弁は外国語が堪能。英語はもちろん、あるときには、「韓国の法律は……」と、本棚からおもむろに韓国の法律書を取り出し、ハングルをすらすらと読んでみせたこともあった。それだけではない。「わしはもう読んだよ」と私の机の上にドイツ語の資料を置いておいてくれたこともあった。最近の興味はもっぱらギリシャ語にあるらしいが、英・韓・独の語学勉強も怠らない。

　勉強を怠らないといえば、クライアントの業務に関連する情報の収集にも余念がない。ある時、インターネットのとあるサイトから打ち出した資料を見せ、「今度、あそこの会社の人に質問するねん」と嬉しそうに話してくださった。ほかにも、クライアントの企業について、事務所を訪ねてきた当該企業の担当者の方よりも詳しく話して聞かせたこともあった。当然、クライアントの役員の方個々人の関心ごとについてもアンテナを張っている。

　豊富な知識はもちろん、このクライアントに対する接し方、どこまでも学ぼうという姿勢、あふれる好奇心……。私が一生かけてもボス弁には追いつけない。だからこそ、この人の側で働くことができてよかったと思う。どれだけ側にいても常に何かを学びとることができる。

　ふがいない私に嫌な顔一つすることなく、ただ、「勉強せなあかんよ」と言う。その言葉は、私にグサリと突き刺さる。と同時に、向上心をかきたててくれる。

　このように、弁護士登録後わずか1年の間に「内」「外」双方の視点にふれる機会を与えられたことは本当に幸せだと思う。おかげで、多くの人々とかかわり、その価値観にふれることができ、私を成長させてくれている。

　今後、自分がどうなっているのか、どんな弁護士になりたいのか、まだまだ先はみえないが、今はただ、人の、企業の、社会の役に立てる職業を全うできるように前進あるのみ。そして将来、どんな弁護士になったとしても、支えてくれた周りの人たちがいるからこそ自分があるのだということを忘れない人間でいたい。

vol.18 小さなきっかけが将来を変える
―― 家庭裁判所調査官の道へ

樫本晴香（かしもとはるか）

略歴：平成16年関西大学法学部卒。同年甲南大学法科大学院（未修）入学。19年同修了。平成22年4月東京家庭裁判所調査官補。
新司法試験受験：平成19年、20年

I 司法試験受験

　中学生の頃、阪神・淡路大震災で叔父が生死不明になり、民法30条の特別失踪の手続を弁護士の先生にお願いしたのが法曹への興味の始まりであった。
　裁判所に事件が係属し、その当事者となるといった人は、ほんのひと握りである。しかし、それらの人が特別な人かといえばそうではない。ごくごく普通の人生を送っていた人も、ある日突然紛争に巻き込まれてしまうことがあるのだ。そうしたときに、自分の知識や経験が誰かを手助けすることができたら。そういった思いで法曹をめざしてきた。
　しかし、私はもともと好奇心旺盛な性格である。また、司法試験に上位で合格しなければ希望の就職先に就けず、やりたいことができないのではないかという不安もあった。そういった理由から、法科大学院卒業後の2年間、司法試験の受験の傍らアパレルや銀行などの一般企業で働いてきた。

そしてあるとき、法科大学院でゼミを担当してくれていた弁護士から、「本気で受かりたいならうちの事務所で事務員をしながら勉強しなさい」と声をかけられたのがきっかけで、法律事務所の事務局職員として働き始めた。その事務所は刑事事件を主に取り扱う公設事務所であったため、被疑者国選から付添人に選任される少年事件が多くあった。そういった事件を事務方で支える中で、非行少年の記録を読んだり、手紙の授受を行ったり、裁判所との連絡調整をしていく中で、調査官という仕事に出会った。

Ⅱ 家庭裁判所調査官に進路変更をした理由

　司法試験からの進路変更のきっかけは、3回目の新司法試験を受けるか受け控えるか迷っていたときのこと。「調査官試験を受けてみてはどうか」という弁護士からのひと言であった。家庭裁判所調査官は、その事務所に入るまで存在も知らなかった職業だが、調べてみるとすごく魅力的な職業であることに気がついた。

　たとえば、国家公務員Ⅰ種に準じる扱いであり、裁判所職員総合研修所において実務を行いながら2年間の充実した修習を受けられること、家庭裁判所だけに家庭にしっかり軸足をおいたワーク・ライフ・バランスを保てること、調査官調査は受命の範囲内で裁量が認められ、自分のスタイルで調査できること、報告書にはケースを見立てた自分の意見を書くことができること等々。大学受験の際に心理学部と法学部を迷ったほど興味があった心理学について、給与をもらいながら勉強できるということも大きな魅力であった。

　確かに、法曹三者の場合にも修習があり、ワーク・ライフ・バランスを保つことは不可能ではない。各仕事には裁量があり、人を相手にするところも共通している。その点で同じなのに、なぜ法曹でなく家庭裁判所調査官を選んだのかといわれると、同じだからこそ選ぶことができた、ということだと思う。

　家庭裁判所調査官であれば、一所懸命勉強してきた法律を活かすこともできるし、興味をもっていた心理学にふれることもできる。自分が仕事におい

て魅力に感じる特徴も兼ね備えている。

　法曹と違っているからいいと感じて進路選択した、というよりは、むしろ法曹と似ているから進路変更しやすかったのだと思う。また、それに加えて、早く実務につきたいという強い思いが、目の前にあるチャンスを活かそうという決断をさせたのだと思う。

III　家庭裁判所調査官になるには

1　採用試験

　家庭裁判所調査官とは、一般的に、人間関係諸科学の専門家、と紹介される。そのため、受験者は、心理学や児童福祉系の者も多くみられるが、最近は法学部出身者も増えてきている傾向にある。

　家庭裁判所調査官になるには、裁判所職員（家庭裁判所調査官補）採用I種試験に合格し、家庭裁判所調査官補として採用される必要がある。毎年夏頃に発表される試験合格者は70名程度である。

　なお、家庭裁判所調査官の採用試験については、平成24年度から裁判所職員採用試験全体の試験が変更されることに伴って大きく変わるようなので、裁判所のホームページなどを参照されたい。

◆ *Comment*──新たな裁判所職員採用試験の概要◆

　裁判所では、国家公務員制度改革基本法および人事院の採用試験の見直し（平成22年8月10日公表）の基本方針を踏まえて、①現行の裁判所事務官採用I・II・III種試験および家庭裁判所調査官補採用I種試験を廃止し、裁判所職員採用総合職試験・一般職試験に再編する、②総合職試験に院卒者試験を創設するなど、見直すこととした。

　新たな裁判所職員採用試験については、人事院の方針等を踏まえて、平成24年度から実施する方向で検討を進めている。

　総合職試験のうち「法律・経済」区分受験者は、申込みに際して、あわせて一般職試験（大卒程度試験）の受験者としての取扱い（特例）を希望することができる。「法律・経済」区分で採用されると、裁判所事務官として裁判事務や司法行政事務に従事する。「人間科学」区分で採用されると、家庭裁判所調

査官補として裁判所職員総合研修所家庭裁判所調査官養成課程に入所し、同養成課程を修了した者は家庭裁判所調査官に任命される。

受験資格は、①院卒者試験：30歳未満の者で大学院修士課程修了または専門職大学院専門職学位課程を修了した者および修了見込みの者（年齢は試験実施年度の4月1日におけるもの）、②大卒程度試験：21歳以上30歳未満の者で、大学を卒業した者および卒業見込みの者。

試験種目は、院卒者試験、大卒程度試験ともに、
・第1次試験：基礎能力試験（多肢選択式）および専門試験（「法律・経済」は多肢選択式、「人間科学」は記述式）
・第2次試験：専門試験（記述式）、政策論文試験（記述式）および人物試験
・第3次試験：人物試験（「法律・経済」のみ）

となる。採用候補者名簿の有効期間は、院卒者試験、大卒程度試験ともに1年であるから、合格した年に採用がなければ次年度再受験となる。

採用試験合格後、家庭裁判所調査官補として約2年間の研修を修了すると、家庭裁判所調査官に任命される。理念的には家庭裁判所調査官となる段階において、1以上の心理テストに関する技法、職務に関する領域における相当の法的知識などを身に付けることが求められる。実際の業務内容については、さらに先輩方の働きぶりが掲載されている裁判所のホームページも参照されたい（http://www.courts.go.jp/saiyo/message/tyousakan/index.html）。

2　採用から任官まで

私は平成22年4月に東京家庭裁判所で採用され、現在の身分は「家庭裁判所調査官補」である。めでたく「補」がとれて一人前の調査官となる「任官」の時期は、採用から2年後である。

IV　家庭裁判所調査官の仕事

ところで、肝心な「家庭裁判所調査官」の仕事については、ご存知の方は

少ないのではないかと思う。かくいう私自身、受験直前に図書館で『わたしは家庭裁判所調査官』（藤川洋子著）という本を読んで知ったぐらいである。そこで、私の少ない実務経験と知識の中から少し業務内容を紹介する。

以下、条文に基づいて調査官の職務権限を記載する。

1　家事係調査官の職務権限

調査官による調査は、人間関係諸科学の専門的知識と技法に基づいた事実の調査およびその他の職務を通じて家事審判官や調停委員会を補佐、補充するものである。家事事件の審理においては、事件や当事者の状況に応じた臨機の措置をとることが必要な場合があり、機動性の発揮が調査官調査に求められている。

家事審判法関係の権限として、以下の6つがあげられる。

① 事実の調査（家事審判規則（以下、「家審規」という）7条の2、137条の2）
② 審判または調停期日への出席、意見陳述（家審規7条の4）
③ 社会福祉機関との連絡等の調整措置（家審規7条の5、137条の3）
④ 正当な理由がなく出頭しない当事者に対する出頭勧告（家審規7条の2、7条の5）
⑤ 履行確保に関する事務（家審規143条の4）
⑥ 後見監督に関する事務（家審規86条の2、88条3項、89条、93条の2、93条の3）

2　少年事件係調査官の職務権限

主な仕事は、少年保護事件における少年や家庭の問題の実地調査・把握などである。少年保護事件に関しては、一定の場合に命令なくして調査することが認められているが（少年法7条2項）、これは当事者の申立てや裁判官の命令によって権限行使することが通常である裁判所職員に対して認められる権限としては異例のものである。

① 事件の調査（少年法8条2項）

② 保護者に対する措置（少年法25条の2）
③ 審判出席と意見陳述（少年審判規則28条2項、30条）
④ 試験観察（少年法25条）
⑤ 立件報告（少年法7条）
⑥ 同行状の執行（少年法13条1項）
⑦ 決定の執行（少年法26条1項）
⑧ 調査官観護（少年法17条1項1号）
⑨ 被害者等の申出による意見の聴取（少年法9条の2）
⑩ 動向視察（少年審判規則38条）

3　高等裁判所における職務権限

高等裁判所にも家庭裁判所調査官が配置されており、抗告審の審理に必要な調査を行う。

(1)　家事審判法関係

家事審判法で定める家庭に関する事件の審判に係る抗告審の審理に必要な調査を行う（裁判所法61条の2第2項）。

(2)　人事訴訟法関係

人事訴訟法で定める人事訴訟事件における付帯処分および親権者の指定についての裁判に係る控訴審の審理に必要な調査を行う（裁判所法61条の2第2項）。

V　試験勉強の方法

家庭裁判所調査官試験の直前まで受験するかどうかも迷っていたので、計画的な勉強はしていなかった。そのため、参考にならないかもしれないが、仕事で休みをとった1週間で集中して行った短期集中型の勉強法を紹介する。

1　一次試験

まず、とにかく時間がないので、国家公務員Ⅰ種試験の一般教養を1冊に

まとめたものをひととおりやってみた。公務員用の予備校に通っている人たちも多いようだが、何しろ科目として何が出されるかも知らない状態だったので、過去問を知ることが第1順位だと考えた。また、数学が苦手なので、50頁ぐらいの大学受験レベルの数学の問題集を購入し、2回ほど解いた。科目が多いので、「3日で受かる国家公務員Ⅰ種」という本も読んだ。

2　二次試験

　二次試験以降、法律以外にも小論文が試験科目にあるということが一番不安であった。最初は心理学で受験しようと考えたが、つけ焼き刃で心理学部出身の受験者に太刀打ちできる可能性は低く、過去問を解いてみてもさっぱりであった。

　そこで、素人でも感覚的に何か書ける科目はどれかと考えたときに、社会学であれば、用語になじみがあり、何かしら想像でもっともらしいことが書けるのではないかと考えた。結局、二次試験は社会学と法律で受験したことが功を奏した。

3　面接試験

　家庭裁判所調査官試験において最も比重が大きいのが面接試験である。面接に関しても予備校があるようだが、私自身は何も用意せず、強いていえば試験当日に事務所の弁護士に想定問答をお願いし、練習させてもらったぐらいである。面接練習を引き受けてくれた事務所の弁護士は、公務員試験を受験したことがあったので、そういった人物が近くにいるのなら、面接の練習相手になってもらうのもよいかもしれない。

　実際の面接試験では、法科大学院卒であることと受験資格があと1回残っていたことから、司法試験をあきらめることができるのかということに重点をおいて尋ねられた気がする。

　また、家庭裁判所調査官に進路を変更した理由についても詳しく尋ねられた。それについては、机上の勉強ではなく、少しでも早く実務について仕事がしたいということを強調して述べた。法曹から調査官への転向理由につい

ては、何かにつまずいた少年や当事者に対し、自分が司法試験に合格することができなかったという挫折の経験を語れるということはむしろ宝であり、家庭裁判所調査官というのは自分の今まで歩んできた人生すべてを活かせる職業であることが魅力であると熱弁した気がする。

さらに、家庭裁判所調査官になるにあたって切っても切れない問題が「全国転勤」である。転勤が可能なのかどうか、覚悟があるのか、といったことは繰返し聞かれた項目の1つである。自分のライフプランをしっかりともって臨むことが肝要である。

VI 最後に

司法試験という専門性の高い難関試験に没頭し、専念すればするほど、「もし自分が合格できなかった場合につぶしがきくのか」と不安な気持ちも大きくなるのが普通である。年齢を重ねれば重ねるほど、その不安も大きくなる。そういう不安から、アパレルや銀行など寄り道もしてしまった私であるから、司法試験受験生、特に法科大学院卒業生の法曹三者以外への就職、能力の活かし方というテーマで執筆を依頼された時は、そういった不安を少しでも解消できるお手伝いができたらという思いで執筆を引き受けた。

今振り返って思うことは、法律を学んでいるということはどんな仕事についても、稚拙な言い方ではあるが「頼りにされる」し、自分自身でも強みになると思う。また、受験勉強に励んできた集中力と精神力はどんな仕事にも、またどんな試験にも活かせる武器になる。そして、受験勉強を続ける中でもぜひいろいろなことにアンテナを向けてほしい。小さなきっかけが自分の将来をよい方向に導いてくれること、何より人とのつながりがそうしてくれたことを、私は本当に実感している。

法科大学院には、いろいろな年齢層のさまざまな経歴をもった人たちが集まっている。したがって、法科大学院卒業後も、合格してもしなくても、各人がさまざまな進路をとる。そういったいろいろな人たちと出会える場であることは、法科大学院のメリットであると思う。ぜひ、そのつながりを大事

にして、卒業後も交流してほしいと思う。

失敗の連続から
大きな成長へ
——民間企業就職の道へ

vol 19

斎藤裕之（さいとうひろゆき）

略歴：平成17年中央大学法学部卒。同年立命館大学法科大学院（既修）入学。平成19年同修了。平成21年6月株式会社神鋼環境ソリューション入社。
新司法試験受験：平成19年、20年

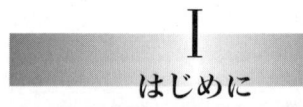

I はじめに

「『失敗』と書いて『せいちょう（成長）』と読む」。

これは、日本プロ野球チーム楽天イーグルスの元監督の野村克也氏の言葉である。私は、この言葉に強いシンパシーを感じる。

私は、司法試験に合格することができなかった。「不合格」という言葉から大多数の人が連想するイメージは、決してよいものではないであろう。しかし、今、率直に思うことは「司法試験が不合格となってよかった」ということだ。なぜなら、私は、司法試験の不合格を受け就職活動を始めたが、その過程で犯した失敗の連続を通じ、大きな成長を遂げることができたという自負があるからである。

本稿では、私の就職活動における失敗を1つでも多く紹介し、法科大学院卒業生が法曹界に限らず各業界へ嬉々として羽ばたいていく動機づけになっ

てくれればと思う。

Ⅱ 就職活動開始の決意

1 新たな道へ

　私は、最高裁判所判事を務められた才口千晴先生の講演や、弁護士宇都宮健児先生の著書を通じて知った法曹の姿に憧れ、法曹をめざして勉強してきた。そして、新・旧の司法試験にそれぞれ2度挑戦したが、最終合格に至ることはできなかった。

　大学、法科大学院を通じて約7年間、勉強を続けてきたため、法曹に対する思い入れが強かったこと、そして、もう1度チャレンジしてみたらどうかとアドバイスしてくれた弁護士の先生や同級生が少なくなかったことから、受験か就職活動かで悩んだが、以下で述べるように、あれこれ考えた結果、最終的には就職活動を決心した。

2 受験回数の自己設定

　まず、大学を卒業し、そのままストレートに法科大学院へ進学するにあたって、私は「新司法試験の受験は2回まで」とあらかじめ基準を設けていた。資格試験の勉強は、環境が許す限りは、一生挑戦し続けられる。しかし、資格試験の勉強期間が社会人経験として認められることがないように、いくら資格試験に挑戦し続けても、社会人経験なくして社会における自分の存在を認識することはできず、一人前の自分は実感することはできないのではないだろうか。そこで、客観的な線引きが必要であると考え、「新司法試験の受験は2度まで」と決めたのである。

3 自分なりの達成感

　最終合格に至ることはできなかったが、弁護士とのゼミや法科大学院生同士での自主ゼミ等、自分で思いつく限りのやるべきことはやり尽くしたという、ある種の達成感を感じていた。そのため、もう1度受験することのほう

が、むしろ楽な選択をするような感覚があり、就職活動に挑戦すべきだという思いが徐々に強くなっていった。

　こうして、自分の中で客観的にも主観的にも納得したうえで、積極的に就職活動を決心することができたと思っている。

4　広い視点から

　誤解を避けるため付言しておくが、「就職活動をすること」イコール「法曹を未来永劫、諦めること」だとは思っていない。ただ、法科大学院修了生には、1つに凝り固まるのではなく、さまざまな生の体験をして得た広い視点から、積極的な決断をしていってほしいと思っている。

　現に、私自身、就職活動をし、社会人生活を送り、その結果、自分のしたいことはやはり法曹であるという積極的な答えが出たのであれば、再度、法曹にチャレンジすればよいと、今でも思っている。もっとも、現在、職場において知的好奇心が尽きることはなく、あれこれやってみたいことばかりで、法曹への再チャレンジは全く念頭にない。恥ずかしい話であるが、法曹一辺倒であった学生時代の私は、井の中の蛙だったのかもしれない。

III　就職活動

1　就職活動の開始

　このようにして、新司法試験に2回目の不合格が決まった平成20年9月、就職活動を決意したものの、早速、困難の連続であった。「困難の連続」というのも、つまるところは、私が全くの世間知らずであったことに尽きるのだが、恥を忍んで紹介することにする。

　最大の困難は、そもそも何をすべきかわからなかったことにある。

　まず頭に浮かんだのは、国家公務員、地方公務員、法制局、裁判所職員などの各種の公務員試験であった。その受験資格、選考フローなどに関する情報は、公務員の道へ進んだ法科大学院時代の知合いの話や、それぞれの機関のホームページから、比較的容易に知ることができる。また、試験科目も司

法試験と重なる部分が少なくない。

　しかし、公務員だけを志すことは受験科目上の便宜を考えた消極的な選択に思えてしまったことに加え、そもそも公務員としてやりたいことを想像できなかったため、結局、公務員という道は1つの選択肢にとどめることにした。もちろん、前述の法曹への再チャレンジの話と同様で、その後の就職活動の結果、自分のしたいことが公務員であるという積極的な答えが出たのであれば、公務員をめざせばよい。形式的には回り道にみえる就職活動も、公務員への積極的な動機づけを得られたという意味で、決して無駄にはならないだろう。ただ、私は、その後の就職活動の結果、公務員になりたいとの動機づけは得られなかった。

2　民間企業への就職活動

(1)　入口での行き詰まり

　次に頭に浮かんだのは、民間企業への就職活動である。しかし、いつ、どこで、何をすればよいのか皆目見当がつかなかった。

　あいにく私のまわりには民間企業の道へ進んだ法科大学院修了生の知合いはいなかった。また、各企業のホームページの採用欄をみても受験資格が判然としなかった。私は、大学を卒業し、そのままストレートに法科大学院へ進学したため、就業経験がない。そのため、就業経験を受験資格とする中途採用の対象とはならない。また、法科大学院を修了した私は学籍を受験資格とする新卒採用の対象にもならない。エントリーという採用の入口の時点で、早くも行き詰ってしまったのである。

　大学の学部と異なり、法科大学院にキャリアセンターというものは設けられていない。苦し紛れに、大学の学部のキャリアセンターに相談に行ったこともあったが、在学者の新卒採用へのサポートセンターである以上、当然のことであるが、エントリー方法はわからないままであった。また、法科大学院修了生を対象とする就職支援機関や人材紹介会社のキャリア・カウンセリングを受けたこともあったが、具体的な方針を立てられずにいた。

(2) エントリー先の発掘

このように、民間企業への就職活動は遅々として進まない状況で、そもそも民間企業では法科大学院修了生に対するニーズはないのではないかと危惧したこともあった。しかし、冷静になって考えてみると、全くそのようなことはなく、就職活動が進まない原因は、意外と単純なところにあるのではないかと考えるようになった。すなわち、そもそもアプローチ先を間違っているのではないかと考えたのである。

民間企業へ就職活動をするにあたり、私がアプローチしていた先は、前述のとおり、キャリアセンターや就職支援機関、人材紹介会社といった第三者機関であった。

確かに、第三者機関において、法科大学院修了生に対する求人の有無、エントリー方法などの採用情報が集積されているのであれば、これ以上便利なものはないであろう。

しかし、そういった情報の集積がないのならば、単純に、自ら各企業に対し、自己の状況を説明して回り、採用情報を直接問い合わせれば、生の情報を十分に収集できるはずである。仮に、少なくとも会社情報誌や新聞の株価欄から知れる企業すべてに片端から問い合わせ、すべてが求人なしとの回答であれば、それは「民間企業において、法科大学院生に対するニーズはない」ということがいえるかもしれない。それさえせず、第三者機関から採用情報がないことをもって、「ニーズがない」と考えるのははなはだお粗末な思考だったと思う。

このようにして考えがまとまってくれば、あとは実践あるのみと考えた。

(3) 電話で

まずは、各企業の採用担当窓口へ、電話による問合せから始めた。

「突然にお電話にて失礼致します。私、立命館大学の法務研究科に在籍しておりました斎藤と申します。採用におけるエントリー資格についておうかがいしたいのですが、御社の採用試験へエントリーしたいと考えているのですが、法科大学院修了生はどういった手続をすればよろしいでしょうか。中途採用でしょうか。新卒採用でしょうか。あるいは、ほかに何かエントリー

方法がありますでしょうか」。就活ノートに書き留められていた電話問合せのセリフの原稿である。当時は、必死に考えて電話していたのだが、こう書き起こしてみると、何ともへんてこなセリフで恥ずかしさを通り越して笑えてくる。案の定、自分の状況を説明しきれず「現在、そういった採用活動は行っておりません」という回答の嵐であった。

(4) 電子メールで

電話ではいけないと思い、次は、電子メールによる問合せを始めた。

電話での失敗を踏まえ、要点を端的にまとめ、電子メールを送った。13の企業からは、新卒採用として、ぜひ、エントリーしてみてほしい旨の返事があった。単にエントリーが認められただけであるのに、小躍りして喜んだ。しかし、結論からいうと、これも失敗に終わった。というのも、企業によっては、採用担当窓口としての電子メールアドレスがなかったのである。また、アドレスがある企業であっても、思うように返信を得られなかったことがほとんどであった。

(5) 直談判で

電子メールでもいけないと思い、最終手段である直談判による問合せを始めた。

京都、大阪、名古屋、東京で開催された入退場自由の合同企業説明会や、特別に参加の許可をもらった合同企業説明会、17会場へ足を運び、102社の企業ブースを訪問し、直接、人事担当の社員の方に事情を説明してまわったのである。10分から15分間の全体的な企業説明が終わると、直談判タイムのスタートである。ブース内の一番年長と思われる社員の方に狙いを定め、個別に質問があるといって、法科大学院の制度説明から始まり、現在の状況説明、そして、その会社の事業に興味がある旨を告げ、どんな形でもよいので採用試験を受けさせてほしいとお願いしてまわった。21歳の大学3年生の中を、1つでも多くのブースをまわろうと、アイドルファン顔負けの開門ダッシュのうえ、会場内を鬼の形相で駆け回る27歳・社会人経験なし・無職の男の姿を想像するにつけ、思い出し笑いを禁じ得ない。

全く話さえ聞いてもらえず門前払いの企業がある一方で、東京ビッグサイ

トの一画で自分1人のために1時間以上もの時間を割いて相談にのってくださったり、日を改めて会おうと連絡先を教えていただいたりした企業もあり、本当に感謝の念に堪えない。

　直談判が功を奏し、43の企業からは新卒採用として、11の企業からは中途採用としてのエントリーを認めていただくことができた。

　はたして、私のとった行動が最善の方法であったかはわからない。もっと合理的な方法があったのかもしれない。しかし、一定の目的を定め、そのための手段を考え実践し、失敗したら、また別の手段を考え実践し、また失敗したら、さらに別の手段を考え実践し……この繰返しの末に目的が達成できたときの喜びはひとしおである。困難を前にくよくよ悩んでばかりいるのではなく、七難八苦ドンと来い、どんなことでも乗り切ってみせるとのファイトをもって、自分で考え、自分で実践する姿勢は、いつまでも忘れないでいたいと思っている。

3　ゼネコン志望

　エントリー先確保のための活動を紹介してきたが、最も多くの問合せをし、最も多くのエントリー先を確保したのは、ゼネコン業界であった。

　私は、ゼネコンへの就職を希望していた。ゼネコン業界こそ、法科大学院で培った法的思考力をいかんなく発揮し、そして、私が法曹をめざした所期の思いを実現することができると考えたからである。

　ゼネコン業界の仕事は、空間的にも金額的にも大規模であるため、発注者、行政、下請け、近隣住民、銀行など多くの利害関係人が存在する。また、その業態は単品受注生産であるため、同じ請負契約であってもその内容は工事ごとに異なる。このように、広範で複雑な法律関係が問題となるゼネコン業界こそ、約7年間の勉強で培ってきた法的思考力をフル活用して働くことができるフィールドであると考え、同業界に興味をもったのである。

　また、最初に少しふれたが、私は、中小企業や個人の倒産・破産をはじめとする社会問題に取り組む才口先生や宇都宮先生に憧れ、法曹を志望した。特定の依頼者の救済に始まり、ひいては社会全体のために働く姿に共感を覚

えたからである。そのため、就職活動中も、社会貢献できる仕事を希望していた。この点、私は、ゼネコン業界において、PFI 事業を手がけてみたいと考えていたのである。

　PFI とは、Private Finance Initiative（プライベート・ファイナンス・イニシアチブ）の略で、民間の資金、経営能力および技術能力を活用して公共施設などの建設、維持管理、運営などを行う公共事業を実施するための手法をいう。かかる手法によれば、政府・地方自治体は事業期間中にサービス料を支払えば足り、厳しい財政状況にあっても公共サービスを提供することができる。結果、住民などの利用者は安定供給される公共サービスを享受できることになる。さらに、事業実施機関となる民間事業者は、公共事業への参画機会の増大を期待することができる。このように、公共部門、利用者、民間事業者それぞれに Win-Win-Win の関係をもたらし得る PFI 事業にかかわることで、法曹をめざした所期の思いが叶うと考えたのである。

　蛇足だが、私が、PFI について知ったのは、法科大学院在学中に法務省の保護局、矯正局へのエクスターンシップに参加したときであった。日本初の山口県美祢市の刑務所 PFI が紹介され、ゼネコンをはじめとする民間企業が刑務所という最も公共性の高い事業の運営を行っていることに驚いたものだ。こういった経緯もあり、PFI 事業へかかわることができれば、法科大学院へ進学した意義があったと思える気がしていたのかもしれない。

4　踊る好奇心と就職先の決定

(1)　業界研究

　前項で述べたとおり、法曹志望の後、今度は熱烈なゼネコン志望へと傾倒していった。ただし、ブース訪問や企業訪問を通じ、感じたことは、ゼネコン業界について知りたいのであれば、ゼネコン業界以外の業界について知る必要があるということである。たとえば、ゼネコン業界の単品受注生産という特徴は、それと対称をなす大量見込生産の業界研究をして初めてとらえることができるのではないかと考えたのである。

　そこで、あくまでもゼネコンの業界研究ということを基軸にしつつ、ゼネ

コン業界にかかわる周辺の業界を芋づる式に研究していった。

すなわち、まずは、ゼネコンに原材料を供給するメーカーの側からゼネコン業界をみてみようと、素人感覚の単純発想ではあったが、ゼネコンが建てる建物を分解したら何になるかを考えた。鉄、銅、アルミ、塗料、ゴム、セメントを連想し、鉄鋼メーカー、非鉄金属メーカーなど各種原材料メーカーをまわった。また、ゼネコンは建物建設をするにあたって、原材料以外にどのようなものを準備する必要があるのかを考え、建機メーカーや重電、弱電メーカー、重工業メーカーをまわった。さらに、ゼネコンに対して建設代金を支払う顧客や、プロジェクト資金を調達する投資家の側からゼネコン業界をみてみようと、ディベロッパーや、商社、銀行をまわった。

ゼネコンとの比較対象という観点から始まった業界研究であったが、みるもの聞くものすべてが新鮮で、業界研究が進めば進むほど、それまで自分の知らなかった世界がどんどん開けてきた。こうして、好奇心は踊るばかりであったこともあり、内定をもらった企業は、それぞれ特徴の異なるバラエティーに富んだ企業であった。本命であったゼネコン2社に、芋づる式の業界研究の末に出会ったプラント・ビジネスを手がけるエンジニアリング会社、そして、売上高1兆5000億円の精密機器メーカーの合計4社である。

(2) 就職先の決定へ

最終的に私が就職先として選んだ会社は、2番目に紹介したエンジニアリング会社である株式会社神鋼環境ソリューションという会社である。就職活動を始めるまで、その社名さえ知らなかった会社である。

実は、この時、当初掲げていた法的思考力や社会貢献性といった業界、企業選択の基準は、もはやあってないようなものであった。4社とも、それぞれの提供する商品・サービスは違うといえども、要求される法的思考力の点でも、商品・サービスがもたらす社会貢献性の点でも、差異を見出すことはできなかったのである。

決め手になった要素の1つは、就業開始の時期である。ゼネコン1社と神鋼環境ソリューションからは、内定をもらった月の翌月からの就業の誘いがあったが、残りの2社の場合は次年度の4月からの就業であった。就業開始

の時期は、就職活動を始めた当初は全く気にもとめていなかった。しかし、これまで述べてきたように就職活動を進めるにつれ好奇心は踊るばかりで、少しでも早くビジネスの世界へ飛び込んでみたいとの気持ちが高まり、まず、早い就業開始を望むことができた前2社に絞った。

　そして、最後に神鋼環境ソリューションへ就職した決め手は、プラント・ビジネスという事業の得体の知れなさであった。同社の手がけるプラント・ビジネスは、国内外における水処理プラントや廃棄物処理プラントの設計、調達、建設、運営、維持管理であり、前述のPFI事業も国内におけるプラント・ビジネスにおける1つのスキームである。そのプラント・ビジネスについて、就職活動中、どういった利害関係人との間でどういった法律関係が築かれているのか把握しきることができなかった。

　現在、入社して約2年が経つが、正直なところ、税、保険、貿易などの専門的分野に関する法律関係については、まだまだわからないことばかりで、知的好奇心が尽きることはなく、同社を就職先として選んで本当によかったと思っている。

IV　結　び

　試行錯誤の私の就職活動についてだらだらと書き連ねてしまったが、就職活動を経て、私が法科大学院修了生、特に不合格に終わってしまった卒業生に対して望むことを記して、本稿の結びとしたい。

　物ごとには、悪い面もある反面、必ず良い面もあると思う。司法試験での不合格は、確かに悲しく、悔しい結果であるけれども、良い面はないのだろうか。私は、司法試験を不合格になったおかげで、新たな世界をみることができた。仮に、私が大学3年時に民間企業の就職のために活動していたとしても、おそらく、好奇心丸出しで嬉々とした就職活動はできなかったはずである。法科大学院へ進学し、かつ、司法試験で不合格を受けたことに伴う就職活動であったからこそ、考えに考えを重ねて行動し、たくさんの気づきを得ることができたのだと思っている。

物ごとの悪い面をとらえてくよくよしている時間なんてもったいない。司法試験で不合格であっても何のその、胸を張って正々堂々、頑張っていこう。
　Through struggles and wars, the goal that was named cannot be countermanded.

vol 20 法曹の夢叶わず
―― いわゆる三振者の思い

R（匿名）

略歴：平成14年立命館大学法学部卒。平成16年同大学院法学研究科修士課程卒。同年立命館法科大学院（既修）入学。平成18年同修了。

新司法試験受験：平成18年、19年、21年

I はじめに

　私は、既修者コースの１期生である。新司法試験は、３回受験したものの、現在のところ、敗北で終了している。ここでは、自分の反省点を踏まえて、皆さんが、前車の轍を踏まないように、思うところを述べてみたい。以下では、自分自身が経験したことや、考えていたことを体験談として述べさせていただく。そして、最後に、学部生や法科大学院生の方々へ、助言を述べさせていただきたい。

II 弁護士を志した理由

　弁護士を志した理由は、自然環境を公共事業による破壊から守りたかったことにある。私は、小学校に入学する前から、父といっしょに渓流釣りに出

かけていた。そして、釣り場に向かう途中で、林道開発やダム建設によって川が破壊されていく姿をみてきていたのである。父は、いったん川に土砂が流入してしまうと、川に生息する昆虫や藻が死んでしまい、それらを餌にする魚も当然に死ぬこと、魚道のない砂防ダムを建設することによって、サクラマスのような降海型の魚が激減することを、教えてくれた。単純な私は、それらの破壊行為を阻止したいという気持ちをもつようになったのである。

こうしたことを背景として、大学進学を考える際、環境保護に関する学問を学んでみたいと考えるようになったのは、ある意味において、自然だったのであろう。しかし、残念なことに、高校時代の私は、全く勉強をしていなかった。特に理数系科目は、目を覆うばかりの成績であった。そこで、文系の学部で環境保護について学習できる場所を探してみたところ、環境情報学部、総合政策学部等とともに、法学部でも学べることがわかったのである。

私は、最終的に立命館大学の法学部に進学することにした。思えば、同大学に入学したことにより、弁護士になるための道を進むという意思が固まったといえる。1回生、2回生の時に六法科目とともに副専攻科目として、自然環境をはじめとする環境論コースを受講していた私は、3回生のゼミ選択において、環境法ゼミを選択した。ここで、自然環境保全のための活動をしている弁護士と出会ったのである。その先生は、公共事業の差止め等、自然環境保全に向けた訴訟の代理人を受任していた。ゼミの中では、共同不法行為や住民訴訟等、さまざまな法律論、法的手法を教えていただいた。この先生に師事したことで、同じように自然保護の活動を行うとともに、違法な行政行為の責任を追及し、これを是正するために活動したいと考えたことから、弁護士を志すに至ったのである。

III 法科大学院入学前

学部卒業後、私は大学院の修士課程に進学した。学部の3回生までは、環境論や憲法、中でも人権規定という自分の興味のある分野しか勉強をしていなかった私は、他の主要六法科目を、学部4回生と大学院において勉強して

いたのである。大学院においては、修士論文の作成や就職活動も行っていたものの、最終的には法科大学院に進学することにした。

法科大学院構想は、私が大学院2回生の時に、その姿を具体化しつつあった。そこでは、法科大学院入学前に適性試験が行われることや、TOEICのスコアによっては加点がされるという話が飛び交っていたのである。各法科大学院の入学試験スタイルや必要となる知識レベルについての情報は、皆無といってもよかった。それゆえ、私は、当時の予備校が出版していた適性試験対策本を解くとともに、旧司法試験の論文問題集を解くことにより、対策を行うという状況であった。

現在では、各法科大学院や適性試験の過去問集等、内容のしっかりした対策本も販売されているであろうし、1期生の私の述べる内容は、あまり有益ではないものと思う。

Ⅳ 法科大学院入学試験後

法科大学院入学試験後は、精神のバランスが危うい状況にあった。仮に、不合格であった場合、進路をどのように設定するのかという不安や、本当に就職せずにこの道を進んでよいのかという疑念が存在したからである。当時は、父も健在であったことから、自分の進みたい道を進めるように頑張れという励ましを受けていたものの、不安でしようがなかったことを、今でも覚えている。

結果として、立命館大学法科大学院に入学することができたのであるが、私の反省点としては、合格発表までの時間の過ごし方ということをあげることができる。入学後の時間は、本当に恐さを覚えるくらいに早く過ぎてしまう。それゆえ、法科大学院の入学試験後は、時間が経過しないと判別しない試験結果や、将来への漠然とした不安に思い悩んで時間を潰すのではなく、主要六法科目に抜けが存在しないように基本書を読み返す、新司法試験の短答式問題にチャレンジしてみるといった生産的な活動を行うようにしたほうがよいだろう。

V 法科大学院入学後

1 既修者1回生

　1回生においては、法律論を中心に勉強する機会を与えられた。もっとも、法曹倫理や要件事実論という主要六法科目とは毛色の異なる科目も存在していた。特に、法曹倫理に関しては、重要であると感じるものの、司法試験合格後に勉強すればよいのではないかと常々考えていたものである。他方で、要件事実論は、民法や民事訴訟法といった主要科目の勉強にも大きくつながるものであり、興味をもって勉強をすることができたように思う。また、司法試験の必須科目である行政法の勉強に関しても、公法系科目が好きであることと、担当教授の適切な指導のおかげで、集中して学習することができたと思う。

　授業に関しては、各教科のレジュメをもとに予習を行ったうえで、授業に臨むという形が基本であった。レジュメでは、各授業で扱う分野が示され、関連する判例や基本書、論文が提示されている。そのレジュメを踏まえたうえで、判例や学説のチェックを行うことが必要であった。

　授業の内容に関しては、予習や復習の密度に差を生じさせてしまっていたことがある。このことも、反省点としてあげられる。これから法科大学院に入学される方は、判例や学説について、理解する勉強をしっかりやってもらいたい。特に、既修者の方に関しては、短答式試験の対策本を用いて勉強することをおすすめする。事前に短答式の問題を解いて、理解度のチェックを行ったうえで、予習に臨んだほうが、効率がよいと思われるからである。

　半年ほど授業を受けると、今度は定期試験である。法科大学院の定期試験は、学部の定期試験とは重みが異なる。1回生の前期の間に単位を獲得していることを条件として、カリキュラムが組まれていることがあるからである。法科大学院によってもさまざまだと考えられるが、1回生の間に民法の単位を獲得していないと、2回生で開催される民法実務の授業を登録できないことが想定される。これは、下手をすると、1回生の前期において、いきなり

留年が決定するという意味をもつ。法科大学院進学者の方々には、くれぐれも、カリキュラムに注意してほしいところである。

　私の場合には、1回生の前期において、いきなり不可の評価を受けた科目がある。この時点で留年が決定かと思われたが、夏休み後に追試があるということであった。不可の評価を受けた時の精神的なダメージは、決して小さいものではなかった。法科大学院修了後も、夢でうなされたくらいである。私は、その科目の落第者数十名のうち何名かとともに、夏休みの大半を、その科目の勉強に費やすこととなった。無事に追試をクリアできた時は、心底、ほっとしたものである。

2　既修者2回生

　2回生に進学すると、実務家教員を交えて授業が行われる。大きく分けて公法系、民事系、刑事系、選択科目という形で授業が組まれることになる。そこでは、知識の獲得のみではなく、考える力を鍛えられることになる。レジュメに掲載されている内容だけではなく、少し事案を変えて質問をされることや、原告においてどういう事実があればよかったか、被告においてはどうかということを検討していくのである。時には研究者教員と実務家教員の意見が割れることもあり、楽しい授業を受講することができた。法科大学院の授業の醍醐味であるといえる。

　もっとも、司法試験においては、与えられた問題文がすべてであり、示された事実を存在しないように設定し直すことや、事実を仮定して付け加えることはタブーである。これに対して、法科大学院においては、自分で仮定した事実を用いて議論ができるのであるから、司法試験とは真逆である。他者の意見や自分の経験に基づいて自由に議論ができるという経験は、貴重なものである。特に、学者や実務家教員に1時間半も、半ば拘束するような形で、拙い理屈につきあってもらえる機会はほとんどないであろう。私自身が学生の頃にこのように説かれたとしても、鼻で笑っていたものと思う。しかし、その貴重さは強調しておきたい。

　定期試験後は、学生の司法試験への意識が飛躍的に高まる。当時は、司法

試験対策用の教材も少なかった。サンプル問題等、題材が限られていたうえに、短答式試験の点数は低くてもよいという噂も流れて混乱したこともある。

　司法試験対策として行っていたのは、学校の定期試験を見直すこと、旧司法試験の論文と短答式試験の過去問集を解くこと、また、手続法、商事法、行政法に関しては、追加として、予備校の出していた問題集を解くこと、判例百選を整理することである。当然、すべてを丁寧に行う余裕はない。試験の日時は、刻一刻と迫ってくる。他方で、未処理の問題は、なかなか減らない。結果として、精神的な余裕もなくなってくる。決して、楽しい時間ではない。

VI 法科大学院終了後、司法試験まで

1　1回目の試験まで

　私は、無事に法科大学院を修了することができた。しかし、喜びや達成感はかなり薄かった。その理由は、間近に迫った新司法試験の存在にある。

　幸いにも、法科大学院が修了生にも自習室を用意してくれていたので、法科大学院で勉強をすることができた。授業もなく、司法試験のための勉強に集中することができた。また、法科大学院が、実務家の担当する個別ゼミを用意してくれたことから、週に1回は、ゼミ形式の勉強をすることもできた。その場を借りて、疑問点や思考方法について聞くことができたので、非常に助かった。

　司法試験が始まると、もう後には引けない。短答式試験の問題を解き始めた瞬間に、3回の権利のうち、1つが消えるのである。私の場合、初めての新司法試験は短答式試験で落ちてしまったので、論文式試験の結果については、わからない。短答式試験を重視していなかったことを後悔しても、すでに遅かった。

　ところで、司法試験は、休日を挟んで5日間も時間をとられることになる。それゆえ、試験会場の近くのホテルを予約することも必要になる。したがって、試験会場について法務省が発表をしてくれないと、予約をすべきホテル

の場所も定まらない。幸い、友人から試験会場が発表されたことを教えてもらうことができたので、予約を滞りなく行うことができた。仮に、勉強に集中してホテルの予約を忘れていたとすれば、勉強と全く関係のないことでストレスをためてしまうところであった。

なお、ホテルを予約する際には、部屋の電気の明るさも、気になるところである。ホテルによっては、部屋の電気が著しく暗いところもあったらしい。直前になって自分のメモを見直すにしても、明るい場所で行ったほうが、目の疲れも考えると、好ましく思われる。ホテルの予約に際しては、電気スタンドを個別に用意してほしいなどの要望を早めに伝えておくべきである。

2　2回目の試験まで

短答式試験の不合格通知を受けて、意気消沈をしている間もなく、次の司法試験への準備が必要となる。私の場合、短答式試験で落ちてしまっていたので、比較的早い段階から2回目への対策を始めることができた。他の短答式試験の通過者に、短答式試験の勉強方法を尋ねつつ、その年の司法試験の問題を解き直すことや、旧司法試験の短答式試験を解くことに時間を費やしていたのである。最終合格発表後、本格的に論文式試験対策の勉強を始めた。友人と自主ゼミを組み、学者や実務家教員の指導を受け、また、学校の用意してくれたゼミを活用することで、時間が過ぎていった。勉強の比重としては、もちろん短答式試験を重視した。

2回目の試験に関しては、短答式試験を通過することができた。ただし、不安があった。それは、論文式試験の民法で暴走をしてしまったことにある。今考えると、要件事実を踏まえて事案を分析し、素直に問題を解けばよかったのである。しかし、私は、わけのわからない理屈を並べて、抗ってしまった。そこで、命運が分かれた。結果は、民事系以外は、良好であった。公法系、刑事系、選択科目の点数を述べると、合格に届く点数であるというのが周囲の評価であった。しかし、民事系の点数を述べると、納得の表情をされたものである。

3 　3回目の試験まで

　司法試験の受験生も、3回目まで受験する人は、少なくなってくる。その理由は、合格という喜ばしい理由もあれば、家庭の経済的事情や、当初は7割合格と謳われたのに対して現実が異なるという落胆によるもの、弁護士人口の増加によって予測される将来像に絶望するなど、気分が重くなるものまでさまざまであった。

　私は、同学年のみならず、下級生にも仲よくしてもらったので、再びゼミを組み、勉強をすることとした。そこでは、条文の素読や要件事実の勉強等、基本的な事柄に重点をおいていた。答案練習も毎日行い、最後の試験に向けて備えていたのである。

　3回目の試験に関しては、1回受験することを控えた。最後のチャンスなので、より合格の可能性が高くなってから受験しようと考えたのである。

　しかし、3回目は、短答式試験を通過したものの、論文式試験の結果は2回目よりも悪くなっていた。今考えると、余計なことを書きすぎたことが敗因として考えられる。関係のない話を答案に書くことで、聞かれていることに対するストレートな回答が、希薄になっていたのであろう。受験生としてやってはいけないことを最後の最後にやってしまった。この欠点は、3回目の試験を受けるまで、1回受験することを控えてしまったことに原因があるのかもしれない。1年間余分に勉強をしたのであるが、その中で覚えたことをすべて答案上で吐き出したいという気持ち、邪念が、邪魔をしたのだと思う。皆さんは、謙虚に、素直に試験に挑んでもらいたい。

VII　進　路

　法科大学院に入学し、新司法試験を受験したということは、無駄ではなかったというのが結論である。ここで、その有意性について長々と話をしたとしても、説教になってしまいかねないので、割愛する。

　新司法試験は、5年間で受験できる権利は3回しかない。仮に、3回分を使用したうえで、もう一度法曹を志すとすれば、予備試験に合格するか、も

う一度法科大学院を修了しなければならない。予備試験に関しては、その内容や位置づけ、合格者数に関していまだ不透明である。それゆえ、予備試験を１つの選択肢としてカウントすることは、かなり危険な行為だろう。他方で、法科大学院をもう一度修了するということは、入学金や授業料、生活費用等の多大なる出費を伴う。各家庭の経済力にもよるが、かなり厳しい数字であることに違いはない。これから法科大学院に入学される方や在学生の方は、予備試験や法科大学院の再度の修了という選択肢をもたないという気構えで臨むべきだろう。

　法科大学院に入学したものの、法曹関係者として活動をすることに興味がなくなる、ないしは、自分に向いていないことに気づく方もいると思う。そのような方は、法科大学院在学中に、就職活動の準備をしてはどうだろうか。各法科大学院では、商事法に関する授業や、法律英語に関する授業も開講されている。それらの授業を受講ないしは聴講して、学習をすることをすすめる。英語でのプレゼンテーションや、実社会での取引における注意点、契約書の作成方法や注意点等、興味深い授業も多い。それゆえ、最初から、企業や行政で働く前に勉強をしておきたいという理由で、法科大学院に進学することも、選択肢としてあり得ると思う。

　なお、就職活動における年齢について、述べておきたい。22歳で学部を卒業し、法科大学院に入学された方は、修了時には24歳ないし25歳となり就職することになる。この数字は、大学入試で１年間浪人する、ないしは、学部で１年間留年した方が、大学院を卒業してから就職をする年齢と同じである。工学部等の理系の学部生は、大学院への進学率も高い。そして、大学院卒業後、一般企業に就職されている方も、多数いるのである。つまり、法科大学院を修了する年齢で、企業に就職するということは、決して奇異なことではない。また、法科大学院に入学することが、すなわち法曹になることというわけでもない。企業の法務という仕事にも、興味深い出来ごとが多く存在するという話を聞くので、選択肢の１つとして考えられると思う。

VIII 勉強方法

　勉強方法については、合格者の方が示されている内容のほうが、有益であると思われる。私の反省点としては、苦手であり、かつ嫌いな分野の勉強が手薄になっていたということである。初見で、新司法試験の過去問などを解いて、高得点を獲得できる分野に関しては、勉強時間を費やすべきではない。得点が低い分野に傾注すべきである。これは、当たり前のことである。しかし、勉強をしていても、自分の得意な分野、好きな分野に関しては、知らないうちに多くの時間を費やしてしまうものである。十分に注意が必要だろう。

　また、条文の知識の確認を行うことや、短答式試験の問題を解くことは、毎日行うべきだと思う。私の場合には、短答式試験で一度泣いているという経験があるので、対策をきっちりと行ってもらいたいという気持ちが、非常に強い。短答式試験を通過しない場合には、自分が一所懸命書いた論文式試験の答案が、誰の目にも止まることなくゴミと化してしまうのである。これでは、自分の論文の書き方がよいのか否かも確かめようがない。少なくとも司法試験委員の方々に自分の答案をみていただいて、点数を付けてもらうべきである。

IX その他

　現在、法科大学院の入学を考えておられる方は、学部生や大学院生の間に、新司法試験以外の資格試験を受験し、資格をとっておくことをおすすめしたい。法律に関する知識がウェイトを占める試験としては、行政書士、司法書士、社会保険労務士の各試験のほかに、ビジネス法務検定や法学検定等が存在する。これらの試験は、司法試験とは毛色の異なる形式で出題がなされるものもあるが、主要六法科目や労働法の知識が試されるものが多く存在する。自分自身の知識を確認し、また自信をつけるためにも、受験しておくことは有意義だろう。万一、司法試験に合格しなかったとしても、資格があること

によって、次の進路が考えやすい。

X　おわりに

　先日、父が他界した。

　子供の時に父に渓流釣りに連れて行ってもらったのが弁護士をめざすきっかけとなったものであるが、その父を喜ばせることはできなかった。

　私は現在、司法書士試験の勉強をしている。父が他界したことから経済的な余裕はないが、最後に残してくれた機会だと思って、試験に臨みたい。最後に、読者の皆さんが家族へ良い結果を報告できることを祈念します。

第3部
統計資料

〔資料1〕 法曹人口の推移

(単位：人)

	H16年	17年	18年	19年	20年	21年	22年
裁判官数	2,385	2,460	2,535	2,610	2,685	2,760	2,805
検察官数	1,563	1,627	1,648	1,667	1,739	1,779	1,806
弁護士数	20,240	21,205	22,056	23,154	25,062	26,958	28,828
合計	24,188	25,292	26,239	27,431	29,486	31,497	33,439

(注) 1 総務省「法科大学院の評価に関する研究会報告書」による。
    2 裁判官数は、簡易裁判所判事を除く各年の4月現在のもの。
    3 検察官数は、副検事を除く各年3月末日現在のもの。
    4 弁護士数は、正会員数で各年4月1日現在のもの。

〔資料2〕 法科大学院適性試験志願者数の推移

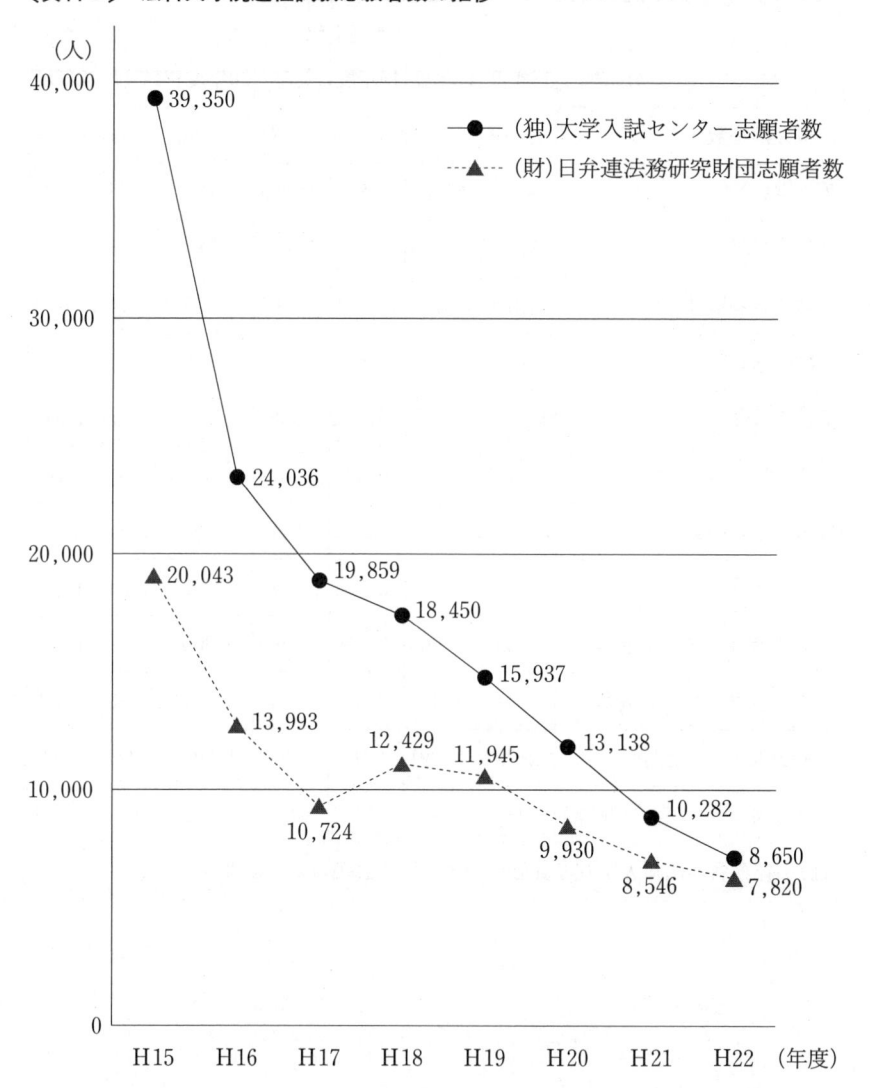

```
(人)
40,000 ┤ ●39,350
        │      ── (独)大学入試センター志願者数
        │      ▲-- (財)日弁連法務研究財団志願者数
30,000 ┤
        │
        │   ●24,036
20,000 ┤ ▲20,043
        │           ●19,859
        │       ▲13,993  ●18,450
        │                  ▲12,429 ●15,937
        │           ▲10,724    ▲11,945  ●13,138
10,000 ┤                              ▲9,930  ●10,282
        │                                    ▲8,546  ●8,650
        │                                            ▲7,820
     0 ┼────┬────┬────┬────┬────┬────┬────┬────┬──
       H15  H16  H17  H18  H19  H20  H21  H22 (年度)
```

(注)1 総務省「法科大学院の評価に関する研究会報告書」による。
　　2 法科大学院適性試験志願者には、(独)大学入試センターと(財)日弁連法務研究財団の双方に志願する者もいることに留意する必要がある。なお、志願者の実数は不明である。

〔資料3〕 法科大学院の定員および入学者数等の推移

(単位：校、人、倍、％、年度は平成)

区　　分	16年度	17年度	18年度	19年度	20年度	21年度	22年度
法科大学院数	68	74	74	74	74	74	74
入学定員	5,590	5,825	5,825	5,825	5,795	5,765	4,909
募集人員①	5,590	5,825	5,815	5,815	5,785	5,755	4,904
入学志願者数②	72,800	41,756	40,341	45,207	39,555	29,714	24,014
志願倍率(②/①)	13.0	7.2	6.9	7.8	6.8	5.2	4.9
受験者数③	40,810	30,310	29,592	31,080	31,181	25,857	21,319
合格者数④	9,171	9,681	10,006	9,877	9,564	9,186	7,765
競争倍率(③/④)	4.45	3.13	2.96	3.15	3.26	2.81	2.75
入学者数⑤	5,767	5,544	5,784	5,713	5,397	4,844	4,122
既修者コース入学者数	2,350	2,063	2,179	2,169	2,066	2,021	1,923
未修者コース入学者数	3,417	3,481	3,605	3,544	3,331	2,823	2,199
社会人入学者数⑥	2,792	2,091	1,925	1,834	1,609	1,298	993
社会人入学者の割合(⑥/⑤)	48.4	37.7	33.3	32.1	29.8	26.8	24.1

(注)　総務省「法科大学院の評価に関する研究会報告書」による。

〔資料4〕 新司法試験の合格状況（平成18年～22年）

(単位：人、％)

区　分	平成18年	19年	20年	21年	22年
出願者	2,137	5,401	7,842	9,734	11,127
既修者コース	2,137	2,884	3,449	3,781	4,020
未修者コース		2,517	4,393	5,953	7,107
受験者（①）	2,091	4,607	6,261	7,392	8,163
既修者コース	2,091	2,641	3,002	3,274	3,355
未修者コース		1,966	3,259	4,118	4,808
合格者（②）	1,009	1,851	2,065	2,043	2,074
既修者コース	1,009	1,215	1,331	1,266	1,242
未修者コース		636	734	777	832
合格率（②/①）	48.3	40.2	33.0	27.6	25.4
既修者コース	48.3	46.0	44.3	38.7	37.0
未修者コース		32.3	22.5	18.9	17.3

(注)　総務省「法科大学院の評価に関する研究会報告書」による。

〔資料5〕 法科大学院別新司法試験合格率および入学者選抜実施状況

(単位：％、人、倍)

法科大学院 (設置大学名)	H22年 新司法 試験 合格率	H21年 新司法 試験 合格率	募集人員 H22	募集人員 H21	志願者数 H22	志願者数 H21	受験者数 H22	受験者数 H21	合格者数 H22	合格者数 H21	入学者数 H22	入学者数 H21	競争倍率 H22	競争倍率 H21
愛知学院大学	8.8	15.4	30	35	31	49	31	36	23	30	10	16	1.35	1.20
愛知大学	31.8	48.8	40	40	134	157	123	152	66	71	35	28	1.86	2.14
青山学院大学	3.6	9.0	50	60	390	258	274	239	106	73	29	33	2.58	3.27
大阪学院大学	5.5	5.6	45	50	43	91	40	89	26	75	11	33	1.54	1.19
大阪市立大学	26.1	25.0	60	75	491	565	410	429	130	120	54	74	3.15	3.58
大阪大学	38.9	33.5	80	100	690	776	663	727	180	231	82	99	3.68	3.15
大宮法科大学院	10.2	14.8	70	100	126	125	122	123	76	79	43	47	1.61	1.56
岡山大学	15.1	25.0	45	60	116	129	106	114	52	81	37	51	2.04	1.41
香川大学	19.2	7.1	20	30	47	73	39	67	36	44	18	15	1.08	1.52
学習院大学	20.2	24.4	50	65	488	642	488	370	88	94	51	49	5.55	3.94
鹿児島大学	0.0	5.7	15	30	33	51	32	42	16	27	9	14	2.00	1.56
神奈川大学	15.1	6.7	35	50	78	149	63	117	34	53	17	20	1.85	2.21
金沢大学	31.5	22.4	25	40	87	121	76	84	38	50	16	19	2.00	1.68
関西大学	14.5	16.9	130	130	485	816	385	660	230	335	101	128	1.67	1.9
関西学院大学	20.3	19.4	125	125	449	658	361	435	192	274	81	135	1.88	1.59
関東学院大学	2.5	12.5	30	30	44	93	44	78	39	53	16	16	1.13	1.47
九州大学	26.3	26.4	80	100	280	354	251	354	97	116	83	99	2.59	3.05
京都産業大学	5.4	2.0	40	60	56	112	53	102	34	67	7	19	1.56	1.52
京都大学	48.7	50.3	160	200	682	796	623	717	172	213	166	206	3.62	3.37
近畿大学	14.0	18.0	40	60	92	113	76	78	52	58	22	23	1.46	1.34
熊本大学	20.6	15.6	22	30	82	98	76	91	37	54	19	35	2.05	1.69
久留米大学	11.8	10.0	30	40	47	65	47	60	32	44	15	17	1.47	1.36
慶應義塾大学	50.4	46.4	260	260	1743	1737	1609	1623	475	497	235	248	3.39	3.27
甲南大学	10.0	18.3	50	60	203	362	182	331	129	190	36	49	1.41	1.74
神戸学院大学	10.3	10.7	35	60	64	70	61	69	35	53	8	30	1.74	1.30
神戸大学	34.0	49.0	80	100	888	948	839	905	194	218	83	97	4.32	4.15
國學院大学	7.4	10.9	40	50	59	159	50	138	37	66	25	31	1.35	2.09
駒澤大学	13.2	10.4	50	50	74	165	70	154	47	76	28	33	1.49	2.03
静岡大学	16.2	11.1	20	30	48	75	44	63	26	36	13	23	1.69	1.75
島根大学	10.3	4.3	20	30	19	49	16	47	12	27	11	18	1.33	1.74
首都大学東京	29.7	39.1	65	65	715	888	565	724	76	87	63	63	7.43	8.32
上智大学	19.6	27.8	100	100	969	1392	851	1098	214	202	95	109	3.98	5.44
信州大学	12.2	15.4	18	30	44	75	41	73	34	39	17	17	1.21	1.87
駿河台大学	7.6	5.0	48	60	88	172	75	136	57	101	32	61	1.32	1.35
成蹊大学	11.8	20.6	50	50	279	467	254	432	74	97	41	52	3.43	4.45
西南学院大学	11.1	14.9	35	50	118	142	111	131	69	114	33	36	1.61	1.15
専修大学	19.6	20.5	60	60	311	442	279	369	113	104	61	47	2.47	3.55
創価大学	19.6	15.8	35	50	136	222	133	222	55	63	32	41	2.42	3.52

法科大学院 (設置大学名)	H22年新司法試験合格率	H21年新司法試験合格率	募集人員 H22	募集人員 H21	志願者数 H22	志願者数 H21	受験者数 H22	受験者数 H21	合格者数 H22	合格者数 H21	入学者数 H22	入学者数 H21	競争倍率 H22	競争倍率 H21
大東文化大学	4.3	7.0	40	50	82	113	74	94	64	76	27	41	1.16	1.24
千葉大学	43.5	37.5	40	50	419	725	360	604	73	71	41	41	4.93	8.51
中央大学	43.1	43.4	300	300	2519	2743	2432	2616	618	591	271	291	3.94	4.43
中京大学	14.3	15.8	30	30	79	135	75	128	52	78	10	23	1.44	1.64
筑波大学	25.6	8.8	36	40	216	278	204	268	45	48	36	40	4.53	5.58
桐蔭横浜大学	7.2	12.9	60	70	95	167	94	163	54	90	41	53	1.74	1.81
東海大学	3.6	6.0	40	50	43	98	23	55	17	45	5	21	1.35	1.22
東京大学	48.9	55.5	240	300	954	914	900	856	238	278	229	274	3.78	3.08
同志社大学	21.0	19.1	120	150	558	778	461	647	302	342	114	136	1.53	1.89
東北学院大学	5.1	12.1	30	50	39	53	37	52	23	34	14	18	1.61	1.53
東北大学	36.5	19.5	80	100	274	449	215	347	94	132	79	102	2.29	2.63
東洋大学	9.1	7.1	40	50	53	154	40	119	19	60	9	30	2.11	1.98
獨協大学	3.7	7.6	40	50	59	121	52	109	42	75	16	40	1.24	1.45
名古屋大学	35.3	33.3	70	80	526	357	467	283	89	96	65	91	5.25	2.95
南山大学	13.7	30.5	50	60	172	236	129	185	83	97	27	36	1.55	1.91
新潟大学	11.0	17.3	35	60	71	130	66	121	36	66	22	29	1.83	1.83
日本大学	12.9	13.1	100	100	390	449	279	373	161	203	95	105	1.73	1.84
白鷗大学	5.7	16.7	25	30	28	50	24	43	14	31	10	16	1.71	1.39
一橋大学	50.0	62.9	85	100	579	600	484	470	92	105	88	103	5.26	4.48
姫路獨協大学	0.0	7.7	20	30	4	23	4	15	0	8	0	5	−	1.88
広島修道大学	11.7	12.8	30	50	41	46	38	46	34	40	23	27	1.12	1.15
広島大学	20.8	25.0	48	60	179	176	142	153	75	92	44	58	1.89	1.66
福岡大学	22.2	18.4	30	50	90	118	80	107	68	78	22	31	1.18	1.37
法政大学	14.5	18.1	100	100	506	507	333	362	129	142	74	87	2.58	2.55
北海学園大学	9.7	29.2	30	30	58	64	58	62	28	32	19	20	2.07	1.94
北海道大学	43.1	40.4	80	100	384	464	341	413	101	132	76	93	3.38	3.13
明治学院大学	10.3	11.7	60	80	166	256	141	224	104	138	48	57	1.36	1.62
明治大学	25.4	31.0	170	200	1207	1988	1116	1892	514	499	296	175	2.17	3.79
名城大学	20.0	18.9	40	50	89	120	73	104	53	67	37	50	1.38	1.55
山梨学院大学	27.5	26.1	35	40	72	112	69	110	30	33	19	21	2.30	3.33
横浜国立大学	19.1	25.3	40	50	248	377	210	310	53	59	42	50	3.96	5.25
立教大学	20.7	22.3	70	70	555	590	398	391	112	104	67	75	3.55	3.76
立命館大学	18.9	24.7	150	150	632	731	521	602	290	313	133	139	1.80	1.92
琉球大学	13.2	10.0	22	30	47	98	38	84	28	38	21	29	1.36	2.21
龍谷大学	11.4	10.4	30	60	65	161	52	128	49	77	10	31	1.06	1.66
早稲田大学	32.7	32.6	300	300	1786	1677	1726	1642	578	604	257	275	2.99	2.72
総計	25.4	27.6	4904	5755	24014	29714	21319	25857	7765	9186	4122	4844	2.75	2.81

(注) 1 総務省「法科大学院の評価に関する研究会報告書」による(ただし、編者にて平成22年新司法試験合格率を加えている)。
  2 姫路獨協大学は、平成22年度入学者選抜において合格者がいなかったため、競争倍率は算出していない。

【資料６】 法科大学院修了者の新司法試験受験者・合格者数・資格喪失者数の推移

(単位：人、％)

区分	修了者数	平成18年試験 受験者	平成18年試験 合格者	平成18年試験 資格喪失者	19年試験 受験者	19年試験 合格者	19年試験 資格喪失者	20年試験 受験者	20年試験 合格者	20年試験 資格喪失者	21年試験 受験者	21年試験 合格者	21年試験 資格喪失者	22年試験 受験者	22年試験 合格者	22年試験 資格喪失者	累積受験者実数	累積合格者	累積資格喪失者
17年度修了者	2,176	2,091	1,009	6	903	396	44	324	99	183	130	8	62	149	6	134	2,122 (100.0)	1,518 (71.5)	429 (20.2)
18年度修了者	4,415				3,704	1,455	3	1,960	500	55	1,089	168	449	693	44	222	4,241 (100.0)	2,167 (51.1)	729 (17.2)
19年度修了者	4,910							3,977	1,466	3	2,161	461	58	1,352	234	475	4,632 (100.0)	2,161 (46.7)	536 (11.6)
20年度修了者	4,979										4,012	1,406	2	2,237	557	41	4,409 (100.0)	1,963 (44.5)	43 (1.0)
21年度修了者	4,772													3,732	1,233	0	3,732 (100.0)	1,233 (33.0)	0 (0.0)

資格喪失者計　1,737

(注) 1　総務省「法科大学院の評価に関する研究会報告書」による。
2　「累積者数」欄の( )は、受験者実数を100としたそれぞれの割合である。
3　「修了者数」から「累積の受験者実数」を引いった人数が法科大学院を修了して新司法試験を受験しなかった者の人数である。

〔編者略歴〕

大島眞一（おおしま　しんいち）

[略歴]

　1984年神戸大学法学部卒業・司法修習生（38期）。1986年裁判官任官。大阪地方裁判所判事補、函館地方・家庭裁判所判事補、最高裁判所事務総局家庭局付、旧郵政省電気通信局業務課課長補佐、京都地方裁判所判事補を経て、1996年京都地方裁判所判事。神戸地方裁判所・家庭裁判所尼崎支部判事、大阪高等裁判所判事、大阪地方裁判所判事・神戸大学法科大学院教授（法曹実務）、大阪地方裁判所判事（部総括）を経て、2010年京都地方裁判所判事（部総括）、現在に至る。

[主要著書・論文等]

『＜完全講義＞民事裁判実務の基礎』（民事法研究会・2009年）。
塩崎勤ほか編『専門訴訟講座1〔交通事故訴訟〕』（共著、民事法研究会・2008年）、塩崎勤ほか編『専門訴訟講座3〔保険関係訴訟〕』（共著、民事法研究会・2009年）、能見善久＝加藤新太郎編『論点体系判例民法7不法行為Ⅰ』（共著、第一法規・2009年）。
「我が国とフランスの裁判はなぜ違うのか」判例タイムズ1028号42頁（2000年）、「逸失利益の算定における中間利息の控除割合と年少女子の基礎収入」判例タイムズ1088号60頁（2002年）、「交通損害賠償訴訟における虚構性と精緻性」判例タイムズ1197号27頁（2006年）、「ライプニッツ方式とホフマン方式」判例タイムズ1228号53頁（2007年）、「法科大学院と新司法試験」判例タイムズ1252号76頁（2007年）、「大阪地裁医事事件における現況と課題」判例タイムズ1300号53頁（2009年）、「交通事故における損害賠償の算定基準をめぐる問題」ジュリスト1403号10頁（2010年）など。

ロースクール修了生20人の物語

平成23年5月25日　第1刷発行

定価　本体2,100円（税別）

編　者　　大島　眞一
発　行　　株式会社　民事法研究会
印　刷　　藤原印刷株式会社

発行所　　株式会社　民事法研究会
　〒150-0013　東京都渋谷区恵比寿3-7-16
　　　〔営業〕TEL 03(5798)7257　FAX 03(5798)7258
　　　〔編集〕TEL 03(5798)7277　FAX 03(5798)7278
　　　http://www.minjiho.com/　　info@minjiho.com

落丁・乱丁はおとりかえします。　ISBN978-4-89628-694-6　C2032　¥2100E
カバーデザイン：鈴木　弘